国家社会科学基金重点项目(14AGL023)资助

网络零售商退货政策对消费者行为影响研究

邵兵家 等 著

科学出版社
北京

内 容 简 介

本书是国家社会科学基金重点项目成果。基于我国电子商务特别是网络零售业迅速发展的现实背景，本书从理论和现实层面考察了我国网络零售商无缺陷退货政策的现状、成因及其对消费者购买意愿、溢价支付意愿以及退货可能性的影响机理，最后从企业、平台和国家三个层次提出了完善我国网络零售商无缺陷退货政策的对策建议。

本书既可作为电子商务、信息管理、工商管理等相关专业的本科生、研究生学习的参考用书，还可供商务管理、营销管理、工商行政管理等学科领域的教学人员、科研人员和实际工作者参考阅读。

图书在版编目(CIP)数据

网络零售商退货政策对消费者行为影响研究 / 邵兵家等著. —北京：科学出版社，2023.7
ISBN 978-7-03-067610-8

Ⅰ.①网… Ⅱ.①邵… Ⅲ.①网上销售–零售–商业服务–影响–消费者–行为分析 Ⅳ.①F713.36 ②F713.55

中国版本图书馆 CIP 数据核字（2020）第 264626 号

责任编辑：孟　锐 / 责任校对：彭　映
责任印制：罗　科 / 封面设计：墨创文化

科学出版社 出版
北京东黄城根北街16号
邮政编码：100717
http://www.sciencep.com

成都锦瑞印刷有限责任公司印刷
科学出版社发行　各地新华书店经销

*

2023 年 7 月第 一 版　　开本：787×1092 1/16
2023 年 7 月第一次印刷　　印张：18
字数：427 000
定价：198.00 元
（如有印装质量问题，我社负责调换）

前　　言

　　网络零售业在得到迅速发展的同时，存在的问题也逐渐显露出来，其中之一便是由于购物决策与消费体验分离而产生的交易纠纷，进而引起退货问题。据不完全测算，在网络零售业务占比最大的品类——服装中，退货的比例高达 20%，在每年的"双十一"网络购物节之后，由于冲动性购物造成的退货比例更高。

　　2014 年 2 月，国家工商行政管理总局(现国家市场监督管理总局)发布了《网络交易管理办法》，其中第十六条规定，网络商品经营者销售商品，除规定或消费者在购买时确认不能退货的商品外，消费者有权自收到商品之日起七日内退货，且无须说明理由。该规定即属于无缺陷退货政策的范围。该规定的实施一方面更好地保障了消费者的合法权益，另一方面也带来了更多的非理性或不道德退货。在激烈的竞争环境下，网络零售商也在不断探索制定符合自身实际的退货政策，以降低退货率，减少社会资源的浪费。因此，本书研究无缺陷退货政策及其对消费者的影响机理，对于网络零售商制定科学合理的退货政策具有重要的指导意义。

　　2014 年 3 月，我们以"网络零售商无缺陷退货政策对消费者行为影响研究"为题，申报了国家社会科学基金重点项目。幸运的是，我们的课题得到了专家的一致肯定，支持我们对此进行系统的研究。

　　自全国哲学社会科学规划办公室正式下达立项通知起，团队即按照申请书计划开展了一系列研究。研究成果陆续在国内外重要学术期刊上发表，其中有两项成果被中国人民大学复印报刊资料全文转载。历经五年的研究，项目以"良好"鉴定结论顺利通过了结题。

　　项目的顺利完成得益于社会各界给予的大力支持。课题组所在单位重庆大学提供了配套资金支持，经济与工商管理学院提供了研究所需的资料和场所，课题合作单位重庆易宠科技有限公司对调研和实验的开展提供了支持，课题组成员和我指导的博士、硕士研究生开展了系列研究。

　　网络零售商无缺陷退货政策对消费者行为影响研究是一项具有开拓性的研究。本书基于我国电子商务特别是网络零售业迅速发展的现实背景，从理论和现实层面考察了我国网络零售商无缺陷退货政策的现状、成因及其对消费者行为的影响，探讨并从国家、平台和企业三个层面提出了完善我国网络零售商无缺陷退货政策的对策。由于研究能力和时间的限制，本书中的观点可能有不妥之处，欢迎大家提出宝贵意见和建议。

　　本书的顺利面世，特别感谢项目评审专家在结题中提出的宝贵意见和建议，感谢科学出版社特别是孟锐编辑认真负责的工作，感谢蒋飞、崔文昌、王楚奇、朱志、毕玉奇、何炜浔、任康、常成、康巍耀、吴小云、贾文丽、唐洁、杨雪梅、徐藤月、朱霜、毕静怡等研究团队成员在项目研究及资料整理过程中做出的工作，感谢同事和家人给予的大力支持。

邵兵家

2022.4.6 于重庆

目　　录

第1章 绪　　论

1.1　研究的问题及背景

随着我国互联网用户数量的迅速增长和电子商务环境的不断改善，以网络零售为代表的电子商务在我国得到了迅速发展。2021年，中国互联网信息中心（China Internet Network Information Center，CNNIC）发布的第47次《中国互联网络发展状况统计报告》指出，截至2020年12月，中国网民数量多达9.8899亿人，互联网普及率高达70.4%（图1.1），其中网络购物用户规模达7.82亿人，年增长率高达10.2%。商务部发布的《中国电子商务报告（2020）》显示，2020年全年实现电子商务交易额37.21万亿元，同比增长4.5%，其中网

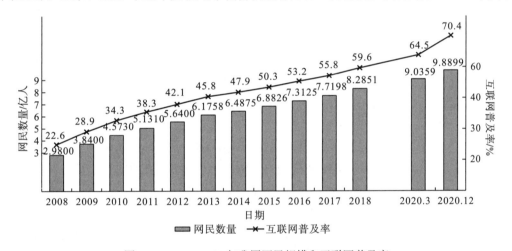

图1.1　2008～2020年我国网民规模和互联网普及率

图1.2　2011～2020年我国网络零售交易规模

数据来源：国家统计局。

上零售额为 11.76 万亿元，同比增长 10.9%（图 1.2），实物商品网上零售额为 9.76 万亿元，同比增长 14.8%，占社会消费品零售总额的比例达 24.9%。与此同时，由于网络购物所具有的购物决策与消费体验分离的特征，交易纠纷引起的退货问题也大量产生，制约了网络零售业的快速发展。

为了促进电子商务的健康发展，国家工商管理局于 2014 年 2 月发布了《网络交易管理办法》，其中第十六条规定，网络商品经营者销售商品，除规定或消费者在购买时确认不能退货的商品外，消费者有权自收到商品之日起七日内退货，且无须说明理由，该办法自 2014 年 3 月 15 日起实施。该办法即属于无缺陷退货政策的范围。

新规定的实施一方面将更好地保障消费者的合法权益，另一方面也可能会带来更多的非理性或不道德退货。例如在 2019 年"五一"假期过后，曾发生一件在网上引起热议的退货事件。一位顾客在网上购买了同一个商家的 18 件衣服，"五一"期间身穿新购置的衣服到西藏旅游并拍照发朋友圈，但节后却以"不喜欢"为由申请全部退货。

顾客退货问题一直是困扰零售行业的重要问题，顾客退货处理成本占据了运营成本的很大比例。由于网络购物的虚拟性和不确定性，网络零售行业的退货问题相较于传统零售业更为严重。据美国 2018 年零售行业年报显示，仅在美国，商品退货造成的销售损失就高达 369 亿美元，零售行业的平均退货率高达 10%。而线上销售的商品退货率通常为传统渠道的两到三倍，节日促销后的退货率甚至高达 30%，一些特殊品类的商品（如服装）退货率更是高达 75%。国内网络零售行业存在同样的问题，据报道，几乎每年"双十一"购物狂欢节过后，退货率都高达 25%（2018 年天猫官方发布的数据则为 6%），部分商家面临着 30% 以上的退货率。

网络零售业中大量出现的退货问题引起商家的高度重视，与此相应的退货政策及其影响机理也成为电子商务与营销领域研究的重要主题。这些研究主要涉及消费者商品评价、购买决策、退货行为等方面，还包括对影响及效果的调节因素研究。

通过文献梳理发现，研究的背景基本以西方发达国家为主，研究的内容涉及退货政策的部分维度、对消费者行为的某个方面、某些调节因素的影响。根据文献查询结果，还未发现基于中国国情、整合各种政策维度及其不同水平对各阶段行为结果、多调节因素的研究。随着社交商务的发展，社交推荐因素的调节作用如何；随着跨境网络零售业的迅速发展，新环境下消费者对网络零售商相关退货政策的认知及其影响如何；等等，这些问题均没有发现相关研究。

网络零售商在激烈的竞争环境下，不断探索并制定在保证服务质量前提下符合自身实际的退货政策，以降低退货率，减少社会资源的浪费。因此，系统研究无缺陷退货政策及其对消费者的影响机理，对于网络零售商制定科学合理的退货政策具有重要的指导意义。为此，课题组以"网络零售商无缺陷退货政策对消费者行为影响研究"为题，申报了国家社会科学基金项目并获批立项。

1.2　研　究　目　标

1. 全面掌握国内外网络零售商无缺陷退货政策的现状

调查我国及代表性国家网络零售商制定的无缺陷退货政策,包括退货范围、退货条件、退货时限、退货费用及其具体规定等;比较典型行业、不同规模、不同发展阶段网络零售商的退货政策特征,消费者对退货政策的反应等。对现有退货政策的类型进行进一步梳理,探寻退货政策的演变规律及其影响因素,特别是网络零售商在政策内容维度方面的新设计要素。

2. 构建网络零售商无缺陷退货政策对消费者行为的影响模型

基于文献,结合对消费者、网络零售商的访谈,对影响机理进行理论分析,提出相应的理论假设。模型中的假设包含自变量、因变量和调节变量等三组,自变量即退货政策(包括各个维度及不同水平或程度)、消费者行为结果因素(包括购买意愿、溢价支付意愿、退货意向)等。

在调节因素方面,本书将涉及与商家有关的因素,如商家类型、商家声誉、推荐行为、促销行为等;与交易对象相关的商品因素,如用途特征、搜索特性等;与消费者个体相关的因素,如信任倾向、感知控制能力、与商家的关系程度等;与社交网络推荐相关的因素,如朋友圈、微博推荐等;与交易模式相关的因素,如跨境电商等。

3. 实证检验网络零售商无缺陷退货政策对消费者行为的影响

该研究通过问卷调查数据、实验数据以及典型案例分析等进行。

设计调查问卷首先进行探索性研究,就退货政策与消费者的商品评价、购买意向、购买行为、退货意向及退货行为间的关系进行研究。问卷的设计以理论模型为依据,借鉴国外成熟的相关研究量表,根据需要开发针对中国特色因素的量表。考虑在不同地区选取调查对象,针对退货率比较高的交易商品类别,选择具有退货经历或交易不满意经历的消费者进行调查,兼顾年龄、职业、性别、网络购物经验、互联网使用经验等方面。

基于探索性研究的结果,进行实验室研究。构建不同的消费情景,设计典型的退货政策类型,对影响机理及影响程度进行进一步的分析;另外比较在不同交易模式下的政策及其影响的异同、原因。

4. 提出完善我国网络零售商无缺陷退货政策的对策建议

对策建议主要面向网络零售商、第三方交易平台及政府有关部门。对于网络零售商,探索如何结合自身实际和竞争环境,细化退货政策的各个维度及其程度,并通过有效的手段将相关信息传递给消费者;对于第三方交易平台,探索如何发现网络零售商的退货政策的合规性、同类别商家的政策特征、政策的变化,并通过有效手段将相关信息传递给商家和消费者;对政府有关部门,可以通过宏观交易数据和对企业微观交易的监控,及时发现退货政策的新变化、趋势，将行业成熟的规范及时上升为国家法规，创造诚信公平的商业环境。

1.3　研究方法与思路

1.3.1　研究方法

在研究过程中，笔者力求数据翔实，论证问题有理有据，针对每一项研究内容都将其与理论结合进行剖析，并在理论研究的基础上，运用相关数据进行实证分析和对策设计。具体的理论论证和实证研究方法有四种。

（1）文献研究法。本书借助丰富的文献资源，广泛查阅国内外相关的研究，分析和总结已有的研究成果，掌握国内外对网络零售商无缺陷退货政策及其影响的研究动态。

（2）实验研究法。以现实中典型的退货政策、交易对象、交易情景为基础，根据调查和探索性研究的初步结论，设计实验内容。通过一系列前期测试，探索设计有效的激励机制，使实验对象的行为最大限度与实际交易环境一致。

（3）结构方程模型。研究退货政策的不同维度的影响效果。选取的样本量约为解释变量的10～15倍，判断各影响因素的路径系数及其影响方向。

（4）案例研究。在对典型商家的退货政策及其演变、效果及未来改进计划等进行研究时采用案例研究方法。

1.3.2　研究思路

本书研究技术路线图如图1.3所示。

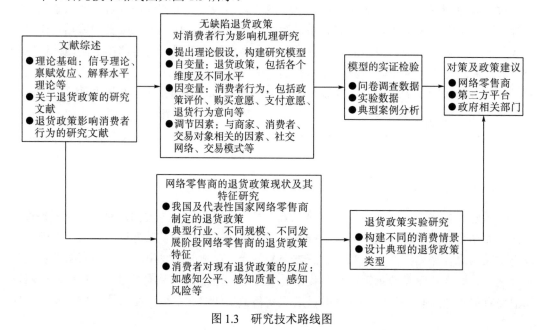

图1.3　研究技术路线图

1.4　研究内容与资料

本书由 13 章构成,具体章节安排与研究内容如下。

第 1 章为绪论。介绍本书的研究背景和意义、研究的问题、研究目标、研究方法,以及研究思路。

第 2 章为相关理论及研究综述。首先对退货政策研究中应用的相关理论进行整理,其次对国内外关于网络零售商无缺陷退货政策及其影响的文献进行梳理和分析。

第 3 章为网络零售商无缺陷退货政策的理论框架。首先界定网络零售、网络零售商以及无缺陷退货政策的概念和内涵,其次分析退货政策的维度、分类,并在此基础上构建无缺陷退货政策对消费者行为的影响机理和研究框架。

第 4 章为国内网络零售商无缺陷退货政策现状及特征分析。利用网络调查获得的一手数据和相关文献资料,对国内网络零售商和跨境网络零售商制定的退货政策现状从不同维度视角进行了分析、比较和评价。

第 5 章为美国网络零售商无缺陷退货政策现状及特征分析。将美国网络零售商制定的无缺陷退货政策分为境内和跨境交易两种情景,分别通过抽样进行了调查分析,并对中美政策进行了比较。

第 6 章为网络零售商无缺陷退货政策的影响因素。研究企业规模、网络零售商运营时间、网络零售商质量、主营产品类型等因素对退货政策宽松水平的影响。

第 7 章为跨境网络零售商退货政策的消费者评价。以网络零售商应用较为普遍的政策为基础,从退货期限、运费设置和分类条款三个维度进行政策组合设计,测试不同消费者对不同政策组合的评价。

第 8 章为网络零售商无缺陷退货政策对消费者购买意愿的影响。基于信号理论与公平理论,结合说服知识模型和 S-O-R 模型,构造四个不同的实验情境,分析网络零售商退货政策的宽松度对消费者的感知公平、感知可信度、购买意愿的影响以及网站名称熟悉度的调节作用。

第 9 章为网络零售商无缺陷退货政策对消费者溢价支付意愿的影响。基于信号传递理论和公平理论,构建网络零售商无缺陷退货政策对消费者溢价支付意愿影响的概念模型,以及产品类别和产品涉入度的调节作用。并通过实验获得的数据对模型进行检验。

第 10 章为跨境网络零售商无缺陷退货政策对消费者购买意愿的影响。结合跨境网络零售的特点,选取产品发货地以及产品溯源码作为调节变量,建立跨境电商背景下退货政策宽松度对消费者购买意愿的研究模型。本章设计了 8 个实验情景,对模型进行检验。

第 11 章为社交网络零售商无缺陷退货政策对消费者购买意愿的影响。基于信号理论、公平理论、关系理论以及动机拥挤理论,选取感知质量和感知公平作为中介变量,选取网络社交类型作为调节变量,构建在不同网络社交化情境下网络零售商退货政策宽松度对消费者购买意愿和在线评价意愿的概念模型。构建了 4 个不同的实验情境,通过实验数据对模型进行检验。

　　第 12 章为网络零售商无缺陷退货政策对消费者退货可能性的影响。基于信号理论和禀赋效应，分析退货政策的三个维度对消费者感知质量、感知可信度、购买意向和退货可能性的影响，并且考虑了消费者个人风险偏好的调节作用。本章构造了 8 个不同的实验情景对模型进行检验。

　　第 13 章为研究结论与展望。对本书的主要结论进行归纳与总结，从网络零售商、第三方交易平台及政府有关部门三个层面提出了对策建议，最后指出研究中存在的局限，并指明进一步研究的方向。

　　本书涉及的数据资料以通过调查和实验得到的一手数据为主，部分数据和资料来自历年的《中国互联网络发展状况统计报告》《中国电子商务报告》和国家相关部委官方网站公布的数据，还有部分数据和资料来自权威性学术期刊、研究报告、学术专著及全国优秀博士和硕士学位论文。本书所引用的数据和资料，均在引用位置进行了标注。

第2章 相关理论及研究综述

理论贯穿于实践，是实践工作开展的基础，同时理论的创造和检验又来源于实践。而理论创新虽基于实践创新的形成与发展，但更多源于已有理论与客观事实的有机、有效的结合。科学研究，特别是应用研究，都必须以客观行为的发展基本规律为前提，以前人的研究成果为基础，在相关理论的基础上去实现创新。遵循这一逻辑，本书在深入考察我国网络零售商无缺陷退货政策现状以及全面梳理前人相关研究成果的基础上展开研究。首先，本章对已有的相关理论和国内外相关文献进行梳理和总结，为后续的研究分析提供有效的理论支撑。根据项目的研究内容、研究目标以及研究现状分析，借鉴的主要理论包括：公平理论、信号理论、关系信号理论、解释水平理论、S-O-R(stimulus-organism-response，刺激-机体-反应)模型。其他辅助解释的相关理论有动机拥挤理论、线索利用理论、禀赋效应、感知风险等。

2.1 网络零售商退货政策研究的理论基础

2.1.1 公平理论

公平理论(equity theory)最早由美国心理学家 Adams 于 1965 年提出。随后作为重要的理论支撑应用于感知公平的相关研究。公平理论的发展大致分为三个阶段。

第一阶段，分配公平(distributive justice)。公平理论在 20 世纪 60 年代中期被首次提出和创建(Adams，1965)。Adams 认为人们判断结果公平性的重要原则是平衡原则。他基于社会交换视角指出：在社会交换中，交换的双方不但会计算自己在交换中的收获与投入之比，而且还会与比较对象的收获与投入之比进行比较，从比较的结果来判断分配结果是否公平。如果自己与比较对象的收获与投入之比相当，人们会觉得公平；相反，人们就会觉得不公平。由于分配公平主要是指人们对分配结果的公平感受，所以也叫结果公平。

第二阶段，程序公平(procedural justice)。20 世纪 70 年代中期，Thibaut 和 Walker(1975)提出了程序公平的概念。他们在对司法环境中的决策过程公平性进行研究时发现，人们不仅关心决策结果的公平性，而且对决策程序的公平性也非常关心。Leventhal(1976)认为程序公平应当具备六个标准：①决策程序不能因人而异或因时而异，应当保持一致性；②在决策过程中，决策者应该摒弃个人的私欲和偏见；③决策信息应当准确无误；④决策过程中出现错误时，决策者应有可纠正的机会；⑤决策者能代表和反映各方利益；⑥决策程序必须符合社会公认的道德标准。

第三阶段，互动公平(interactional justice)。20 世纪 80 年代中期，Bies 和 Moag(1986)发现在程序执行过程中，人际互动方式会影响人们对公平的感知，并将其称为互动公平。

他们发现，互动公平也会对结果公平产生影响。Greenberg (1990) 又提出互动公平可以分成信息公平和人际公平。信息公平主要指是否给当事人传达了应有的信息，即要给当事人提供一些解释，如为什么要用某种形式的程序或为什么要用某种特定的方式去分配结果。人际公平主要指在执行程序或做出决策时，权威人士或上级对待下属是否彬彬有礼，是否考虑到对方的尊严，以及是否尊重对方等。

基于上述对发展脉络的梳理，可发现公平理论阐释了人们对公平的感知可能会影响个体行为的动机。在营销领域，消费者在购物过程中，其能否感知公平会影响个体的购买决策 (Wood，2001)、重复购买意愿 (Teo and Lim，2001) 以及购后评价 (Kim et al.，2009) 等。

对网络零售商退货政策方面的研究，本书将运用公平理论分析信息线索 (溯源码、退货政策) 如何引发消费者公平感知和降低个体风险感知。公平理论的典型应用如表 2.1 所示。

表 2.1　公平理论在网络零售商退货政策研究中的运用

文献	研究主题	研究发现或结论
Bower 和 Maxham (2012)	网络零售商退货运费政策对顾客认知及购买行为的影响	免运费的退货对消费者后续购买具有正向作用，付费的退货则具有负向作用
Zhi 等 (2014)	全额退货政策与部分退货政策对消费者感知的退货政策公平性和购买意愿的影响	网络零售商的退货政策的深度 (部分/全额) 对消费者感知的退货政策公平性和购买意愿有正向影响。此外，电子零售商的竞争及其声誉显著地调节了退货政策深度与退货政策公平性和购买意愿感知之间的关系
邵兵家 等 (2017)	网络零售商无缺陷退货政策以及网站名称熟悉度对消费者购买意愿的影响	宽松的网络零售商退货政策会让消费者感知到较高的公平性，进而促使个体的购买意愿提升。相对于低熟悉度的网站，高熟悉度网站的退货政策对消费者感知公平和购买意愿的影响更强

2.1.2　信号理论和关系信号理论

信号理论 (signaling theory) 起源于 20 世纪 60 年代对信息不对称问题的研究。信号理论主要包括信号传递和信号甄别两大方面，信号传递是指买方通过观察卖方所给的一些信息线索去推测商品的价值或质量的行为；而信号甄别则是通过其他信息去鉴别信息的真实性。1961 年，Vickrey (1961) 开创性地研究了在代理人拥有私人信息的情况下如何设计激励机制的问题。2001 年诺贝尔经济学奖得主 Akerlof (1978) 指出，市场交易中的买卖双方存在信息不对称的问题，买方仅仅知道交易商品的质量分布，而不知道交易商品的实际质量，最终会导致劣质的商品在市场中完成交易而优质的商品则退出市场，开创了对逆向选择研究的先河。

应对逆向选择的一种方法是利用市场信号机制。这一概念是由 2001 年诺贝尔经济学奖的另一位得主——Spence (1973) 提出的。他认为，市场信号是指在市场上为了减少和消除由于信息不对称所带来的影响，卖方向买方发出信号，以令人信赖的方式显示产品或其他交易对象质量。

在消费市场上，买卖双方对产品品质信息的了解程度大多都不一样，并且往往都是卖家比买家掌握更多的与产品品质相关的信息 (Rao et al.，1999)。这样，消费市场就存在一个更严重的问题：不仅买卖双方掌握的产品信息不相同，而且买家在购买前不能获得产品的准确消息，只能在购买后得到。基于此，企业会向消费者发出证明自己能力的信号(Porter，1980)，会通过质量保证(Wernerfelt，1994；Rao et al.，1999；Wood，2001)、广告(Kirmani，1990)以及退货政策(Bonifield et al.，2010)等营销方式向消费者传递产品的市场地位和质量信号，从而降低消费者的感知风险，提高其购买意愿。

关系信号理论(relational signaling theory)是 Lindenberg(2000)在认知资源有限理论和目标激活理论基础上提出的适用于人际信任关系建立的理论。关系信号理论以过程理性的观点将人际互动中双方的目标框架作为情境背景，将互动过程中的人际关系信号作为信息，动态连接了人际信任建立过程中的理性选择和社会关系，能同时从时间维度和空间维度整合人际信任的理性选择模型和关系模型。关系信号理论具有两个基本假设：①信任决策是目标导向的；②特定情境中的目标框架依赖特定情境背景。

Lindenberg(2000)指出关系信号理论通过三种顶部目标框架的动态平衡来构建人际信任的过程理性模型：①享乐框架(hedonic frame)(主要目标是即时满足)；②获得框架(gain frame)(主要目标是获得资源)；③规范框架(normative frame)(主要目标是合适的方式行为)。根据关系信号理论，个人有三种评估框架：享乐框架(主要目标是现在感觉良好或更好)、获得框架(主要目标是改善资源)和规范或团结框架(主要目标是适当行动)。根据关系信号理论可分析在网络购物环境中，商家进行宽松的退货政策有助于为买卖双方建立信任提供规范框架。宽松的退货政策允许规范框架建立用户信任，不仅履行当前交易中的享乐角色，而且在未来的关系中保持收益框架，一致降低消费者的网购风险。卖家通过宽松的退货政策(一种关系信号机制)增加买家对购买过程的信心。

本书主要探讨网络零售商退货政策作为向消费者传递的有关产品质量的信号，其宽松程度会向消费者传递网络零售商所售产品的质量和可靠性信号，建立买卖双方的信任关系，从而引发对消费者决策行为的影响。基于文献梳理，表 2.2 整理了信号理论和关系信号理论在网络零售商退货政策研究中的典型运用。

表 2.2　信号理论和关系信号理论在网络零售商退货政策研究中的运用

文献	研究主题	研究发现或结论
Wood (2001)	在电子商务环境下，退货政策宽松度对消费者购买决策的影响	在远程购物环境下，退货政策向消费者释放正向的质量信号，促进其购买
Bonifield 等 (2010)	退货政策宽松度与网络零售商品质量之间的关系研究	随着电子零售商质量评级的提高，非消费品类别的退货政策宽松程度增加。然而在消费品类别中，上述关系并不成立。消费者控制购物体验的能力和他们对电子零售商的信任会缓和他们对宽松程度不同的退货政策的反应
Mitra 和 Fay (2010)	通过信号理论探索在线市场中对服务期望的管理	无论是低服务还是高服务的网络零售商，都有可能使用价格来作为向消费者表示其服务水平的重要信号
Kim 和 Wansink (2012)	基于信号理论探究商家推荐和退货政策对于消费者在购物前对产品质量评估的影响	宽松的退货政策下，消费者对于产品质量的评价比在严格的退货政策下高，且商家推荐可促进退货政策对消费者产品质量评价的正向作用
Li 等 (2015)	利用信号理论探究商家采用的众多信号对消费者购买意愿的影响	通过研究买方评级、卖方打分、网页质量、保证金等的作用，发现保证金对提高消费者购买意愿的作用最大
Oghazi 等 (2018)	运用信号理论与关系信号理论探究网购退货政策宽松度与消费者购买决策的关系	退货政策作为一种市场信号传递机制，可以促进信任，进而增强购买意愿，且消费者感知信任充分中介了感知退货政策宽松度对购买意愿的影响

2.1.3　解释水平理论

解释水平理论(construal level theory)起源于时间解释理论(temporal construal theory)，最早由 Trope 和 Liberman(2010)提出，用以证明各种心理距离对解释水平的影响，以及解释水平对认知与行为的影响。解释水平理论认为，人们对某一事物的反应取决于对该事物心理表征的抽象程度即解释水平。而解释水平又取决于人们对该事务之间心理距离的远近。解释水平是指人们编码和解码信息的方式(Wiesenfeld et al.，2017)，用来反映心理表征的抽象/具体程度。心理距离是指关于事物离自己、此时、此地距离远近的主观感受(Trope and Liberman，2010)。不同参照点对应不同形式的心理距离，如时间距离、空间距离、社交距离和发生的概率。解释水平理论的核心观点在于解释水平与心理距离的联系(Trope and Liberman，2010)，认为心理距离启动了高水平的解释，而高水平的解释又拉远了人们与事物之间的距离。

在营销领域，解释水平理论被应用于研究消费者知觉、态度及评价等。解释水平影响消费者对信息属性的感知。在低解释水平操纵下，有关"损失"(loss)的信息对消费者的影响更为有效；而在高解释水平操纵下，有关"得到"(gain)的信息对消费者的影响更为有效(White et al.，2011)。在"基于产品属性来解释消费者的产品偏爱差异"时，有研究者指出，远时间距离的个体对强调主要属性的产品更为偏爱，而近时间距离的个体对强调次要属性的产品更为偏爱(Martin et al.，2009)。还有学者指出，低解释水平操纵下的被试较少关注事物之间的相似性，因而较少认为"选择多"(choice-sets)是一种负担(redundant)。当呈现多种产品样式时(如提供的冰淇淋有 18 种口味)，对产品的偏爱程度高于高解释水平操纵下的被试(Henderson and Marlone，2013；Goodman and Malkoc，2012)。表 2.3 整理了解释水平理论在网络零售商退货政策研究中的典型运用。

表 2.3　解释水平理论在网络零售商退货政策研究中的运用

文献	研究主题	研究发现或结论
Yan 等 (2009)	基于解释水平理论研究消费者与退货政策的心理距离的不同对个体影响的有效度	在低解释水平操纵下，严格的退货政策信息对消费者的影响更为有效；而在高解释水平操纵下，宽松退货政策信息对消费者的影响更为有效
Janakiraman 等 (2016)	运用解释水平理论，探究网络购物过程中零售商退货政策的退货期限和退货努力程度的改变对消费者退货行为的影响	缩短退货政策的退货截止时间会提高消费者的退货行为；而退货努力程度(包括身体和认知努力)的提高会中介退货政策对退货率的影响，从而起到抑制退货的作用

2.1.4　S-O-R 模型

S-O-R 模型是反映环境对个体行为影响的理论模型，即"刺激-机体-反应"。该模型是由 Mehrabian 和 Russell 在 1974 年基于环境心理学提出来的。该模型指出环境刺激可能会影响个体的认知和情感状态，并最终决定个体的行为反应(Russell and Mehrabian，1974)，其模型如图 2.1 所示。

图 2.1 S-O-R 模型

在 S-O-R 模型中,刺激是指能够激起行动或者促进行动的因素;机体是指介于个体所受到的外部刺激与个体最终所做出的反应、行为和行动之间的内部处理过程和结构,知觉、感觉、心理和思考行为也包含其中;反应是指个体最终所做出的行动或行为,包括心理反应和行为反应等(Bagozzi et al.,1999;Sherman et al.,1997)。该理论模型在市场营销领域得以广泛应用,Donovan 和 Rossiter(1982)第一次将 S-O-R 模型用于研究实体零售环境。他们把实体购物环境的各个要素作为"刺激",把三种情感状态作为"机体",即愉悦度(pleasure)、激活度(arousal)、优势度(dominance),将顾客所做出的行为作为"反应"。通过实证研究发现,实体购物环境的各要素会影响顾客的情感,进而影响顾客行为,同时,顾客的情感反应也会显著影响顾客认知(Donovan et al.,1994)。随着电子商务的兴起,学者们也将 S-O-R 模型引入网络零售环境中。Eroglu 等(2001)认为,在网购情境中,网店的情境要素会影响消费者的情感状态和认知,进而影响其购买决策。

随着研究的深入,学者们对于 S-O-R 模型的研究更加全面。购物环境被分为周围条件、空间要素、标志标记、社会要素以及人员要素(Turley and Milliman,2000);"机体"的维度被扩展为消费者的信任、态度、认知以及情感(Eroglu et al.,2003;Fiore and Kim,2007);"反应"也已经扩展到满意度(Eroglu et al.,2003)、停留时间(Mummalaneni,2005)。

基于以上文献,本书认为退货政策作为网络零售环境的一个重要组成部分,也将作为环境刺激的一个方面对消费者的感知和行为意愿产生影响。因此,本书在 S-O-R 模型的基础上研究网络零售商退货政策对消费者感知公平、感知可信度以及购买意愿的影响。表 2.4 整理了 S-O-R 模型在网络零售商退货政策研究中的典型运用。

表 2.4 S-O-R 模型在网络零售商退货政策研究中的运用

文献	研究主题	研究发现或结论
Jai 等(2013)	运用 S-O-R 模型探究个体行为实践情境对消费者网上购物体验评价和再购意愿的影响	网上购物者和他们信任的网上零售商之间存在着脱节,这种脱节可能会损害消费者对零售商的回购意愿,并可能损害零售商与其客户之间的社会契约
张蓓佳(2017)	通过 S-O-R 模型,研究网络退货政策宽松度对消费者购买意愿的影响机理	网络退货政策宽松度不仅对消费者购买意愿有正向的直接影响,还能够通过感知商品质量对其产生显著的间接影响
曲洪建和汪淼(2019)	基于 S-O-R 模型,分析各大网购平台服装商品的退货政策及相关细则,探究网络退货政策的各维度对消费者服装购买行为的影响	退货政策作为外部刺激因素影响了消费者的心理感知,进一步影响消费者的购买行为

2.1.5 其他相关理论

2.1.5.1 动机拥挤理论

动机拥挤理论(motivation crowding theory,MCT)最早可以追溯到 1970 年,Titmuss(1970)发现如果对献血行为付款的话,社会价值就会消失,同时人们献血的意愿也会降低。1992 年，Frey 首次在文献中用动机拥挤理论解释了这个现象。动机拥挤理论包括挤出效应和挤入效应两种，其中挤入效应是指外在的刺激强化了内在的动机，使事情变得越来越好。而挤出效应则与挤入效应相反，指在经济学中与基本的经济学法则相背离的一种反常现象，即外在金钱的刺激会产生反效果，外在的刺激反而减少了内部的动机(Frey and Jegen，2001)，又称为"奖励的隐形成本"。

Frey 和 Jegen(2001)认为挤出效应产生的原因有两点。①损害了自主。当人们感知到外在的干预会降低他们的自主权利，内部动机就会被外部控制所破坏。②损害了自尊。当外在的干预使人们的动机不被承认时，他们内在的动机就会快速减少，也就是当他们的参与或能力不被认可时，就会降低他们的努力程度。而促进挤入效应的有效方法就是让人们感知到他们被支持、被认可，可以有足够的自由空间，增加他们的自主权利。

国内外学者对于动机拥挤理论的应用研究多集中于社会科学、心理学以及经济学等领域。常见的动机拥挤理论被用来解释一些心理问题、公益活动以及公共设施建设问题。例如，有主见的人不喜欢被控制的感觉(Frey and Stutzer，2014)；当人们在做正确的事情时，感知到规则的制定象征着对他们的不信任、不公平，会觉得沮丧(Gneezy et al.，2011)等，以及在一些公共设施建设上，外在的刺激会使人们感觉到内在的满足，如环保、节约用水、使用公共交通工具等(Frey，1993，1997)。本书将动机拥挤理论应用到社交商务中，用来解释退货政策外在的刺激为什么会对消费者产生挤入效应，积极去参与网上社交化的活动，参与在线评论。

2.1.5.2　线索利用理论

线索利用理论(cue utilization theory)是从信号接收者视角研究顾客对产品价值感知的一种线索理论。该理论最早是由 Cox 在 1962 年提出的，他提出了预测价值(predictive value)和信心价值(confidence value)两种线索价值。前者表征的是利用线索可以准确预测的可靠性程度(Dick et al.，1990)；后者指的是消费者能否正确利用该线索的信心程度。Olson(1972)在此基础上进行了扩展，提出了内部线索(intrinsic cues)和外部线索(extrinsic cues)，前者是不容易被改变的产品的内在特性，后者是与产品及服务的功能无关的易改变的特性。对产品价值感知的研究可以从信号传递者及信号接收者两个视角进行。前者是信号理论(Kirmani and Rao，2000)，后者是线索利用理论(Cox，1962；Olson，1972)。

研究表明，当信息不对称时，消费者可以依据线索判断并做出决策。而当内部线索不易被观察到时，消费者可以借由品牌、原产地等外部的线索评判产品的质量(Miyazaki et al.，2005；Maheswaran，1994)。

2.1.5.3　调节焦点理论

调节焦点理论(regulatory focus theory)是 Higgins(1997)在自我差异理论的基础上提出的。该理论从趋利避害的人性本能出发，构建了人们在实现目标的过程中存在的两种自我调节倾向：促进焦点(promotion focus)和防御焦点(prevention focus)。二者的本质区别体现在三方面(图 2.2)。

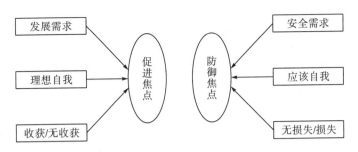

图 2.2　促进焦点与防御焦点的区别

(1) 服务的需求不同。促进焦点的人关注发展需求，看重成长和提高；防御焦点的人关注安全需求，重视安全和稳定(Tumasjan，2012)。

(2) 个体的定位不同。促进焦点的个体定位于理想自我(ideal self，如自己或他人的希望、愿望和理想等)，努力追求最优状态，其行为策略是通过自我调节来缩小现实状态与理想状态的差距(Park et al.，2017)。防御焦点的个体定位于应该自我(ought self，如个体的职责、义务)，致力追求稳妥状态，其行为策略是通过自我调节来缩小现实状态与应该状态的差距。

(3) 关注的结果不同。促进焦点的主宰动机是对成就的渴望，促进焦点个体的快乐/痛苦源于收获/无收获(如工作表现好/没表现好)。防御焦点的主宰动机是对风险的警惕，防御焦点个体的快乐/痛苦源于无损失/损失(如工作没出错/出错)。

调节焦点理论另一个重要观点是：个体的促进型、防御型调节焦点是由特质调节和情境调节交互作用构成的。特质调节焦点是个体在成长过程中逐渐形成的倾向性，一般不会发生改变。情境调节焦点是一种即时性的调节焦点，主要由外在因素和任务的框架信息线索所诱发。个体如何调节自身特质会受情境因素制约。个体的促进型调节焦点和防御型调节焦点都是相对的，它会随着情境有利与不利因素的影响而动态相互转换(Higgins，2000)。

2.1.5.4　禀赋效应

禀赋效应是行为经济学领域的重要理论。禀赋效应理论认为偏好会随交易中角色的变化而变化，拥有产品的人在将要失去该产品时，会给予产品更高的评价，更加喜爱它，即使未拥有该物品时并不那么喜爱它。禀赋效应是指人们不愿意放弃自己拥有的物品，当出让自己拥有的物品时，其要价高于购买同样物品时买价的现象或反应。也就是说，在将要失去拥有的物品时，对产品的估价要高于购买时对它的估价。对产品的估价反映了对产品价值的评价，失去产品时对产品估价更高说明此时人们对产品价值有更高的评价。

学者认为之所以产生禀赋效应，是因为人们对自己拥有的事物产生了情感上的依恋。当人们拥有产品后，比起拥有前会更喜欢该产品，有更强的依恋感(Loewenstein and Adler，1995)。这种对产品的依恋感会产生一种额外效用，而未拥有该物品的人不能体会到这种效用(Van Boven et al.，2003)。这种由人们对已拥有产品的依恋感所产生的额外效用被称为所有权效用。所有权效用是禀赋效应产生的重要原因。当人们出让拥有的产品时，对产品的估价之所以更高，是因为除了产品本身外，人们还损失了所有权效用，要对这部分效用进行补偿。本书认为宽松的退货政策相对严格的退货政策提供更长的退货截止时间，更长的退货截止时间意味着更长的所有权周期，从而可以提高禀赋效应(Janakiraman and Ordóñez，2012；Wang，2009；Wood，2001)，提高感知质量，降低消费者退货可能性。因此，基于现有的研究，禀赋效应将影响消费者购买商品后的退货行为。

2.1.5.5　说服知识模型

说服知识模型(persuasion knowledge model)是由 Friestad 和 Wright 在 1994 年提出来的。该理论一经提出，就受到了营销学界的普遍认可，并被广泛用于后续的研究中。说服知识模型认为，消费者会随着时间的推移，主动形成一套关于信息是如何发出、为何发出以及何时发出的个人化知识体系，该知识体系形成的目的在于当消费者收到一条试图影响他们的信息时，他们能够解读出信息中的说服性成分，从而做出相应的反应(Friestad and Wright，1994)。消费者所拥有的说服知识并不是严谨的、静态的，它不但包含了理性的判断，而且也包含了消费者自身的感性认知，并且这种说服知识是会随着时间的推移和个人经历的增多而逐步完善和修正的(梁静，2010)。所以，消费者的说服知识更像是一种松散的直觉或认知，它会一直萦绕在他们的脑际，以供消费者随时运用。

通常消费者获取说服知识的途径主要包括以下四种：①从与亲友、同事、营销人员等的社交活动中获取经验；②从一些能够影响他们思想、感受及行为的交谈中提炼；③通过观察营销人员的说服行为获得；④从其他媒介对广告等营销行为的评论中获得(Friestad and Wright，1994)。

当消费者意识到所接收到的信息是具有说服性的，他们所拥有的说服知识就会被激活。这些说服知识就会使消费者意识到该信息的目的是说服他们采取某项行动。此时，消费者所接收到的信息就会按照"意念改变原则"被扭曲，消费者就会产生抗拒心理，做出反抗性的回应(Friestad and Wright，1994)。

由于说服知识模型可以很好地解释营销手段对消费者行为的影响，而退货政策可以被看作是网络零售商的一种营销手段(Bonifield et al.，2010)，本书认为消费者对退货政策的感知可信度反映了消费者认为退货政策可信赖的程度。如果一个退货政策被认为是可信的，那么消费者就一定相信网络零售商会兑现它的承诺(Jeng et al.，2014)，即可以用说服知识模型来解释。

2.1.5.6　感知风险

Bauer 是第一个将"感知风险"(perceived risk)从心理学领域延伸到市场营销领域的学者，Bauer(1960)指出购买活动产生的结果是消费者无法精确预测的，而这个结果可能并不让人满意，由此产生感知风险。1967 年，Bauer 进一步指出，个体的感知风险和实际的风险是两个完全不同的概念(Bauer，1967)。感知风险是指个体对事物风险的主观判断，实际风险则是经过严格科学评估后所得出的客观风险。在 Bauer 之后，有很多的学者研究了感知风险，并对感知风险的定义不断进行完善和补充，得到大多数学者赞同的是Cunningham(1967)的定义，他把感知风险分成不确定性和后果两个因素，前者是指某件事是否会发生所具有的主观可能性，后者则是指事件发生后产生结果的危险性。之后众多学者研究了感知风险包含的构面。Cox(1962)提出感知风险可能与财务或心理风险有关，

Cunningham（1967）认为消费者感知到的风险可能包括社会后果、资金损失、物理损伤、时间损失和产品性能等问题。目前对于感知风险的划分，主要包括功能风险、财务风险、心理风险、社会风险、身体风险、时间风险等维度。

网络购物风险是影响消费者网上购买的一个重要制约因素，感知风险的相关定义也被广泛运用到电子商务环境中，Roselius（1971）提出了背书保证、退款保证、品牌忠诚、口碑等 11 种降低感知风险的策略；Van den Poel 和 Leunis（1996）在互联网环境中对感知风险进行了检验，发现退款保证是最有用的策略；Jeng 等（2014）、Pei 等（2014）从风险减少机制出发，提出宽松的退货政策能有效地减少消费者的感知风险。

相关理论和模型在网络零售商退货政策研究领域的应用如表 2.5 所示。

表 2.5　相关理论在网络零售商退货政策研究中的典型应用

文献	研究主题	研究发现或结论	理论基础
Chen 和 Grewal（2013）	探讨零售商在面临顾客回报、市场竞争环境时的退货政策策略	针对面临顾客回报、来自多个零售商的市场竞争以及顾客对产品评价不确定的竞争性零售商，确定了多零售商的共存条件和竞争零售商纳什均衡的存在条件	动机拥挤理论
Shao 等（2013）	研究退货保险和退货运费对不同自我调节倾向的消费者交易行为的影响	对于以促进焦点为主的消费者，退货保险会增加其购买倾向但不会增加退货倾向。而对于以防御焦点为主的消费者，退货保险同时提高了个体的购买倾向和退货倾向	调节焦点理论
Wang（2009）	在网络购物环境下，研究零售退货政策、禀赋效应与消费倾向的关系	宽松的退货政策显著增加了初始购买倾向，但并没有提高退货率。这表明，采取宽松的回报政策有可能增加消费	禀赋效应
张涛 等（2017）	考虑无缺陷退货的在线商品信息发布策略	构建产品信息影响消费者购买和退货模型，研究发现垄断性零售商的最优信息发布策略和竞争性零售商在发布产品信息量和信息内容方面的均衡策略均取决于产品价值和退货成本特征	消费者效用理论、禀赋效应
Walsh 和 Möhring（2017）	运用风险理论检验退货工具对产品退货预防的影响	产品评论可以降低产品退货率，而退款保证会提高退货率。关于退货流程的说明以及附有免费退货标签的内容不会影响消费者的退货行为	感知风险
Ashfaq 等（2018）	基于网购奢侈品品牌场景下，研究退款保证对消费者感知风险和购买意愿的影响	退货保证与品质标签影响消费者风险感知，进而提升购买意愿。此外，网站质量对购买意愿有正向影响。网络零售商通过向奢侈品提供退货保证可以降低消费者的风险感知，增加购买意愿	感知风险、信号理论

2.2　国内外网络零售商退货政策研究现状及评述

网络零售商退货政策受到学术界和产业界的密切关注。退货政策这一工具对于网络零售商而言，具有十分重要的实际价值。学术界在持续关注这一话题，围绕网络零售商退货政策及其相关问题，从退货政策的内容、测量、前因以及影响等方面进行了大量而深入的研究，并取得了较为丰硕的成果。但是学者们往往从各自角度开展理论研究，退货政策的相关研究主题较为分散，目前缺乏对这些研究成果的系统梳理和分析，这在一定程度上制约了退货政策的管理实践与未来研究。为把握现有研究动向，厘清研究脉络，为今后的进一步研究提供参考，有必要对相关研究进行综述。鉴于此，本节将系统回顾和评述相关研究，具体而言，将重点聚焦网络零售商退货政策的内涵、退货政策的测量、影响网络零售商退货政策的因素、网络零售商退货政策的影响四个方面。

2.2.1 相关文献的筛选

在文献筛选方法层面，借鉴 David 和 Han（2004）、李凯等（2015）使用的步骤或标准来搜索代表性的研究文献。文献检索规则如下：①在各大电子期刊数据库中用检索词进行搜索，主要的期刊数据库包括中国知网、Web of Science、EBSCO-host Business Source Complete、Google Scholar、Science Direct 和 Emerald 等；②所选文献的标题或摘要中必须要包括一个以上的主要关键词，以确保相关度；③通过阅读所选文献的题目、摘要、文章内容进行筛选，筛选符合研究主题的文献，剔除关注点为非网络零售商退货政策相关领域的文献；④阅读所有剩余文献的全文以确保研究主题与本章研究内容的相关性；⑤整合来自多个关键词搜索的研究并删除重复文献。

文献检索的时间截止到 2019 年 11 月 1 日，通过使用"退货政策（return policy）""退货策略（return strategy）""零售商（retailer）""在线（online）""网络零售商（online retailer）""退货（return）""宽松退货政策（lenient /generous return policy）""退款保证（money back guarantee）""产品退货服务（product return service）""产品退货（product return）"等为主要搜索关键词，在初始检索后，根据搜索结果调整搜索选项，使用关键词、主题、正文等选项，搜索相关文献，一共搜索出 57 篇符合研究条件的文献。根据搜索的文献，我们发现相关研究在使用"退货政策"和"退货策略"时未加区分，因此，在后文中如未做特别说明，"退货政策""退货策略""退货服务"同时使用。

2.2.2 网络零售商退货政策的内涵

根据《现代汉语大辞典》中的定义，退货是指把买来或订购的货物退给原出售单位或生产单位。根据商品质量是否有问题，退货可分为质量退货和非质量退货，后者也称为无理由退货，即由于顾客对产品事先价值估计存在偏差而产生的非商品质量问题的退货（Stock et al.，2002）。

退货政策是为了应对各种退货行为而采取的措施之一，但是退货政策没有统一的定义，多数研究都没有进行明确的界定。依据退货政策中涉及的交易主体，退货政策可以分为两类，一类是供应链中产品或服务在销售商和制造商之间的退还约定，如孙健和纪建悦（1999）将退货政策定义为产品制造商、服务提供商或上游分销渠道成员对下游渠道成员做出的一种承诺，允诺当下游渠道成员在产品销售不畅造成积压时，可按照事先的约定将多余的存货退还给上游渠道成员，并取得相应的退货款；另一类是零售商与消费者之间，如邵兵家和崔文昌（2016）指出退货政策是指商家针对已售产品由于各种原因产生的退货问题所做的一系列约定。在本章中，我们关注网络零售商制定的面向消费者的退货政策，属于第二类退货政策。

已有研究中对退货政策和退款保证的解释和使用是类似的，但是侧重点不同。Bonifield 等（2010）和 Zhang 等（2017）认为退货政策是一种旨在改变消费者感知和购物行为的信号。

Jeng(2017)认为退货政策是零售商提供的一种售后服务。Chen 和 Chen(2016)指出退货政策的内容不仅反映出零售商所能提供的售后服务的水平，也可以作为细分市场的一种机制。Davis 等(1998)将退款保证(money back guarantee)描述为卖家的承诺，即当任何消费者对购买不满意时，可以在一定的时间内退货，并收到全部退款。Posselt 等(2008)认为退款保证是网络零售商为降低消费者订购不合适商品的风险而提供的退货退款的政策。

　　我们可以将网络零售商退货政策理解为线下退货政策的延续，但是网络购物中购买和收货分离的特点，使得网络零售商退货政策与线下退货政策有一些区别，如网络零售商退货政策对于退货地点的要求较为简单，一般通过邮寄方式退货，而线下零售商退货政策一般要求退货到交易商店或是零售商自有的任何商店(Chen and Chen，2016)。

2.2.3　网络零售商退货政策的维度与测量

　　现有文献对网络零售商退货政策的构成即维度以及测量方法进行了探索，由于学者的研究侧重点不同，研究中对退货政策的测量方式也存在差异(表 2.6)，但是基本都包含退货时限、退货费用、退款比例等方面中的一个(Yu and Kim，2019；Ashfaq et al.，2018)或数个(Wood，2001)。根据退货政策的内容可分为不同的维度，退货政策可分为一个维度(Pei et al.，2014)、两个维度(Posselt et al.，2008)或更多维度(Janakiraman et al.，2016)。根据退货政策维度的要求不同，可以分为宽松的退货政策和严格的退货政策(Fornell and Wernerfelt，1987；Bonifield et al.，2010)。

表 2.6　网络零售商退货政策的主要维度和测量

文献	维度构成	题项
李勇建 等(2012)	全额退款退货或部分退款退货	—
Pei 等(2014)	金额退还比例	1 个题项
Ashfaq 等(2018)	退款保证	4 个题项
Li 和 Jiang(2018)	退款金额	—
Posselt 等(2008)	退货的截止日期、费用的返还率	4 个题项
Suwelack 等(2011)	退货时限、退货条件	—
Xu 等(2015)	退款金额、退货截止日期	—
Pei 和 Paswan(2018)	退货程序复杂性、退货成本	7 个题项
Su 和 Zhang(2009)	退货截止日期、退货努力程度、退货覆盖范围	—
Chen 和 Chen(2016)	退货的截止日期、是否需要原始收据、退款金额	—
张蓓佳(2017)	退货时限、退货操作、退货费用	—
Gelbrich 等(2017)	退货时限、退货程序、退货费用	—
Heiman 等(2001)	退货时限、退货成本、退货方式、额外的限制条件(如是否包装完整)	—
邵兵家和崔文昌(2016)，邵兵家 等(2017)	退货截止日期、退货费用、退货所需努力程度	—
Jeng(2017)	退货时限、退货条件、灵活性、便利性	4 个题项
张蓓佳(2017)	退货期限、退货商品范围、退货费用、退货理由	4 个题项

文献	维度构成	题项
孙永波和李霞 (2017)	退货时间、退货物流承运、退货金额、退货程序、处理态度	—
Hsieh (2013)，Oghazi 等 (2018)	退货条件、退货费用、退货模式、退款额度	4 个题项
Wood (2001)，Janakiraman 等 (2016)	时间宽松度、费用宽松度、努力宽松度、交易形式宽松度和种类范围宽松度	—
Yu 和 Kim (2019)	退货时限、退货邮寄、退货限制、退货方法、退货处理时间、退货文件、退款方法、缺陷产品退货	7 种解释

资料来源：根据相关文献整理；注：“—”表示文中没有提到或不需要具体的题项数目。

多数学者关注影响网络零售商退货政策的因素和网络零售商退货政策的影响，只有少数研究聚焦测量，如 Posselt 等 (2008) 通过将退款担保分为两个维度，进一步拆分政策的细节，提出了一套测量和比较零售商退货政策质量 (客观质量、市场质量、主观质量) 的方法。

2.2.4　影响网络零售商退货政策的因素

影响网络零售商退货政策设计的因素主要包括产品特征、网络零售商特征、消费者特征和文化因素等。

产品特征是产品所具有的属性特征，包括产品类型、产品退货率、产品生命周期以及产品残值 (退货后产品的价值) 等，这些属性会影响退货期限或退款金额的设计。季节性的产品如时装，因为在退货前后产品价值变化较大，零售商处理成本高，一般退货期限较短 (Xu et al.，2015)。当退货率低时，零售商可以提供不确定的退货期限，当退货率高时，退货期限取决于产品生命周期的长短，零售商对生命周期短的产品实施不确定的退货期限，对中等长度生命周期的产品实施固定的退货期限，对于生命周期长的产品，零售商的退货期限取决于提供不确定期限和固定期限所获得的利润之间的比较 (Xu et al.，2015)。在不同情境下，产品残值对退款额度设置的作用类似，在处理预售产品无缺陷退货时，零售商的最优退货策略是部分退款策略，最优退货价格为产品的残余价值 (李勇建 等，2012)。在常规销售中，Xu 等 (2015) 发现退货后的产品价值减少时，零售商最优的退款策略同样是产品残值退款。Shang 等 (2017a) 通过实证研究发现，产品残值越大，零售商接受退货的成本越低，网络零售商提供全款退货政策的可能越高。

网络零售商特征是网络零售商所具有的特点，如声誉和质量，这些特征会影响退款金额的设计、退货政策宽松度。Shang 等 (2017a) 发现，网络零售商自身的声誉越高，零售商提供全款退货政策的可能性越高。Bonifield 等 (2010) 通过 BizRate.com 的在线零售商质量排名数据，研究发现在非快消品中，退货政策宽松度随着网络零售商质量排名升高而增加。

消费者特征是消费者具有的特点，如是否是机会主义者、对退货政策的敏感程度等，这些特征会影响退款金额的设计。退款金额的选择与情境密切相关，Shang 等 (2017b) 研究一个垄断零售商面向由机会主义者和普通消费者组成的市场时，发现随着机会主义者比例增加，减少退款额度并不总是最优的应对策略，当机会主义行为较少，机会主义行为给消费者带来的收益较高时，零售商最好维持退货政策的现状。Li 和 Jiang (2018) 研究了一个由风险中性的供应商和风险厌恶的零售商构成的双渠道供应链场景，发现当消费者对退货政策的敏感性高时，为消费者提供全额退货政策会损害线上需求和总需求。

文化因素会影响消费者对退货政策的感知和行为，进而影响退货政策的设计。Yang 和 Choi(2013)研究了韩国消费者对四种不同水平退货政策(即从韩国严格的退货政策到美国宽松的退货政策)的反应，通过定性研究发现，具有东方文化的韩国消费者偏好中等宽松程度的退货政策，因此零售商在韩国市场中制定退货政策时应该考虑东方文化的影响，退货政策并非越宽松越好。Yu 和 Kim(2019)研究退货政策在中美市场的差异时，发现零售商在美国市场制定的退货政策更详细、宽松，他们指出美国文化中的高不确定性规避使得美国消费者容易产生消极预设思维，进而产生预期后悔，预期后悔会增加不适感，从而降低消费者的购买意愿，因此美国消费者更偏好宽松的退货政策，因为宽松的退货政策有助于减少负面的预设思维，降低预期后悔，从而增加购买意向，于是零售商在美国市场制定的退货政策相对宽松。

2.2.5　网络零售商退货政策对消费者行为的影响

2.2.5.1　网络零售商退货政策对消费者行为的影响结果

消费者在线购物过程可分解为两个决策过程，一是消费者决定是否下单，二是收到商品后决定是保留还是退货(Wood，2001)。从购买前到购买后，退货政策对消费者都有影响(Wood，2001；Zhou and Hinz，2016)。根据在整个购物过程中出现的先后顺序，网络零售商退货政策影响的结果主要有购买意愿(或购买倾向)、溢价支付意愿、感知商品质量、保留意愿、购买后后悔、退货倾向、机会主义退货以及后续购买行为等。

退货政策对消费者购买意愿影响的研究结论基本一致，宽松的退货政策会增加消费者的购买意愿。Bonifield 等(2010)通过让消费者从正反两个方面判断退货政策的宽松与否，发现退货政策会正向影响消费者的购买意愿。Suwelack 等(2011)发现使用退款保证(退货条件和退货时限)会提高消费者的购买意愿，严格的退货条件对消费者的购买意愿有显著的负向影响。Zhang 等(2017)指出较长的退货时间和全款退款是高服务质量信号，宽松的退货政策(退货额度和退货时限)提高了消费者的购买意愿。邵兵家等(2017)从三个维度(退货截止日期、退货费用、退货努力程度)区分了无缺陷退货政策的宽松和严格，使用中国大学生样本，发现宽松的网络零售商退货政策能让消费者产生更高的购买意愿。Jeng(2017)从四个维度(期限、条件限制、灵活性和便利性)衡量了退货政策宽松度，发现退货政策宽松度会正向影响消费者购买意愿。Ashfaq 等(2018)基于 Suwelack 等(2011)和 Jeng 等(2014)对退货政策宽松度的界定，发现在奢侈品购物中，退款保证同样提高了消费者在线购买意愿。Oghazi 等(2018)从四个维度(退款额度、条件、退货费用、退货模式)衡量了退货政策宽松度，使用瑞典大学生样本，发现退货政策宽松度会正向影响消费者购买意愿。Janakiraman 等(2016)通过对 21 篇关于退货政策宽松度的文献进行元分析，发现相比于退货倾向而言，退货政策的宽松度会增加购买倾向，费用宽松度和努力宽松度也会增加购买倾向。

溢价支付意愿是指消费者愿意为商品支付额外费用的意愿，退货政策宽松度对消费者溢价支付意愿的影响研究结论不一致。Suwelack 等(2011)发现使用退款保证会提高消费者的支付意愿,严格的退货条件和较短的退货期限对消费者的溢价支付意愿有显著的负向影响。邵兵家和崔文昌(2016)从退货截止时间、努力程度和退货费用三个维度区分了无缺陷退货政策的宽松和严格,发现宽松的退货政策能够提高消费者的溢价支付意愿。而 Rao 等(2017)研究了退货时间宽松度(退货时间长短)对消费者溢价支付意愿的影响,发现当退货时间从短(严格)变为中等长度(中等宽松)时,消费者的溢价支付意愿出现峰值,若继续增加退货时间,消费者的溢价支付意愿会下降,即退货时间的增加和溢价支付意愿提高之间是非线性关系。

感知商品质量是消费者对所购买商品质量的评价。Wood(2001)指出在网络购物环境中,宽松的退货政策作为商品质量信号特征,与严格的退货政策相比,在宽松退货政策下,消费者在购买前和收到商品后对产品质量的感知更加积极。

保留意愿是消费者收到商品后选择保留产品的意愿。Gelbrich 等(2017)发现与常规的宽松退货政策相比,宽松退货政策加上保留奖励能够实质性地提高消费者的保留意愿。

退货倾向是消费者退货的意愿,Janakiraman 等(2016)通过对 21 篇有关退货政策宽松度的文献进行元分析,发现退货政策的范围宽松度会增加退货倾向,而时间宽松度(退货时限长)和交易形式宽松度会减少退货倾向。

退货行为包括合法性退货和机会主义退货两种,合法性退货是因质量原因或消费者的偏好引起的退货,机会主义退货是消费者滥用退货政策的行为,退货政策中不同维度的要求对消费者退货行为的影响各不相同。消费者所需的退货努力水平越高,退货率越低(Posselt et al.,2008;Janakiraman and Ordóñez,2012)。退款比例越高,消费者的退货行为越少(Su,2009)。宽松的退货政策会使消费者滥用退货政策,产生不道德退货,使退货率增加(Davis et al.,1998)。Pei 和 Paswan(2018)发现退货政策程序的复杂性和退货成本并不会影响消费者的机会主义退货行为。

后续购买行为是指消费者在同一商家的再次购买行为。免运费的退货对后续购买行为具有积极作用,付费的退货则对后续购买行为具有消极作用(Bower and Maxham,2012)。孙永波和李霞(2017)发现对于有过退货经历的消费者而言,宽松的退货政策(更快的退货速度、更简明的退货流程、更人性化的退货金额和服务态度)有助于消费者退货后再次购买。

2.2.5.2　网络零售商退货政策影响的中介变量

对于网络零售商退货政策影响过程的作用机制,学者们进行了深入的探讨。不同研究发现的中介机制存在差异,一些研究探讨了一个中介变量(Oghazi et al.,2018),另一些则同时考虑多个中介变量(邵兵家和崔文昌,2016),主要的中介变量有信任、感知风险、感知质量、感知公平以及感知价值等。

信任是一方认定另一方会采取特定的期望行动的意愿,无论另一方是否被监管,信任对网络环境中的交易的达成有着积极的作用。Oghazi 等(2018)基于信号理论和关系信号理论指出,宽松的退货政策是一种零售商和消费者之间的交互信号,不仅激发了消费者的"规范"框架,也同时满足了"获得"和"享乐"框架,处于"规范"框架的个体通常会更多地采取信任行为，于是宽松的退货政策会使消费者产生信任，进而正向影响消费者的购买意愿。

关于感知风险中介作用的研究没有一致的结论。邵兵家和崔文昌(2016)基于信号理论和公平理论，指出宽松的退货政策能够减少消费者的感知风险，感知风险的降低可以提高消费者的溢价支付意愿。Ashfaq 等(2018)基于信号理论，指出感知风险在退款保证与购买意向的关系中起着中介作用，退款政策越宽松，感知风险越低，而购买意愿则越高。而张蓓佳(2017)基于 S-O-R 理论，将网络退货政策视为消费者的外部刺激因素，退货政策宽松度会影响消费者的内部感知(感知风险和感知质量)，消费者的内部感知又会对消费者的购买意愿产生影响，发现感知购物风险对消费者购买意愿的影响不显著，网络退货政策宽松度不能够通过感知购物风险来影响消费者购买意愿。

感知质量是消费者购买前对商品或服务质量的判断，关于感知质量中介作用的研究没有一致的结论。张蓓佳(2017)发现感知商品质量在退货政策宽松度与消费者购买意愿关系中有着正向的中介作用。邵兵家和崔文昌(2016)指出，宽松的退货政策能够增加消费者的感知质量，使消费者产生积极不公平感，零售商产生消极不公平感，零售商通过为宽松退货政策收取溢价重建交易公平，通过实证发现，宽松的退货政策使消费者产生更高的感知质量和更低的感知风险，进而产生更高的溢价支付意愿。而 Zhang 等(2017)发现退货时间并不影响感知产品质量，退货深度(全部或部分退款)和退货时间会通过感知服务质量正向影响购买意愿。

感知公平在消费者购物决策中有积极的作用，邵兵家等(2017)基于信号理论和公平理论发现，宽松的网络零售商退货政策会让消费者感知到较高的公平性，进而产生更高的购买意愿。

感知价值是消费者对退货政策的价值判断，Jeng(2017)以消费者反应理论为基础，通过实验研究发现，退货政策宽松度通过提高政策的感知价值来增加顾客的购买意愿。

2.2.5.3 网络零售商退货政策影响的调节变量

影响网络零售商退货政策的调节变量有产品特征、零售商特征(网站名称熟悉度和声誉)、消费者特征以及文化因素。

产品特征包括退货所需的努力程度(高/低)和产品类型(搜索品/体验品)，它们影响零售商退货政策的选择。Pei 等(2014)发现，在低退货努力类型的产品中，高知名度和低知名度的零售商都应该提供宽松的退货政策。Jeng(2017)指出，知名零售商应只对低退货努力的产品类别提供宽松的退货政策。相对于搜索产品，购买体验品时，退货政策宽松度对消费者感知质量和感知风险的影响更强(邵兵家和崔文昌，2016)。

零售商特征包括零售商网站名称熟悉度、声誉以及知名度(高/低)，已有研究对三者的命名虽然不同，但是内容相近。相对于低熟悉度的网站，高熟悉度网站的退货政策对消费者感知公平和购买意愿影响更大(邵兵家 等，2017)。Zhou 和 Hinz(2016)研究不同的退货政策对中小型网上商店的顾客购买和退货行为的影响，发现退货政策的采用增加了销售额，声誉在这一过程中起到了调节作用，良好的声誉和传统的客户友好退货政策(如 7 天退货政策)显著增加了退货数量。Jeng(2017)发现，当一件产品需要高退货努力时，相对于高知名度的竞争对手,低知名度的零售商从宽松的退货政策中获益更多。

消费者特征涉及的方面较多,包括消费者对退货政策的判断(是否为质量信号)、购物频率、性别、收入水平、涉入度、价格偏好、消费者的调节焦点类型、消费者与商家的关系强度以及感知控制。相对于较少将宽松退货政策视为质量信号的消费者而言,将宽松退货政策视为质量信号的消费者,遇到质量问题引起的退货时,会产生更高的退货后后悔,使得宽松的退货政策不能发挥应有的作用,适当解除宽松退货政策与质量信号间的联系,可以较多降低将宽松退货政策视为质量信号消费者的退货后后悔(李东进 等,2013)。保留奖励对购物频繁的消费者具有明显的积极作用,而很少购物的消费者对保留奖励的反应甚至不如宽松的政策(Gelbrich et al.,2017)。网络退货政策宽松度对男性消费者购买意愿的影响要大于女性消费者,对高收入水平消费者的影响要大于低收入水平消费者(张蓓佳,2017)。相对于低涉入度的消费者,退货政策对高涉入度消费者的感知质量的正向影响更强(邵兵家和崔文昌,2016)。价格敏感型的消费者偏好较不宽松退货政策的低价产品,偏好宽松退货政策的消费者愿意支付较高的购买价格(Chen and Chen,2016)。有着促进焦点的消费者倾向于将退货运费险视为商品质量和卖家可信度的信号,从而增加购买倾向,而有着保护焦点的消费者将退货运费险视为减少退货损失的工具,从而会增加购买倾向和退货倾向(Shao et al.,2013)。消费者与商家的关系越长久,消费者退货比例越低(Reinartz and Kumar,2003)。Bonifield 等(2010)发现消费者在购物过程中的感知控制越高,购买意愿越强。

2.2.6　网络零售商退货政策相关研究现状评述和展望

通过对网络零售商退货政策相关研究进行回顾和梳理,我们发现已有研究主要围绕退货政策的内涵、退货政策的测量、影响退货政策的因素以及退货政策的影响四方面,这对准确理解并进一步把握退货政策具有积极意义。同时,我们发现还存在一些重要但挖掘不够的主题,未来有待进一步探索和深化。在此,本书针对性地提出以下几点建议。

(1)退货政策的跨文化比较。现有的退货政策研究大多关注某个市场或某一商家的退货政策,对于退货政策中文化因素的考察较少,涉及这一主题的研究很少,如 Yang 和 Choi(2013)研究了宽松退货政策对东方文化的消费者的影响,Yu 和 Kim(2019)发现零售商在不同市场退货政策设计的差异和不确定性规避有关。

(2)退货政策不同维度间的交互作用评估。现有研究对退货政策的维度往往是同时考虑若干个方面,综合评价一个退货政策的宽松程度,但是,不同消费者和不同主体对同一政策内容的关注点不尽相同(Posselt et al.,2008),退货政策的感知质量之间存在差异(Wood,2001),某一维度的范围设置不一定是越宽松效果越好,不同维度间的作用可能相互加强或抵消,有必要对退货政策的维度效果进行测度,提高退货政策设计的准确性。

(3)研究方法的多样性。首先,对于实验设计中的样本选择,现有研究多使用学生样本进行实验研究,这在一定程度上降低了不可观测的异质性,但与此同时,研究结论的外部效度也受到了限制(Jeng,2017)。其次,对于数据的获取,使用问卷调查的方法一般获取的是截面数据,可能存在共同方法偏差问题,而使用实验方法虽然保证了信度,但是缺乏真实性。最后，采用实际数据的研究仍然较少（Walsh and Möhring，2017）。未来的研究可以同时结合多种研究方法验证相关研究发现的适用性。

(4) 应用其他理论解释退货政策的相关问题。已有研究运用的理论主要有：信号理论（Heiman et al.，2001；Bonifield et al.，2010）、归因理论（Bower and Maxham，2012）、公平理论（Bower and Maxham，2012）、解释水平理论（Janakiraman and Ordóñez，2012）、禀赋效应（Wood，2001；王湘红和王曦，2009）、调节焦点理论（Shao et al.，2013）等，在未来的研究中可以考虑使用其他理论，如采用关系强弱理论、动机拥挤理论、说服知识理论等解释退货政策中的相关研究问题，对已有研究做补充和拓展。

2.3　结　　论

本章通过系统的文献回顾，从网络零售商退货政策的内涵、退货政策的测量、影响退货政策的因素、退货政策的影响四个方面对文献成果进行分析，总结了网络零售商退货政策领域的研究现状，发现网络零售商退货政策领域的研究主题集中在零售商退货策略选择、退货政策维度组合、消费者行为和意愿等方面。在对网络零售商退货政策研究现状进行梳理和评述的基础上，本章提出了未来研究的观点和建议。

本章分析表明，经过多年研究成果的不断积累和沉淀，网络零售商退货政策的研究已经取得了较为丰硕的成果，但是相对而言，理论研究的时间还不长，现有理论研究大多数是追随实践的发展。从网络零售业发展的趋势来看，退货政策研究具有重要的实践价值。因此，回顾网络零售商退货政策领域的文献对于这一研究领域的开拓非常重要，对现有研究的总结和分析将有助于网络零售商退货政策理论研究的发展，并最终更好地指导和服务实践。

第3章 网络零售商无缺陷退货政策的理论框架

随着网络购物的迅速发展，网络零售商间的竞争愈发激烈，退货政策作为网络购物中的重要因素，对消费者行为和企业发展起着关键作用。本章旨在科学合理地界定网络零售商无缺陷退货政策的概念和内涵，总结网络零售商退货政策的维度及分类，分析网络零售商退货政策的影响因素，在此基础上探讨网络零售商对消费者行为的影响，从而构建网络零售商无缺陷退货政策的理论框架，为网络零售商制定科学合理的退货政策提供理论依据。

3.1 网络零售商的含义

3.1.1 网络零售的含义

根据亿邦动力发布的《中国网络零售调查报告 2009》，网络零售是指交易双方以互联网为媒介进行的商品交易活动，即通过互联网进行信息的组织和传递，实现有形商品和无形商品所有权的转移或服务的消费。买卖双方通过电子商务(线上)应用实现交易信息的查询(信息流)、交易(资金流)和交付(物流)等行为，网络零售也称网络购物。

3.1.2 网络零售商的含义及分类

零售商(retailer)是指将商品直接销售给最终消费者的中间商，是分销渠道的最终环节，处于商品流通的最终阶段。网络零售商(e-tailers)是指以互联网为媒介，为消费者提供产品和服务的零售商，即通过互联网零售的商家。目前，网络零售商就是同最终消费者进行并完成交易的 B2C(business to customer)或者 C2C(customer to customer)商家。

网络零售商一般分为纯网络零售商(pure e-tailers)和混合网络零售商(hybrid e-tailers)。纯网络零售商是网络零售出现后建立的只通过网络开展零售活动的企业，如亚马逊、京东商城以及淘宝网上的绝大部分零售商都属于纯网络零售商。对于纯网络零售商来讲，企业的信息流完全在互联网上流动，在物流方面，一般可以跳过分销商，直接向厂商要货，然后销售给用户。因为去掉了中间的多级批发商，因此更容易实现较低的价格。混合零售商是指那些既在网上做生意，又具有传统实体店面的企业。

3.2　网络零售商退货政策的基本概念

3.2.1　网络零售商退货政策的含义

长期以来，退货问题作为商品交易中至关重要的环节，得到人们广泛而深入的研究，最早关于退货政策的研究是基于传统购买环境展开的。传统的退货问题可分为零售商退货和消费者退货两种类型。

零售商退货是指制造商和零售商之间的退货，在市场需求不确定情况下，制造商通过以一定价格回收零售商未能售出产品的策略来激励更多的零售商订货。孙健和纪建悦(1999)将零售商退货政策定义为产品制造商、服务供应商或上游分销渠道成员对下游渠道成员做出的一种承诺，允诺当下游渠道成员在产品销售不畅造成积压时，可按照事先的约定将多余的存货退还给上游渠道成员，并取得相应的退货款。

消费者退货是指零售商和消费者之间的交易，针对的是售出但消费者希望退货的产品。零售商退货政策则是商家对消费者的一种承诺，允许消费者在一定时间内，按照事先约定好的内容退回所购买的产品，并取得相应的退款。

随着互联网的迅猛发展，网络购物飞速崛起，伴随而来的退货问题也不断攀升。网络环境下只能依靠文字、图片、声音、视频等给消费者提供虚拟描述，消费者不能获得触觉、味觉等直观感受，导致网购的产品与自己的真实购买意愿不符，从而产生退货。

退货作为网络购物中的重要环节，不仅影响消费者的购买体验，也关系着企业的经济效益。因此，商家或网购平台会制定一系列退货规则以规范退货流程，维护商家及消费者的利益。退货政策也可称为"退货条款""退货条约""退货方法""退货规则""退货管理"等。消费者如何退货、什么时候退货取决于零售商制定的退货政策。因此，在互联网环境下，退货政策的定义为针对网上销售的产品由于各种原因产生的退货问题所做的一系列相互约定，网络零售商允许消费者在一定时间内退回所购买的产品，消费者按照约定以零售商要求的退货方式进行退货，在网络零售商收到消费者的退货并检查无误后，消费者取得相应的退款。与传统的消费者退货不同的是，网络环境下的退货问题存在时差性和不确定性，因此网络环境下的退货政策更侧重于对网络零售商和消费者的双向约束，以保障双方的权益。

广义上的退货政策包括退货价格、退货期限、退货比率、退货责任等(高兴和徐千里，2009)。退货价格即按照原价全额退货或按一定的折扣退货。退货期限即按一定条件退货的期限，如"7 天无条件退货"。在 B2C 中，因为买家本身可能是零售商，所以还会涉及退货比率、退货责任。当买家因为销售情况而选择退货时，就会涉及比率。

3.2.2　无缺陷退货政策的含义

Ferguson 等(2006)首次提出"无缺陷退货(false failure returns)"的概念，退货商品不存在功能或外观上的缺陷，只要经过简单的检测或者重新包装，就可进行二次销售，这种退货称为无缺陷退货。无缺陷退货政策是退货政策的一种，被广泛应用于网上购物的退货规则中。无缺陷退货政策通过提升消费者的感知质量和降低消费者的感知风险，增强消费者的支付意愿，进而提高市场需求，为企业创造竞争优势(Yan et al.，2009)。

退货政策在商业市场中起着非常重要的作用。退货政策是企业与消费者建立长期关系所广泛使用的一种战略工具。允许消费者退回所购买的产品，可以保护那些遇到产品不合适、订单错误和其他问题的消费者。制定周密的退货政策是吸引和留住消费者的关键，而提供的退货政策可能会增加消费者购买产品的意愿。

3.3　网络零售商退货政策的维度

3.3.1　网络零售商退货政策维度的演变

退货政策所涉及的相关因素为退货政策的维度，国内外学者均试图对退货政策的各种因素进行分类，但并没有达成共识。Suwelack 等(2011)注意到，退货政策因条款而异，不同学者对退货政策有不同的维度划分。Posselt 等(2008)探究退货政策中的退款保证对消费者的影响，分为退货的截止日期、费用的返还两个维度。张蓓佳(2017)将退货政策的维度分为退货时间、退货操作和退货费用三个维度。高琳琳(2019)将退货政策分为退货截止日期、退货费用和退货所需努力程度三个维度。Heiman 等(2001)从四个方面描述了退货限制：①允许退货的时间长度(通常为 30~60 天)；②与退货相关的成本(全部、部分或非由零售商承担)；③保单条款(如货币退款或更换)；④附加限制(如要求产品按原包装退回的义务)。许多学者也将退货政策进一步细分为五个维度。例如，在对加州133 家商店的调查中，Davis 等(1998)将退货政策分为五个维度：①商店是否提供兑换或现金退款；②是否需要收据；③是否需要原包装；④是否允许使用明显的标志；⑤退货期限。

3.3.2　网络零售商退货政策的维度

综合不同学者对退货政策维度的划分，参考 Janakiraman 等(2016)的划分方式，本书对退货策略进行了分类，共分为五个维度：①时间维度，零售商通常在退货策略中指定截止日期(30 天策略、90 天策略等)；②退款金额维度，分为部分退款和全部退款；③努力程度维度，即消费者在执行退货时所需的工作量，不同退货政策下消费者退货的努力程度不同，如一些零售商要求保留原始收据、标签或产品包装；④退货范围维度，即零售商允许退货的商品的比率；⑤退款方式维度，一些零售商提供现金退款，另一些则提供商店积分或产品交换的退款方式。

3.4　网络零售商退货政策的分类

商品的退货政策在不同的网络购物平台有不同的规则。如 eBay 提供不接受退货、30

天卖家付款退货、30 天免费退货、60 天买家付款退货和 60 天免费退货这五种规则，数码类产品还提供 14 天退货规则。按照不同的标准，可以将退货政策分为不同的类型。

3.4.1　按照退货政策的宽松度分类

根据退货政策的宽松程度不同，可将退货政策分为宽松的退货政策和严格的退货政策。退货政策的宽松与否也因人而异，一般来说，提供更长时间的退货期限、全额退款、简单的退货步骤、更大范围的退货被认为是宽松的退货政策；反之，则为严格的退货政策。

3.4.2　按照退货物流费用承担方分类

根据退货物流费用承担方不同，可将退货政策划分为卖家付款退货和买家付款退货。当退货费用由卖家付款时为卖家付款退货，当退货费用由买家付款时为买家付款退货。当产品有瑕疵或因卖家原因产生退货时，由卖家承担退回运费。若卖家为商品支付了运费险，则买家可先垫付运费，待卖家收货后可按约定对买家的退货运费进行赔付，其余情况下由卖家支付退货费用。

3.4.3　按照退货理由分类

根据退货理由的不同，可将退货政策分为无理由退货和有理由退货。无理由退货即在商品完好且不影响二次销售的情况下，消费者有权退回商品且无须说明退货理由。有理由退货更多集中在定制、易腐或数字化商品中，消费者购买此类商品后，需说明理由，商家与消费者达成一致后，方可进行退货。

淘宝的"7 天无理由退货"分为"不支持 7 天无理由退货""卖家可选支持 7 天无理由退货""必须支持 7 天无理由退货"三类。定制类商品、鲜活易腐类商品、数字化商品、订阅的报纸期刊、人体用药、服务类商品等均"不支持 7 天无理由退货"。"卖家可选支持 7 天无理由退货"的有一经激活或者试用后价值贬损较大的商品、商用商品、短期内价值频繁波动的商品、拆封后影响人身安全或者生命健康的商品或拆封后易导致商品品质发生改变的商品，如食品、保健品、贴身用品等。除了前两类所列的产品外，其他商品如服装服饰、数码产品、图书等均"必须支持 7 天无理由退货"。

3.5　网络零售商退货政策对消费者行为的影响

在线消费者的行为包括：需求确认、信息搜集、评估选择、购买与送货、售后和评价，人们的经济行为在很大程度上取决于人们在购买时的心情、态度、偏好等主观因素，这些主观因素又受制于外部环境，因此消费环境中的退货政策会对消费者行为产生重大影响。

网络零售商退货政策对消费者的影响，根据行动是否发生、发生时间、过程及结果变量,可分为消费者行为和消费者意愿两类。退货政策研究的文献根据研究对象,可分为两类:零售商视角和消费者视角,零售商视角的研究着眼点在利润,消费者视角的研究着眼点在消费者对退货政策的反馈。消费者在线购物过程可分解为两个决策过程:消费者决定是否下单,以及收到商品后决定是保留还是退货(Wood,2001)。从消费者购买前到购买后,退货政策都有影响(Wood,2001;Zhou and Hinz,2016),根据结果变量产生的时间顺序,可分为购买前和购买后两类结果变量。

退货政策对消费者购买前的影响表现为消费者购买前的购买意愿。一般而言,宽松的退货政策会增加消费者的购买意愿,宽松的退货政策通常表现为更长的退货时间、现金全额退款、更广的退货范围以及更少的退货努力(Janakiraman et al.,2016)。在研究宽松的退货政策对消费者购买意愿的影响时,会有不同的中介机制在起作用。Oghazi 等(2018)基于信号理论和关系信号理论,发现消费者感知到的退货政策宽松度会正向影响消费者的网上购物意愿,消费者信任在其中起中介作用。Yu 和 Kim(2019)在研究中发现宽松的退货政策有助于减少负面的预设思维,降低预期后悔,从而增加购买意向。高琳琳(2019)发现退货政策宽松度对消费者购买意愿有显著的正向影响,退货政策宽松度能通过服务创新间接正向影响消费者购买意愿,服务创新在退货政策宽松度与消费者购买意愿关系中起部分中介作用,知识共享正向调节退货政策宽松度与购买意愿的关系。Zhang 等(2017)发现长的退货时间和全额退款是高服务质量信号,进而积极影响购买意愿,退货时限并不影响感知产品质量,退货深度(全款或部分退款)和退货时间通过服务质量和感知退货难度间接影响购买意愿。

退货政策对消费者购买后的研究集中在购买时的支付意愿,购买后的退货倾向,购买后后悔以及商家的销量、退货量等。Wood(2001)认为远程购物(电子商务、目录购物和电视购物)的场景将决策分为两个,一个是下单决策,另一个是退货或保留决策,在两个决策中,宽松的退货政策对购物决策和质量感知都有显著积极影响。下单和接收之间的延迟使消费者花费更少的时间深思熟虑,相对于严格的退货政策,宽松退货政策下,消费者对产品质量的感知更加积极。退货政策不同维度的作用存在差异。金钱宽松度和努力宽松度两个维度会增加购买倾向,范围宽松度会增加退货倾向,时间宽松度和交换宽松度会减少退货倾向(Janakiraman et al.,2016)。此外,对零售商而言,退货政策是一把双刃剑,宽松的退货政策帮助零售商吸引消费者、增加销量,但并不是没有成本的(Zhang et al.,2017)。Zhou 和 Hinz(2016)研究不同的退货政策对中小型网上商店的顾客购买行为和退货行为的影响,通过建模发现退货政策的采用增加了销售额,声誉在这一过程中起到了调节作用,良好的声誉和传统的客户友好退货政策(如 7 天退货政策)可以显著增加退货数量,而更高的担保可信度(通过担保资金提高)则与更少的退货相关。

对消费者行为的影响多集中在对消费者购买意愿影响的研究中,同时会涉及前因变量、调节变量、中介变量等,研究框架如图 3.1 所示。

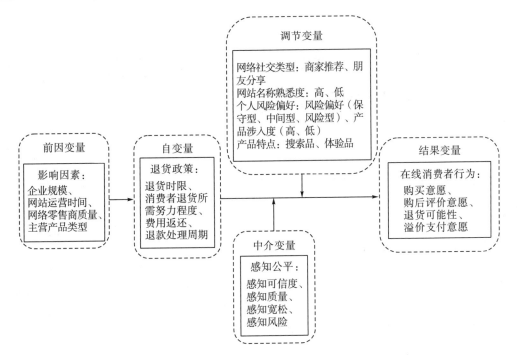

图 3.1　退货政策对消费者行为的影响研究框架

第4章 国内网络零售商无缺陷退货政策现状及特征分析

随着互联网的普及,网络购物规模持续扩大。由于网络交易是在一个虚拟环境中进行,不能真实地触摸、感受商品,因此容易产生退货。退货频率持续增高,运营成本不断增加,客户退货满意度低等问题也一直是限制企业发展的关键问题。本章利用调查分析法,分析国内100家网络零售商的退货政策现状,旨在为网络零售商制定有效的退货政策,为扩大企业规模、提升企业竞争力提供理论依据和实践指导。内容分析法是一种对内容进行客观、系统和量化描述的研究方法,在社会科学研究中被普遍使用。由于内容分析法具有可操作性强、研究对象不受打扰、研究过程可重复、非结构化程度高等特点,适用于网站内容的评估。因此,本章将采取内容分析法,将网站退货政策的有效信息作为最小分析单元,建立类目体系,计算每个类目出现的频率,并对相关指标进行打分。

4.1 国内网络零售商无缺陷退货政策现状与特征

4.1.1 研究设计

4.1.1.1 样本选择

样本主要是根据 Alexa 中文网(Alexa 中文网是目前世界上较权威的网站排名网站)提供的 B2C 购物类网站排名、China Webmaster 网站排名(即站长之家电商网站排名),并参考中国连锁经营协会(China Chain-Store & Franchise Association,CCFA)在 2014 年 4 月 21日发布的《2013 年连锁百强企业开展网络零售业务情况》和 B2C 购物网站大全等导购网站的信息进行选取,保证了本次研究样本来源的准确性。按照排名先后在每种类别分别选取 10 家电商企业,最终选取 100 个有效样本网站。在所搜集的样本网站中,"鼠标加水泥"类的 B2C 网络零售商(有实体的网络零售商)有 41 家,虚拟类的 B2C 网络零售商(无实体的网络零售商)有 59 家。按类型分主要有综合百货、珠宝饰品、运动户外、图书音像、数码家电、食品保健、母婴用品、美容护肤、居家生活和服装鞋包等专业网站。

4.1.1.2 类目构建

内容分析法的核心问题是建立分析类目,不同研究主题的分析类目也不一样,每个特定的研究主题都需要建立明确的分析类目,如果已经有适合研究主题的分析类目,可以采用现成的主题词表,否则就需要由研究人员自行设计出分析框架。由于网络媒体的分析要素很多,因此分析类目很难制定,要求研究人员对研究的主题有全面的认识和考虑,并制定出具有说服力的研究类目。

　　本书提出了将企业特征、提交退货申请、退货类型(包括商品质量问题的退货、物流毁损问题的退货以及客户不喜欢造成的退货)、折损费(即是否全额退款)、附件赠品退还条件、退货方式和限制退货的商品等七个维度作为内容分析的类目。选取这七个维度作为分析指标的依据,对于企业的退货政策而言,最为重要的是以下几个方面:①退货有效时间,包括因为商品质量问题、物流毁损问题以及客户不喜欢三个方面引起的退货的有效时间;②退货费用的分担,当然也包括这三个不同原因情况下的运费分担以及是否是全额退款;③退货流程的效率,即退货流程复杂程度,以消费者退货之前是否要提交退货申请或联系客服和是否要提供相关证据证明商品存在问题来体现;④退货的限制条件,其中包括附件赠品是否要一并退回和是否限制有关商品不能退货。基于以上四点,本书提出了如表 4.1 所示的七个维度。每个类目下又包含若干个不同的子类目和相应的具体指标。

表 4.1　调查指标

一级指标	二级指标	三级指标	分值
网站名称 A1			
行业类别 A2			
企业特征 A3	实体经营 B1		
	网上经营时间 B2		
	网站排名 B3		
提交退货申请 A4			
退货类型 A5	商品质量问题 B4	退货期限 C1	
		换货期限 C2	
		三包政策 C3	
		顾客提供鉴定报告 C4	
		顾客承担运费 C5	
	物流损毁 B5	退货期限 C6	
		换货期限 C7	
		快递人员或照片证明 C8	
		顾客承担运费 C9	
	客户不喜欢 B6	退货期限 C10	
		换货期限 C11	
		未拆封不影响二次销售 C12	
		顾客承担退货运费 C13	
		顾客承担换货运费 C14	
折损费 A6			
附件赠品退还条件 A7			
退货方式 A8	上门退货 B7		
	当地实体店或体验中心 B8		
	自己寄回 B9		
限制退货的商品 A9			

　　需要说明的是，本书调查的重点还是消费者自身原因引起的退货的退货政策、退货方式、退货的附加条件(包括需要提出退货申请、赠品要一起退货、折损费)等几个方面，对于其他的指标也有相应的描述性的陈述，但是不作为讨论的重点。

4.1.1.3　数据收集及编码

　　在数据收集的过程中，首先需要根据研究的问题和选定的样本，找到相应的网址，然后收集所需要的网络信息。因为网络信息不断更新，资料的收集应力求迅捷，本章采取的方法是在特定的时间内将网站上相关内容收集起来，将每个网站的资料整理成一个 Word 文档，再对每个维度的内容进行汇总。根据研究的需要选择合适的技术和工具，如搜索引擎的选择等是数据收集阶段要注意的。

　　本书从 2014 年 4 月 10 日开始进行数据收集工作，到 2014 年 5 月 10 日结束，历时一个月左右。本书在确定研究样本的时候就确定并收集了所选样本的网址和网站名称等数据内容，所以在进行数据收集的时候只需要直接打开网址，进入 B2C 网络零售商网站，寻找到网站中关于退货政策的相关页面，将需要的数据内容先复制粘贴到单独的 Word 文档中，然后对文档的内容进行具体汇总和分析。

　　数据收集之后就是将相应的分析要素归置到对应的分析类目的编码过程，编码有人工编码和计算机编码两种不同的方式。人工编码需要编码人员基于编码本和编码格式，并经过自行判断完成，如果研究工作量大，需要多个编码人员同时工作，那么编码过程还需要检查编码人员之间的信度，并统一编码的格式。有计算机辅助的编码工作会大量缩短工作时间。但是，计算机编码的过程往往还是离不开人工的参与，另外还需要借助一些软件进行。

　　本书由于研究工作量并不是特别巨大，比较适合采用人工编码的方式进行编码，具体过程中以 B2C 网站上退货政策的所有内容为基础，分析出相应的所需的分析要素作为一个分析单元，然后采取直接打分的方法。需要特别说明的是，一些类目如消费者在退货前是否要提出退货申请，是表示该企业的退货政策不利于消费者，所以如果出现了该调查项目的内容，即"是"，就计为 0 分，相反，即"否"，则计为 1 分，当符合一些特殊项目的描述时，即"是"，计为 2 分或 3 分。一个 B2C 网络零售商所有调查项目的得分相加就是该 B2C 网络零售商的总分。

4.1.2　数据分析

　　通过对国内 100 家 B2C 网络零售商相关退货政策的内容进行编码，根据各个网站在每个类目下不同指标出现的情况进行打分。大部分类目下凡与具体指标描述一致的计为 0 分，否则计为 1 分(除提供国家三包政策具有这个指标描述计为 1，否则为 0)，另外如果有不支持这个指标的情况，不支持计为 0，符合描述为 1，不符合为 2。为了对不同性质的 B2C 网络零售商退货政策特征进行清晰的认识，本书分别从不同退货类型情况下的退货有效时间、运费分担、是否需要提供证明等要求、退货方式、退货的附加条件(包括需要提出退货申请、零部件赠品要一起退货、折损费)等方面进行分析和阐述。

4.1.2.1　无缺陷退货政策的相关规定

由于网络购物环境下信息不对称，消费者往往只能根据网络零售商网站上提供的图片和相关信息来挑选并做出购买决定，而不能像现实购物中一样直接接触商品。因此，当商品寄到消费者手中后，消费者才能真正接触商品。当消费者不喜欢这个商品时，对自己的购买行为会产生后悔。这种情况在网络购物的特殊环境下时常发生，所以保护这种情况下消费者的后悔权也是网络零售商要解决的问题。这种类型的退货称为无理由(或无缺陷)退货。在 2014 年"3·15"后，《中华人民共和国消费者权益保护法》就网购领域提出了对网购商品"7 天退货"的要求。《网络交易管理办法》也规定了消费者有权自收到商品之日起 7 日内退货。比较分析各网络零售商在由消费者自身原因引起的退货情况下的退货政策也是反映企业退货政策优劣的一项非常重要的指标。特别说明的是，有些 B2C 网络零售商不支持无理由退货，则不支持计为 0，相应的符合指标描述为 1，不符合为 2，分值越高表示退货政策越优越。这里直接将退货期限的天数计为指标分值。

从图 4.1 可以发现，在由消费者自身原因引起的退货情况下，B2C 电子商务企业提出的退货期限与由于产品质量等商家原因引起的退货期限基本一致。因为现在基本上全部商家都支持无理由退货，且退货期限与无理由退货的期限一致。但是也有小部分电商企业不支持无理由退货，如珠宝饰品类的戴维尼、万表网，食品保健类的中国零食网、中粮我买网等。珠宝饰品类是因为单笔订单价格高并且定制的商品较多，如果由于消费者主观原因的不喜欢或者不想要了就可以退货，将会造成商品无法二次出售和企业运营成本的大量增加。而食品保健类的商品一般只有当拆封品尝过后，消费者才会真正感知商品，才会不喜欢或者是不想要，而当商品拆封后，商品就已经失去价值并且不能进行二次销售了。所以这些类别的电商企业不支持因为消费者主观原因引起的退货，仅支持因为商品质量原因引起的退货。

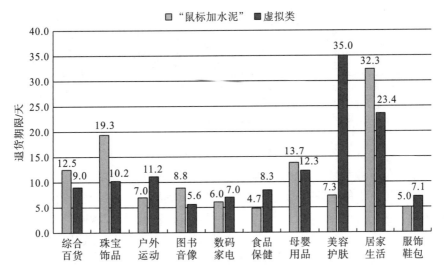

图 4.1　不同类型网络零售商在由消费者自身原因引起的退货的有效期限

另外，不论是无条件退货期限还是无理由退货期限，虚拟的网络零售商的退货政策都比"鼠标加水泥"零售商的退货政策宽松。这是因为有实体店作为支持，消费者也可以直接到当地的实体店进行商品的接触体验，商家在退货服务方面就没有那么在意。特别是美容护肤类的电商企业，虚拟零售商比"鼠标加水泥"的零售商的退货期限明显要长，像这个行业排名最靠前的两个企业(聚美优品和乐蜂网)都分别提出了非常宽松的退货期限，如以 30 天拆封无理由退货和 45 天拆封无理由退货来吸引消费者，扩大销售量。这比实体店的退货政策还要宽松得多。这与美容护肤这个行业的特征有关，因为这一类商品一般单价也比较高，并且是与皮肤直接接触，消费者购买时都比较看重自身试用的效果才会做出购买决定。这一类的电商企业想要使消费者放心地在网站上直接购买化妆品，避免信息不对称的弊端，必须采取较宽松的退货政策。

在运费承担方面，由消费者主观原因引起的退货，大部分电商企业都规定运费由消费者自行承担。他们接受无理由退货，但是消费者也必须为自己的后悔购买的决定付出一定的代价。另外，大部分中国网络零售商还提出了在消费者进行无理由退货之前，必须确保商品未打开或未拆封(不影响二次销售)的要求。

图 4.2 是综合了无理由退货的期限、商品未拆封的要求，以及运费承担情况的网络零售商在无理由退货政策下的退货政策的得分情况。

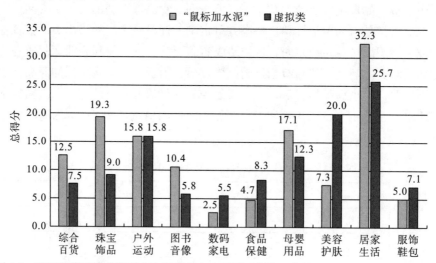

图 4.2　不同类型网络零售商在由消费者自身原因引起的退货情况下的退货政策的总得分

从图 4.2 可以看出，在无理由退货政策方面，美容护肤类和居家生活类的电商企业的得分明显高于其他行业类别。其中，美容护肤类的虚拟企业比"鼠标加水泥"企业的得分要高很多。美容护肤类的电商企业最具规模的就是聚美优品、乐蜂网、丽子美妆等这些完全虚拟的企业，它们通过网络在这个产业中做得较好，它们的产品种类不像综合百货和服装鞋包类那么多，产品价格也没有珠宝饰品、数码家电类那么高，所以它们通过提高退货政策的水平来进一步提高企业的销售量和整体服务水平。而居家生活类的电商企业，规模较大的如红星家品会和宜家家居，都有发展得很好的大型实体店作为支撑，所以提供的退货服务也就相对较好。因此，美容护肤类和居家生活类的电子商务零售商的无理由退货政策较宽松，更有利于消费者。

相反，服装鞋包类的无理由退货政策分数较低，这是因为服装鞋包类是退货量非常多的行业（Hewitt，2008），消费者常常因为信息不对称的原因，买到不喜欢的服装鞋包，想要退货，但是服装鞋包类的电商企业的规模没有综合百货类的企业那么大，实力也没有其雄厚，所以为了成本考虑，它们往往会选择较为严格的无理由退货政策。

4.1.2.2　退货方式的规定

网络零售商为消费者退货提供的退货方式一般有上门取货、在当地的实体店或体验中心退货、消费者自己寄回三种。在退货方式这个维度里，我们将消费者需要自己寄回的方式计为 1 分，可以到当地的实体店或体验中心退货的计为 2 分，企业能安排上门取货的计为 3 分。各电商企业的得分情况和每种退货方式所占比例如图 4.3 和表 4.2 所示。

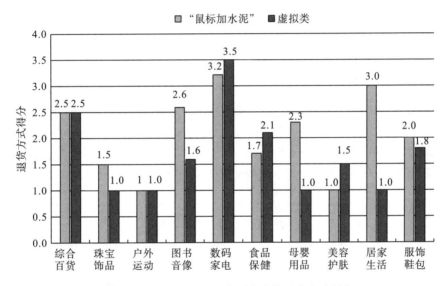

图 4.3　不同类型 B2C 网络零售商的退货方式得分

表 4.2　每种退货方式占不同行业类型电商企业的比例（%）

	上门取货	当地的实体店或体验中心退货	消费者自己寄回
综合百货	50	0	50
珠宝饰品	0	10	90
户外运动	0	0	100
图书音像	30	10	60
数码家电	50	40	10
食品保健	40	0	60
母婴用品	30	0	70
美容护肤	10	0	90
居家生活	20	10	70
服装鞋包	20	10	70

从图 4.3 和表 4.2 可以看出，数码家电类的电商企业的退货方式得分最高，并且上门取货和在当地的实体店或体验中心退货两种退货方式所占的比例也最高，这是因为在这一行业类别中规模较大的苏宁易购、国美在线、海尔商城等电商企业都是建立在实力雄厚的实体店的基础上的，在当地都有实体店或者体验中心供消费者退货。另外，如京东商城这样有强大的物流系统支持的电商企业，能直接上门取货，给消费者提供最方便的退货政策。

其次是综合百货类的电商企业，这些企业如天猫、亚马逊中国、当当网等都是行业的龙头老大，一般都具有雄厚的实力，因此它们能提供多种退货方式，给消费者提供更大的便利，提高消费者的忠诚度。

4.1.3　总体分析

不同 B2C 电子商务企业的退货政策的总得分如图 4.4 所示。可以很明显地看出，仍然是美容护肤类和家居生活类的网站在退货政策方面做得比较好。综合百货类、珠宝饰品类、户外运动类、母婴用品类和服装鞋包类的电商企业退货政策的得分比较接近。而图书音像类、数码家电类和食品保健类的企业得分较低。同样我们可以看到，总的来说，虚拟类的电商企业普遍比"鼠标加水泥"类的得分要高一些，在退货政策方面虚拟企业自身的危机感更加强烈，这是促使它们追求高质量的退货服务的重要原因。另外，对电商企业的经营时间和退货政策总得分进行回归分析，发现这两个变量之间并没有线性关系，但是仍然可以看出经营年份长一些的电商企业的退货政策的得分比较高。

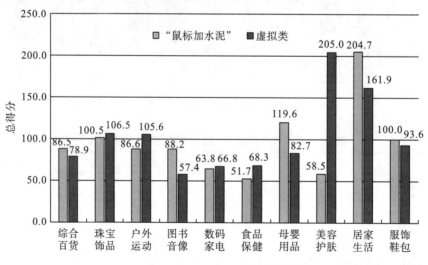

图 4.4　网络零售商退货政策的总得分

4.1.4　研究结论

通过以上分析可以发现，我国网络零售商的退货政策已经达到一个比较规范的程度，基本上能满足消费者因为各种原因的退货要求，网络购物环境得到了优化。但是，不同行业类别的电商企业的退货服务水平差距仍然较大，虚拟零售商的退货政策要比"鼠标加水泥"零售商的退货政策宽松，因为虚拟零售商的售货渠道比较单一，自身的危机感也比较强烈，所以更有提高服务水平的意识。另外，排名靠前、规模大的电商企业的退货政策比较规范，在遵循国家三包政策的基础上，尽可能地满足国家规定的 7 天退货的要求。其中，销售产品种类比较少、退货量压力没有那么大、有一定规模的电商企业的退货政策最有吸引力，最宽松。它们甚至都在网站上标榜自己拥有最优越的退货政策，以此作为增加消费者忠诚度的卖点，由此可以看出它们对退货政策的重视。

在不同退货类型方面，由商家原因引起的退货，如商品质量问题、物流毁损、商品与描述不符等，所有电子商务企业都能实现承担退货费用的无条件退货，退货期限也是以 7 天退货，15 天换货为基础，总的来说这方面所有网络零售商都比较规范。由消费者主观原因引起的退货，如"不喜欢""不想要了"等，有些企业仍然能给消费者退货，有些只提供换货，另外大部分企业都需要由消费者自己承担退货运费，或者与消费者共同承担。

在退货方式方面，"鼠标加水泥"的电商企业比虚拟企业有优势，规模大的电商企业比规模小的企业有优势，物流渠道建设完善的电商企业比借助其他物流公司的企业有优势。

在退货附件条件方面，所有企业都要求消费者在退货之前先提出退货申请，要求将附件赠品等一同退回，并且保证全额退款。出售生鲜、贴身物品、价格特别高的商品的企业都对不能退货的商品有明确规定。总的来说，这些虽然属于严格的退货政策，但同样体现了退货政策的规范性。

4.2　国内跨境网络零售商无缺陷退货政策现状及特征分析

4.2.1　研究设计

4.2.1.1　跨境网络零售商退货政策评价体系构建

在参考相关研究的基础上，跨境网络零售商退货政策的评价体系采用分层设置的方式。首先设置评价的总体目标，即退货政策的完备程度和消费者满意度。为了便于数据整理和统计，再将总体目标拆分为一级指标、二级指标和三级指标。在进行指标拆分时还需要考虑内容分析法的相关要求，在指标设置上与内容分析法进行结合。

本书选取了企业信息、退货难易程度和处理程序这三个类目作为一级指标，结合对中国跨境网络零售业的发展报告，形成了包括行业信息、退货期限等在内的 9 个二级指标。

4.2.1.2　样本选取

研究样本为中国跨境进口网络零售网站。参考《互联网周刊》提供的 2015 年中国跨境零售类电子商务排行榜、中国连锁经营协会发布的《2015 年中国网络零售百强》、天猫国际 2015 年"双十一"销量排行、"黑色星期五"销量排行及相关报道，最终选取了 100 家涉及跨境进口网络零售业务的企业及网站。

其中，为跨境网络零售提供资讯分享和购买链接的平台类网站为 9 家，由于这 9 家网站本身并不直接涉及贸易环节，没有退货政策，所以本书研究的有效样本为 91 家。

91 个样本中按照销售的产品类型进行分类，综合百货类包括天猫国际、京东全球购、考拉海购等 66 家，母婴用品类包括尿布师、宝贝格子等 9 家，生鲜食品类包括易果生鲜、沱沱工社等 6 家，服饰美妆类包括梦芭莎等 6 家，奢侈品类则包括尚品海购、寺库奢侈品等 4 家。

4.2.1.3　类目构建

类目的构建是整个内容分析法开展的基础工作，为研究样本的分类提供标准。一般情况下构建类目有两种基本方法。一个是利用现成的类目体系，这种方法适用于相同研究内容已有成熟且固定的类目体系的情况。借助已经发展成熟的类目体系能够提高分析的可靠性，同时还能够提高对自己研究结果预测的准确度。另一个是研究人员自行设计，这种方法通常适用于在新的领域中使用内容研究法的情况。自行设计类目体系过程较为复杂，对研究人员的要求也更高。结合实际情况，本书研究采用将现成的类目体系和自行设计相结合的方法建立类目。本书以退货服务评价体系为基础，对指标进行调整后，形成了能够反映跨境网络零售退货政策特征的编码表(表 4.3)。

表 4.3　编码表

一级指标	二级指标	三级指标	编码说明
企业信息 A1	企业名称 B1		明确：1；不明确：0
	行业信息 B2		明确：1；不明确：0
退货难易程度 A2	无理由退货 B3		是：1；否：0
	费用 B4	退货运费 C1	网站承担：3；按责任认定：2；消费者承担：1；未提及：0
		折损费 C2	否：2；是：1；未提及：0
	退货期限 B5	明确期限 C3	是：1；否：0
		退货时间 C4	≥30 天：4；15～29 天：3；7～14 天：2；<7 天：1；无：0
	退款途径 B6		返回支付账户：2；返回网站电子货币：1；未提及：0
	附加条件 B7	客服审核 C5	否：2；是：1；未提及：0
		不影响二次销售 C6	否：2；是：1；未提及：0
处理程序 A3	流程规范化 B8	流程说明 C7	是：1；否：0
		分类条款 C8	是：1；否：0
	客户服务 B9	客服时间 C9	
		客服渠道 C10	

4.2.1.4 编码

编码是指将数据收集阶段收集到的信息按照编码表录入编码。本书收集的信息为跨境网络零售的退货政策相关信息，需要将这些信息按照编码表的分类标准，将内容拆分为独立的项目单元，再根据要求进行打分和录入。值得指出的是，编码表以该政策是否有利于消费者考量作为打分基准，并根据样本数据情况采取了分段计分的方式。其中，有以下几点需要说明。

(1) 客服时间这一单元中，根据收集到的数据情况，将客服时间分为全天候服务(7×24)，每天工作时间段服务(7×固定时间段)，工作日工作时间段服务(5×固定时间段)以及没有明确时间这四种情况，当不同客服渠道的客服时间不同时，将最长的服务时间作为评分依据。

(2) 退货时间这一单元中，根据收集到的样本数据，以 30 天、15 天、7 天为分段依据。在同一网站中，当退货时间根据产品或退货要求而出现不同情况时，以最长的提供退货服务的时长为评分依据。

(3) "未提及"选项为 0，是由于该样本的退货政策在该打分单元的缺失会造成消费者对退货政策知情度的降低，提高消费者在退货时的难度。

(4) 客服审核、不影响二次销售这几个单元中，将"否"设置为 2 是因为没有这些条件会提高消费者在退货时的便捷程度。

(5) 退款途径单元的分数设置以返回的货款能够被消费者自由支配的程度为评分标准。返回支付账户的货款消费者能够进行随意使用，返回网站电子货币的货款消费者只能在该网站进行消费时才能使用，自由程度大大降低。

(6) 每个单元的分数相加构成该跨境网络零售商的总分。所有有效的网络零售商在某个单元的分数的平均分为跨境网络零售商在该评分单元的平均分。

4.2.2 数据分析

对 91 个有效样本的退货政策进行编码，根据编码表完成了打分及录入工作。有效样本中没有退货政策的情况按照"未提及"处理。为了对网络零售商退货政策的特点有更加清晰、明确的认识，本节将分别从网站基本信息、退货难易程度和处理程序三个角度展开讨论和分析。

4.2.2.1 政策完整程度分析

首先，需要说明的是，"分类条款"指标中是以"无"这一选项来反映退货政策的完整程度的，其他的指标均以"未提及"这一选项来反映退货政策的完整程度。数值越大，完整程度越低。

由图 4.5 可以看出，跨境网络零售商在"客服审核"这一指标上的完整程度最高，说明绝大多数零售商都能够对"退货申请是否需要客服审核"这一问题预先做出规定。其次是"退货运费"这一指标，只有 31 家网络零售商没有对因退货而产生的运费分担做出规定。之后是 "不影响二次销售"这个指标，有41家网络零售商没有在退货政策中做出明确说明。可以看出，以上三个指标均是普通网络零售也会面对的问题，所以以普通网络零售为基础开展跨境网络零售的零售商们在这些方面的政策完整程度会更高。

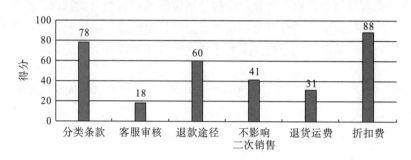

图4.5　退货政策完整程度

"分类条款"、"退款途径"和"折损费"这三个指标所反映的政策完整程度都很低，特别是"折损费"这一指标，91家跨境网络零售商中88家都未对消费者可能面对的商品折损费做出说明。如果零售商在退货政策中未对这些指标进行规定，那么在发生退货时，零售商和消费者之间就可能因为这些问题产生分歧，这会导致消费者满意度和再次购买率的降低。需要特别说明的是，"折损费"这个指标在国内的非跨境网络零售中少有提到，但是在美国，大部分网络零售商，特别是电子产品、珠宝饰品，都会收取商品折损费，因为这类商品容易因拆封而造成价值降低，零售商收取商品折损费能够降低商品的退货率，也能够减少自身的成本损失。

总的来说，跨境网络零售商退货政策的完整程度还非常不足，既不利于消费者在退货前了解相关信息，也不利于退货过程中的纠纷处理。

4.2.2.2　网站基本信息维度评价分析

在退货服务方面，必要的信息披露能够增加消费者对零售商的信任程度。样本在网站基本信息维度的表现如表4.4所示，其中网站得分是指样本在该指标的平均得分。

表4.4　网站基本信息维度得分情况

指标	指标总分	网站得分	得分率/%
企业名称	1	1	100
行业信息	1	1	100

从该表可以看出，跨境网络零售商在企业名称和行业信息方面的得分率都为100%，说明企业对于必要信息的披露完成得比较好，能够让消费者了解企业的基本情况。

4.2.2.3　退货难易程度评价分析

从表4.5可以看出，在退货难易程度这一维度内，得分率最高的指标是"明确期限"，说明大部分零售商都有明确规定可以进行退货的期限。其他指标的得分率都较低，这说明在退货难易程度这一维度，零售商的退货政策不完整或者限制严格。

表 4.5　退货难易程度得分情况

指标	指标总分	网站得分	得分率/%
无理由退货	1	0.43	42.86
退货运费	3	1.29	42.86
折损费	2	0.03	1.65
明确期限	1	0.79	79.12
退货时间	4	1.77	44.23
退款途径	2	0.66	32.97
客服审核	2	0.81	40.66
不影响二次销售	2	0.55	27.47

下面将针对几个具有代表性的指标进行重点分析。

1. 无理由退货评价分析

根据 2014 年国家工商管理局公布的《网络交易管理办法》，除特殊商品外，网购商品在到货之日起 7 天内可无理由退货。特殊商品是指鲜活易腐商品，消费者定做商品，在线下载或者消费者拆封的音像制品，计算机软件等数字化商品，交付的报纸、期刊以及其他根据商品性质并经消费者在购买时确认不宜退货的商品。但是由于跨境网络零售的商品涉及报关等较为复杂的过程，所以仅有 39 家零售商表示支持无理由退货，另外 52 家零售商都对退货理由做了限制(图 4.6)，通常是表明"非质量问题不支持退货"。

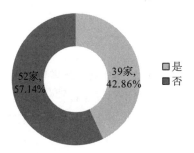

图 4.6　无理由退货情况

这说明大部分跨境网络零售商的退货政策是比较严格的。出现这样的情况可能有以下几点原因：首先，采用保税区发货模式的商品如果被退货，商品也不能退回保税区，退货商品将在零售商处形成积压，增加了零售商的库存成本；其次，采用直邮模式的商品如果被退货，商品将会被退回发货地，这一退货过程的物流成本包括国内运费和国际运费，成本极高。基于这两点原因，跨境网络零售商实行有理由退货政策也情有可原，但是目前尚未出台相关文件对跨境网购商品是否属于"7 天无理由退货"做出明确的界定。

2. 退货运费分析

43 家零售商选择按照退货原因认定责任后再根据责任进行运费的分担。但是也有 7 家网站表明无论消费者的退货原因是什么，退货运费都由网站承担。同时，10 家网站表示退货产生的运费一律由消费者自行承担。图 4.7 为退货运费承担情况。

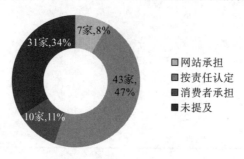

图 4.7   退货运费承担情况

零售商选择按照责任认定的方式分担运费是一种比较理想的做法，企业一般只需要支付因产品质量问题而产生的退货运费，由于消费者个人原因产生的退货运费则由消费者自行承担。这样一来，既能降低企业面临的退货成本，也能保证消费者的满意度，通常情况下，国内消费者对这种运费分担方式是比较认同的。

当然，网站表明退货运费由网站承担这一做法能够直接提高消费者对网站的信任度和满意度，但同时也可能会增加消费者的非理性消费从而使网站承担本不存在的退货成本。

另外，选择让消费者承担全部退货运费的零售商可能会面临消费者对其产品质量的怀疑，降低消费者的购买意愿。虽然这种做法降低了企业在退货服务方面的成本，但同时也影响了企业的销售额。

3. 折损费分析

由图 4.8 可以明显地看出，96.70%的跨境网络零售商是没有关于折损费的条款的。值得注意的是，有 3 家网络零售商注明了退货商品需要消费者支付折损费。这 3 家网络零售商主要是为消费者提供代购服务，若产生退货，即使运费由消费者承担，零售商在代购过程中产生的人工成本也无法得到补偿，所以零售商会收取折损费来弥补自身的亏损。从零

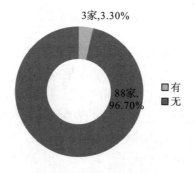

图 4.8   退货折损费情况

售商的角度来说，收取折损费是非常有必要的，因为它能降低消费者的非理性购买意愿和退货率，也能减少零售商的退货成本。但是，"折损费"这个概念在国内网购市场中并不多见，所以如果要收取折损费，零售商应该在退货政策中明确指出，同时为消费者提供必要的解释，获得消费者的理解，从而增加消费者的再次购买意愿。

4. 退货时间评价分析

从图 4.9 中不难看出，退货时长这一指标中，编码为 2 的零售商最多，有 49 家，说明大部分跨境网络零售商将退货时长设置为"7~14 天"这一区间，这可能与普通网络零售的"7 天无理由退货"政策有一定的关系。编码为 0 的 20 家零售商有两种情况，一是没有在退货政策中说明可以进行退货的时限，这可能会影响消费者的购买意愿，也会在后续需要进行退货时造成消费者与商家之间的纠纷。另一种情况是退货政策中明确表示不支持退货，这种情况一方面能够遏制消费者的非理性消费，但另一方面也降低了消费者的购买意愿和消费者对网站的信任度。另外，有 5 家零售商获得了 4 分，他们为消费者提供了长达 30 天的退货时间。

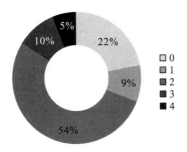

图 4.9　退货时长编码分布情况

5. 客服审核评价条件

正如图 4.10 中所展示的一样，在本章研究的样本中仅有 1 家明确提出消费者进行退货时不需要经过客服的审核，72 家明确指出消费者的退货申请需要客服审核通过后才能开始退货流程，另外还有 18 家零售商没有提到消费者在进行退货时是否需要客服的审核。

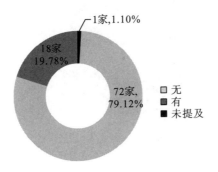

图 4.10　客服审核设置情况

客服审核环节能够帮助企业了解消费者要求退货的原因及依据，摒除其中不符合规定的退货要求，加强对退还货品的管理。但是客服审核由于需要客服人员根据每个商品的具体情况做出判断，所以会降低消费者退货的速度。根据实证调查，部分企业会给客服审核设定一个时间段，如"退货申请的审核工作将会在两个工作日内完成"，这种形式虽说降低退货速度的本质没有改变，但是对消费者满意度的影响较小。

4.2.2.4　处理程序维度评价分析

从表 4.6 中可以看出，跨境网络零售商在流程说明和分类条款方面的得分率都很低，说明企业这两个指标的退货政策不完整或者限制严格。客服时间的得分率为 59.71%，说明零售商提供客户服务的时间偏短，可能会对需要就退货进行咨询的客户造成困扰。客服渠道的得分率为 66.48%，说明零售商能够为客户提供一定数量的咨询渠道来保证客户服务的顺利进行。

表 4.6　处理程序维度得分情况

指标	指标总分	网站得分	得分率/%
流程说明	1	0.38	38.46
分类条款	1	0.14	14.29
客服时间	3	1.79	59.71
客服渠道	2	1.33	66.48

1. 分类条款评价分析

从统计数据来看，91 家跨境网络零售商中仅有 13 家根据产品类别设置了分类条款（图 4.11）。分类条款的作用在于帮助消费者根据自己将要购买的产品类别对退货的条件和要求进行更加深入的了解。例如，零售商可能会在分类条款中告知消费者，化妆品、食品、婴儿用品等产品属于特殊商品，一经售出非质量问题不退不换。如果零售商能够设计出详尽的分类条款，这会帮助他们减少在处理退货问题时可能出现的纠纷，消费者也能够以这些分类条款为基础对自己可能面对的购买风险和退货成本做出正确的评估。

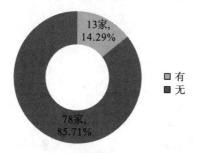

图 4.11　分类条款设置情况

2. 客服时间评价分析

由表 4.7 可以看出，跨境网络零售商客服时间的编码主要为 2，即大部分的跨境网络零售商将客服时间设置为每天的某一个工作时间段内。这样的客服时间设定既能够降低全天候客户服务所带来的成本，又能够基本满足客户的咨询要求。其次，零售商选择在工作日提供某一个时间段的客户服务，这是比较而言最节约成本的方式，但是考虑到客户会在非工作日有退货要求，这样的时间设定可能会降低客户的满意度，同时降低退货订单的处理速度。提供全天候客户服务的零售商仅 5 家，为聚美优品、当当海外购等具有较大规模的网站，这些网站有一定的经济基础为全天的客户服务提供支持。

表 4.7　客服时间编码分布

编码	频次/家	频率
3	5	0.0549
2	63	0.6923
1	22	0.2418
0	1	0.0110
合计	91	1

3. 客服渠道评价分析

由表 4.8 可以看出客服渠道的数量分布情况，最多的为 2 种客服渠道，共 36 个网络零售商，占总体的 39.56%，根据收集到的原始信息，零售商通常会选择在线咨询和呼叫中心这两种模式。其次是 3 种客服渠道，占比为 29.67%，增加的客服渠道多为客服邮箱这种模式。同时，也有部分零售商会在微博设置官方账号或者在微信设置公众号来增加消费者可以选择的客服渠道范围。多样性的客服渠道能够方便客户根据自己的喜好与零售商进行沟通，但是客服渠道的增加会提高信息整合的难度，所以零售商可以根据自己的实际情况选择接受咨询的方式。

表 4.8　客服渠道数量分布

数量	频次/家	频率
4	4	0.0440
3	27	0.2967
2	36	0.3956
1	23	0.2527
0	1	0.0110
合计	91	1

4.2.3　总体分析

为了对比不同行业间退货政策的异同，本章结合国家市场监督管理总局和海关总署对跨境商品的分类要求，以行业为分类基准，将 91 个有效样本分为综合百货类、母婴用品类、生鲜食品类、服饰美妆类、奢侈品类。其中，综合百货类 66 家，母婴用品类 9 家，生鲜食品类 6 家，服饰美妆类 6 家，奢侈品类 4 家。行业间数量差异较大是由跨境网络零售市场的现状决定的。垂直类网站的竞争日趋激烈，由于产品种类受限，因此政策变动对垂直类电商网站的影响更大，而综合类网站由于产品品种丰富，在规模和价格上更容易压制竞争对手。因此大部分网络零售商无论其境内的网络零售业务范畴如何，在开展跨境零售业务时，都会选择扩大产品范围。

同时，考虑到样本的数量差异，本章在进行行业间比较分析的时候采取百分比来降低样本数量对结果造成的影响。另外，由于评价指标众多，所以本书仅选取了行业间差异较大的几个指标进行重点分析。

4.2.3.1　无理由退货

本书所指的"无理由退货"是指零售商承诺消费者可以在规定退货期限内退货，退货的原因既包括网站责任也包括消费者个人责任。从图4.12中可以很明显地看出，做出"无理由退货"承诺最多的是服饰美妆行业，比例达到了 83.33%，最少的是母婴用品行业（22.22%）和奢侈品行业（25.00%）。

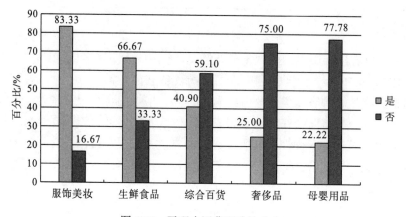

图 4.12　无理由退货百分比分布

这一现象的出现可能取决于产品的性质。服饰美妆行业中，首先，服装、配饰等产品不容易因为产品被拆封或试用等行为造成产品价值的下降，其次该类产品在网上展示时往往不能完全准确地展示出产品细节，而且消费者在这些产品上更容易由于个人喜好的原因提出退货，因此，这一行业中的零售商在做出"无理由退货"承诺时的顾虑更少，消费者也更容易因为这一政策提高购买意向和对该网站的信任度。

母婴用品行业的产品在拆封后价值容易受到影响，特别是婴儿奶粉、纸尿裤等商品，在拆封后，进行二次销售的可能性极低。奢侈品行业中，产品单价高，运输过程中容易出现磨损，责任难以判定，退货风险也更高。因此零售商对这两类商品的退货要求会更加严格。

4.2.3.2　退货时间

由图 4.13 可以看出，生鲜食品类的退货时间明显短于其他产品，有 50.00% 的零售商将退货时间设置为 2 天。这跟生鲜产品容易腐烂变质的特性是密切相关的，如果消费者不及时提出退货，那么退货的商品由于变质其成本将由零售商全部承担。值得指出的是，虽然有 1 家生鲜食品类零售商将退货时间设置为 15 天，但该零售商销售的商品主要为具有较长保质期的加工食品，如薯片、饮料等，与易果生鲜等销售新鲜水果的零售商是有本质区别的。

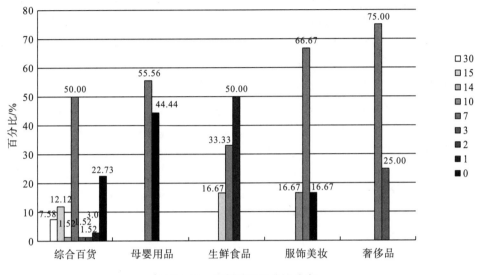

图 4.13　退货时间百分比分布

注：因四舍五入造成百分比之和不为 100%，后同。

4.2.3.3　平均分

表 4.9 中列出了每个行业的平均分。平均分是根据该行业的零售商获得的总分得出的，在一定程度上能够反映该行业在退货政策方面的表现情况。由结果可以看出，综合百货行业的得分最高，为 9.95，得分率为 33.18%，说明该行业的退货政策更加完善，设置更加合理。母婴用品行业的得分最低，为 6.00，得分率为 20.00%，说明该行业的退货政策不完整，退货要求严格。

表 4.9　行业得分

行业	指标总分	平均分	得分率/%
综合百货	30	9.95	33.18
母婴用品	30	6.00	20.00
生鲜食品	30	8.50	28.33
服饰美妆	30	8.33	27.78
奢侈品	30	8.50	28.33

4.2.4　研究结论

从以上分析可以发现，我国跨境网络零售商的退货政策还非常不规范、不完整。如果消费者有退货需要，现有的退货政策不能满足消费者的需求。

从完整程度来看，退货政策的整体完整程度低，与国内非跨境网络零售的退货政策水平存在很大的差距。国内市场由于有"7 天无理由退货"这一强制政策的约束，网络零售商们能够根据政策的引导衍生出完整的退货政策。同时国内非跨境网络零售业发展的时间长，已经出现了成熟度比较高的模式，所以企业可参考的退货政策也更多。而跨境网络零售业虽然发展的时间不短，但是其爆发式的增长是最近几年才出现的，所以行业中的相关规范没有那么成熟，国家相关政策也不够完善。对于新的进入跨境网络零售领域的零售商来说，可供参考的模板少，政策变动的可能性大，退货政策的完整程度自然会降低。

从"无理由退货"设置来看，仅有 42.86%的跨境网络零售商做出无理由退货承诺，这与国内非跨境网络零售形成了巨大的差异。非跨境网络零售在"7 天无理由退货"政策的规范下，均支持无理由退货。而国家尚未针对跨境网络零售是否属于"7 天无理由退货"政策范围做出明确规定，所以大部分跨境网络零售商出于自身利益考量选择不支持无理由退货。

从退货时间来看，生鲜食品的退货时间由于产品容易腐烂变质的特性明显短于其他产品。另外，虽然各个网络零售商设置的可退货时间不尽相同，但是，由于非跨境网络零售已有的"7 天无理由退货"政策的引导，大部分网络零售商还是选择将可退货时间设置为7 天。

从退货政策得分来看，不同行业间得分仍然存在一定差距，其中综合百货类得分最高，退货政策最完善合理，母婴用品类得分最低，还需要对退货政策进行改进。

第5章 美国网络零售商无缺陷退货政策现状及特征分析

随着网络信息技术应用的不断发展,互联网用户增长十分迅速。作为互联网发源地的美国,其电子商务发展水平居于前列。早在1998年,美国就曾提出《全球电子商务框架》,2000年提出的《互联网非歧视法》更是促进了美国各大电子商务零售商的公平竞争,电子商务相关制度日趋完善。

美国电子商务发展如此之快,美国政府起到了巨大的推动作用。除了颁发一系列管理条例以外,美国政府还十分重视电子商务人才的培养和物流基础的建设。在全球电子商务的发展中,美国电子商务具有领先性和重要的借鉴意义。因此,本章选取美国作为代表,研究其网络零售商退货政策的现状及特征,借鉴其发展经验,促进我国电子商务相关政策的完善。

5.1 美国国内网络零售商无缺陷退货政策的现状及特征分析

本章将通过调查美国具有一定规模的100家网络零售商的退货政策,整理分析出美国主要类型网络零售商的退货政策,初步分析美国国内网络零售商退货政策的内容、特点以及影响因素,并据此分析美国网络零售商退货政策的现状及特征。

5.1.1 研究设计

5.1.1.1 样本选择

研究样本是根据 Alexa 网站提供的购物类网站排名来选择的 100 家美国电子商务企业,同时参考了中国电子商务研究中心发布的美国 Top100 零售商清单,以此来保证样本来源的准确性。

在每种类别下按排名分别选取 10 家电商企业,最终选取 100 个有效样本。在所搜集的样本中,"鼠标加水泥"类的网络零售商有 63 家,虚拟网络零售商有 37 家。按类型主要分为综合百货、手工材料、运动用品、珠宝饰品、电子产品、食品、婴幼用品、美容保健、居家用品和服装鞋包等。

5.1.1.2 类目构建

内容分析法最重要的部分是类目的构建,本章的类目构建是美国电子商务网站退货政策评价体系的具体化过程,类目是进行测量分析的工具。孙瑞英(2005)指出在有效的类目系统中，所有的类目都应具有互斥性、完备性和可信度。互斥性要求一个分析单位只可放在一个类目中；完备性要求所有分析单元都应有所归属，必须建立可供所有分析单元归类的类目；信度是指编码者对分析单位所属类目的意见应有一致性。类目因研究主题的不同而不同，特定的研究必须建立明确的类目，研究人员可以设计自己的分析框架（任立肖和沙勇忠，2005）。借鉴李明芳（2011）电子商务网站退换货服务质量评价体系，结合美国电子商务网站的具体情况，本章提出了如表 5.1 所示的 4 个维度。

表 5.1　调查指标

一级指标	二级指标	三级指标	分值
企业信息 A1	企业名称 B1		
	行业信息 B2		
	经营模式 B3		
	网站排名 B4		
退货难易程度 A2	是否无理由退货 B5		
	费用 B6	退货费用 C1	
		折损费 C2	
	时间 B7	退货期限 C3	
	退款途径 B8		
	附加条件 B9	发票 C4	
		是否需要申请审核 C5	
		是否要求未拆封，不影响二次销售 C6	
	拒绝退款条件 B10		
	退款方式 B11		
	是否无理由退货 B12	退货条件 C7	
		是否需要出示商品细节质量问题证明 C8	
处理程序 A3	流程规范化 B13	是否有 RMA（return material authorization，退货审核）C9	
		是否有 prepaid label（预付标签）C10	
		是否对具体种类做出规定 C11	
	客服处理 B14		
非主要产品退回 A4	附件 B15		
	赠品 B16		
	礼物 B17		
	礼品卡 B18		

在进行样本搜集的过程中，将出现频次相对较高的类目作为本书研究的分析点。其中，本书认为以下几个方面最为重要：①是否为无理由退货；②退货费用的分担方式；③退货流程是否规范化；④退货的限制条件。每个类目下又包含若干个不同的子类目和相应的具体指标。具体情况如表 5.1 所示。

基于美国电子商务网站退货政策这一研究对象，在类目构建上选取了出现频次较高的政策条目(无理由退货、流程规范化、礼品卡等),并作为重点研究分析对象,对于其他指标也有简单统计描述,但不作为研究重点。

5.1.1.3　数据收集

数据收集首先需要根据研究的问题选定样本。在本章中,根据拟定的网络零售商种类确定样本数目和网站,进入相应的网址,然后收集所需要的网络信息数据。因为网络信息不断更新,资料的收集过程应力求迅捷。本章采取的方法是在特定的某段时间内将网站上相关内容收集起来,将每个网站的资料保存为 Word 文档,再对每个样本的内容进行类目分析。

5.1.1.4　编码

数据收集之后就是对数据进行编码,即将数据内容的关键因子归置到对应的分析类目中。编码有人工编码和计算机编码两种方式。

本章研究由于工作量并不是特别大,比较适合采用人工编码的方式进行编码,即以美国零售商退货政策的所有内容为基础,分析出相应的要素为一个分析单元,采取直接归类和打分的方法。需要说明的是,一些类目如消费者在退货前是否需要提出退货申请,“是”表示该企业的退换货政策不利于消费者,所以该分析单元为“是”就计为 0 分,“否”计为 1 分。对零售商退换货期限采取分段计值,若该零售商期限小于等于 30 天,计为 1 分,30~60 天计为 2 分,以此类推。一个网络零售商所有指标的得分相加就是该网络零售商的总分。

5.1.2　数据分析

首先对 100 家美国网络零售商相关退货政策的内容进行编码,根据各个网站在每个类目下不同指标出现的情况进行归类或打分。但是类目构建中所列的部分指标并非每个样本都具有,有的样本只有一部分指标是有效的,另外的为网站未给出信息,列为空白。一些易于量化的指标会进行计分(如“是否为无理由退货”,“是”计 1 分,“否”计 0 分)。为了对不同性质的网络零售商退货政策特征进行清晰的认识,本章分别从退货难易程度和其他规定两个方面进行统计分析。

5.1.2.1　退货难易程度

1. 是否无理由退货

在对 100 个样本进行是否无理由退货的统计中发现,仅有 3 家网站是不支持无理由退货的,分别来自美容保健类、珠宝饰品类和综合类。可以看出,美国网络零售商退货政策总体上较为宽松。在数据收集时发现,样本网站将无理由退货定义为在一定期限内不管任何原因均可退货,其中包含网站责任和消费者个人责任。为了与网站责任(质量问题、物流损毁)等区分开,5.1.2.1 节的无理由退货仅包含消费者个人原因所导致的退货。以下的费用、期限统计均在有无理由退货政策下的样本中进行统计。

2. 退货期限

在无理由退货的条件下，网络零售商一般会规定可退货的期限。在此期限内，可按照标准程序进行退货，超过此期限后将退回网站购物礼品卡或不允许退货。在对样本进行统计时，除 3 个没有无理由退货政策的网站和 10 个没有明确规定退货期限的网站外，其他样本所得的退货期限平均值如图 5.1 所示(以天为单位，规定 6 个月的视为 180 天)：

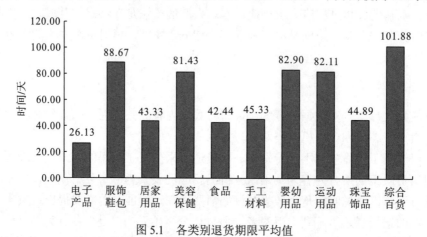

图 5.1   各类别退货期限平均值

由图 5.1 可知，在退货期限方面，综合百货类网站的有效期最长，其次为服饰鞋包类。有效期最短的为电子产品类，其均值不足 30 天。出现这种现象是因为服饰鞋包类为美国购物网站的第一大消费类目，经营最为成熟，同时服装鞋包的磨损可控(要求退换时未剪标)，便于零售商进行管理；而电子产品类更新速度非常快，新品折价明显，商品一旦打开就会被视为已磨损，这种情况下，零售商只有通过尽量缩短退货期限来减少退货造成的损失。

3. 退货费用

消费者通常收到产品后因为对颜色、尺寸、质地不太满意而选择退货，这在无法进行产品体验的网络购物情境下时常发生。在这种情况下，退货必然会产生相应物流费用。而在电子产品、美容保健类产品中，还会发生一定的折损费。在对 86 个有效样本的统计中，规定无理由退货运费由消费者承担的比例如图 5.2 所示。

由图 5.2 可以看出，大部分网站在面对由消费者引起的退货时，按照责任认定的原则规定由消费者承担退换货运费。但仍有 17%的网站在此项政策上给予消费者便利。在这 15 家免运费无理由退货的网站中，有 5 家来自服饰鞋包类，有 3 家来自美容保健类。这也许是因为服饰鞋包和美容保健类的产品对产品规格参数的说明少，而消费者个人对产品的感知重要性高。因此这类企业采取免运费退货的政策可以提高消费者单次购买的满意度，进而提高其再次购物的概率。

在对 100 个样本进行折损费的相关统计时发现，有 26 家网站明确规定在一定情况下会收取一定折损费(重新入库费)。

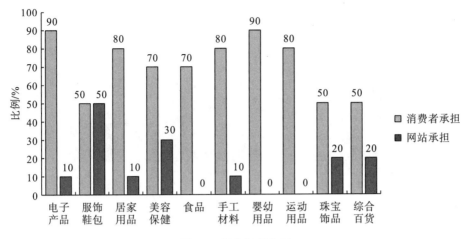

图 5.2　退货运费分担

如图 5.3 所示（食品类除外），电子产品类数量较多，其次为婴幼用品和珠宝饰品。正是因为这三类商品的折旧快，价值相对也较高，在一定情况下（拆封、使用）会对商品原本价值产生影响。零售商借由此项政策来尽量规避消费者退货，并在无理由退货情况下减少自身损失。在收取折损费的零售商网站中，规定折损费比率介于 10%～30% 的网站占比为57%，另有一些网站规定超过一定单位价值的订单退款会扣除相应比例的折损费。

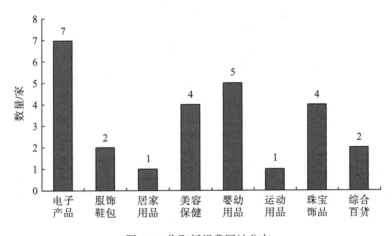

图 5.3　收取折损费网站分布

4. 退货附加条件

在对样本的退货附加条件进行分析统计时，主要从"是否要求附带发票或其他证明材料""是否要求未拆封/不影响二次销售"这两方面进行。

如图 5.4 所示，平均有 62% 的网站都要求退换货时附带发票或物流单据等证明材料。其中一些有实体店的零售商要求消费者前往实体店进行退换网上订单产品时需携带有效证件。有了这些规定后，零售商在进行退货处理时，能在收到产品后准确进行核对，减少流程，同时也能避免消费者道德风险。

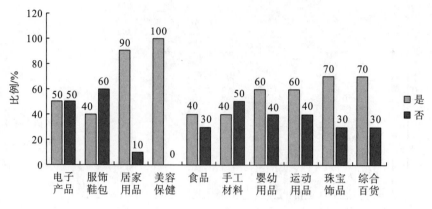

图 5.4　是否要求发票

如图 5.5 所示，在对退回产品的使用程度上，平均有 51% 的零售商要求退回的产品应未被拆封、剪标、使用，即不影响二次销售。

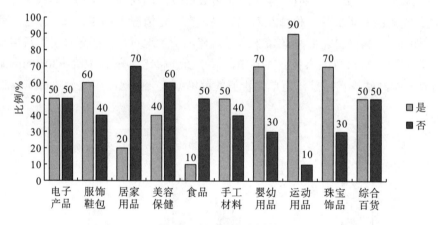

图 5.5　是否要求未拆封

在未明确说明的网站中，绝大部分为居家用品、食品、手工材料类产品。这是因为此类商品必须在消费者拆封体验后才能确定是否收货。尤其是食品和美容保健类产品，消费者个人的体验对产品评价具有较大影响，网站必须允许消费者在收到产品后进行体验再支付确认。

5. 退换货流程规范化

在对 100 家网站进行归类时，有不少网站在退换货流程上做出了相应程序化的规定。不难理解，美国作为电子商务最为发达的国家，其配套的基础设施已十分完善。纵横交错的高速公路网奠定了其快捷的物流基础，而各类物流设施提高了配送中心的工作效率。本章主要从三个可以量化的指标进行讨论：是否具有 RMA、是否有 prepaid label、是否需要联系客服处理。

RMA 指的是消费者在进行退货处理时，先进入网站按流程申请获得可退货的编码，此编码可打印出来附在退货物品中，零售商在收到货物时可直接扫描编码获得相应退货信息。这个流程一方面方便消费者进行退货操作，一方面有利于零售商实现退货管理自动化，减少不必要的程序。从图 5.6 可以看出，有 22%的网络零售商采取了 RMA 来优化退货流程。在这些采取了 RMA 技术的网络零售商中，电子产品类的占比达到了 36%，说明该行业在进行退货管理时自动化水平更高。

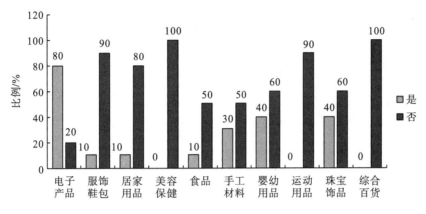

图 5.6 是否有 RMA

prepaid label 指的是零售商在发货时就已附在产品送货单上，或由消费者进行退货申请后，零售商邮寄来的一个自动化标签。该标签是由美国大型快递公司，如 UPS（United Parcel Service Inc.，美国联合包裹运送服务公司）提供的。在美国，UPS 公司的派送收发点覆盖率非常广，消费者可在退货时直接贴上该标签投递到最近的一个收发点，不需要再另外付出运费。但零售商可以决定该笔运费是由零售商承担还是在产品寄回后从退款中扣除此部分费用。这个标签的使用主要是为了方便消费者寄回退货物品，减少了查找零售商退货地址、自行垫付运费等步骤，提高了退货效率。从图 5.7 可以看出，使用了 prepaid lable 的网络零售商平均达 34%。而这些网站主要为服饰类网站和运动用品、综合类网站。只有食品类网站没有提供 prepaid lable。

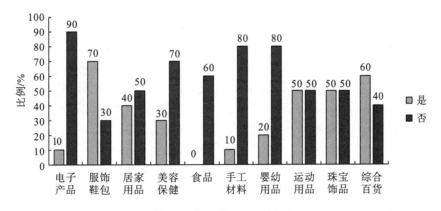

图 5.7 是否有 prepaid label

在是否需要联系客服进行处理这一政策中，有 18 家网站在某些情况下(商品价值超过某金额、质量问题)要求消费者联系客服进行处理。有此项规定的网站种类占比最大的为食品类，50%的食品类网站规定消费者在进行退货时联系客服处理。这是因为食品类退货情况复杂，不仅有消费者自身口味、喜好的原因，也有可能是食品本身的质量、温度、保存方式等问题。运用流程化的退货模式难以保证每个订单的处理完备。同理，综合类网站涉及上万种产品，种类不一，在某些情况下，只有通过人工客服才可以做出相应处理。

6. 拒绝退货的条件

即使大部分网站都支持无理由退货，在如此宽松的退货条件下，很多网站依旧会明确规定在某些情况下退货会被拒绝。这是因为网站所面对的大量消费者个体素质参差不齐，退货动机不一，有些消费者会在完全不利于网站的情况下要求退货，造成网站的成本增加。为了规避这样的道德风险，网站一般会明示拒绝退款的条件。

在 100 家网络零售商中，有 67 家网站对拒绝退款的条件做出了明示。在所有拒绝退款条件中，对于特殊种类产品不可退的规定占到了 45%。而特殊种类商品往往指的是定制产品、已开封图书音像制品、婴幼儿用品等。这些商品一旦被消费者订购或开启就几乎不可再次销售，退回会造成零售商的巨大损失。其次是消费者磨损，指的是如衣物鞋帽类有明显磨损的商品进行退货，这类产品也与上述原因一样会造成零售商亏损。除此之外，还有针对包装损坏、编号遗失、最终促销、退货数量等原因做出的拒绝退款规定。

7. 退货、退款途径

一般而言，网络零售商在处理退货时会要求消费者邮寄回产品，有实体店的零售商也许会允许消费者前往就近的网点进行退货。一些特殊种类物品，如家具、定制产品、珠宝等，零售商可能会安排上门退货，一则保证产品安全退回，二则在退回前进行质量验证。在本章所涉及的 100 家网络零售商中，大部分只安排了邮寄回产品的退货方式。

总的来说，63 家有实体经营的网站，只有 33 家安排了实体店退货。拒绝消费者在实体店进行网购产品退货的原因主要在于，这些公司在运营管理中，网络零售和实体渠道是分开的，退货涉及销售额、库存量的重新计算，纳入相应的营业成本中。如果在退货途径中两者混合，不利于不同部门在库存、成本、横向协调上的管理，会造成零售商运营上的混乱。所以，即使拥有实体店，这些零售商还是要求消费者寄回退货，另外，还有一些零售商要求消费者退回时只能退到收货地址所在州。这说明，这些零售商在不同地区建立了相应的仓储中心，有独立的销售体系。虽然在便利性上不足，但总体降低了成本。

同时，如图 5.8 所示(食品类除外)，综合百货类网络零售商安排实体退货的频率最高。而手工材料全为寄回退货。相对而言，综合百货类网络零售商先建立了全国实体零售网络，再建立网站，比起其他类目零售商，综合百货类的规模较大，跨区域协调性更强。因此，在进行退货管理时，能够满足消费者在不同地点退货的需求。手工材料类产品品类更为单一，一般零售商只在小范围地区开设有实体店，而网络销售渠道面向全国，是一种长尾销售类型。这种零售商，即使规定消费者可以前往实体店进行退货，能满足的消费者也非常少。

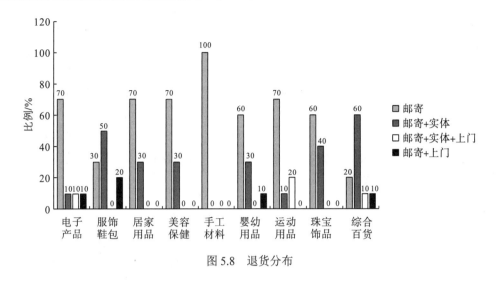

图 5.8 退货分布

100 个样本中，有 50 个在退款途径上做出了规定，其中 37 家网站说明退款时按购买时支付方式退回，而另外 13 家网站中，有 5 家对 paypal 做出了相关规定，要求支付时用 paypal 的用户退款时退回店内/网站购物金额（只能在本网站使用），另外还有个别网站规定用非信用卡支付的退回网站购物金额或所有退款均只退回网站购物金额。这说明 paypal 在美国网络购物商城的接受率并没有信用卡的接受程度高，信用卡依然是支付的主要形式。

5.1.2.2 其他规定

1. 非主要产品退货

消费者在进行退货处理时，除了自己购买的主要产品，也许还涉及附件、赠品、礼物、礼品卡等非主要产品的处理。一般情况下，网站会要求消费者退回所有附件赠品。

在所涉及的样本中，有 14 家网站明确说明附件必须退回，其中有 6 家来自电子产品类网站，有 3 家来自珠宝饰品类网站。这是因为电子产品的销售往往配备许多附件，如充电器、内存卡等。虽然附件并不会完全影响主要产品的使用，但在一定程度上会造成整个产品的价值降低，所以网站会明确要求消费者在退货时退回附件。而价值较高的珠宝饰品往往在销售时附有品质认证证书，是对产品价值的身份认证。退回珠宝的同时附上品质认证书才可保证其价值的完整性。而有对赠品做出明确规定的网站基本都要求消费者退回，并且在未退回条件下扣除该赠品价值退款，只有一家网站规定赠送给忠实客户的礼品可以不用随主要产品一起退回。

而在网购礼物方面，有 22 家网站做出了明确规定。礼物不同于其他退货产品，其支付者与使用者往往不是同一个人，在进行退货管理时更复杂。其中，有 16 家网站规定退回礼物时网站将退给礼物接收者网站的购物卡或礼品卡。另外 6 家网站规定退回礼物必须附上发票，或是只能退回支付者账户。从这些规定来看，礼物类产品的退货要求更高。也可以看出，美国 B2C 网络商城在礼物类产品的规范性方面要求更高，与普通商品有明确区分。

同时，美国购物网站的另外一个较为普及的非主要产品为礼品卡，主要用于该网站折扣购物、送给他人该网站购物金额，是一种在该网站消费的有效的货币形式，可以直接购买以及用于网站商品的消费。礼品卡在美国网络购物中使用非常普遍，因其使用时支付方式、适用范围与普通信用卡相同。在本章中，有 14 家网站对礼品卡退款做出了规定，其中 11 家网站规定用礼品卡进行购买的产品不可退。另外 3 家网站规定由礼品卡支付的部分退回礼品卡中。这说明，即使礼品卡的使用效力等同于普通支付方式，其仍不能作为一般货币流通，即不能由礼品卡转换为一般货币形式。这也说明礼品卡仍旧是商家的一种营销模式，它在方便消费者购物方面有所帮助，却不能等同于信用卡。

2. 其他规定

除了上述一般规定外，网络零售商一般会做出一些额外规定。本书研究中有 44 个网站做出了相应规定，包括对特殊种类产品运费和期限不同的规定、退货所在地要求、价格保护等规定。其中，对于质量问题，有 10 家网站做出了规定，要求消费者在发现有质量问题或物流损毁时及时联系客服处理，其中有 3 家明确要求提供细节图片。相对于一般的退换货期限，有质量问题时联系客服的期限更短，一般要求在 5～7 天内联系。这是因为超过该期限后零售商难以判断产品是在发货前出现的质量问题还是因长时间磨损、折旧产生的问题。有 5 家网站提出有 7～14 天价格保护，在此期限内，消费者可根据商品价格浮动情况申请退款。有 11 家提出网站销售的某种品牌可以免运费退货或延长退货期限等更优惠的政策。

此外，还有一些网站规定退货必须退回发货所在州、大尺寸物品可上门退货、低于某售价的商品退回网站购物金等。

5.1.3　总体分析

根据上述描述统计，本书筛选了 9 个易于量化的指标作为总分计值的依据。计值规则如表 5.2 所示。

表 5.2　计值指标

序号	指标	分值
1	是否无理由退货	是：1；否：0
2	退换货期限	30 天以下计 1，30～60 天计 2，以此类推
3	消费者是否承担退货费用	是：0；　　　　　　　　　否：1
4	是否有折损费	是：0；　　　　　　　　　否：1
5	是否需要发票	是：0；　　　　　　　　　否：1
6	是否要求未拆封	是：0；　　　　　　　　　否：1
7	是否有 RMA	是：1；　　　　　　　　　否：0
8	是否有 prepaid lable	是：1；　　　　　　　　　否：0
9	退换货途径	只能邮寄计 1，邮寄加实体店退货计 2

为了便于分析各类目网络零售商退货现状，本章将各类目在 9 个指标的均值加总作为评判依据，并结合是否有实体经营得到表 5.3 所示数据。

表 5.3　各类别得分值

类别	是否无理由退货	退换货期限	消费者是否承担退货费用	是否有折损费	是否需要发票	是否要求未拆封	是否有RMA	是否有prepaid label	退换货途径	总分
电子产品	1	1	0.2	0.3	0.4	0.5	0.8	0.1	1.4	5.7
服饰鞋包	1	3	1	0.8	0.5	0.4	0.1	0.7	1.7	9.2
居家用品	1	2	0.2	0.9	0.1	0.1	0.1	0.4	1.3	6.1
美容保健	0.9	2	0.6	0.6	0	0	0	0.3	1.3	5.7
食品	1	2	0	1	0.3	0.3	0.1	0	1.2	5.9
手工材料	1	2	0.2	1	0.5	0.5	0.3	0.1	1	6.6
婴幼用品	1	3	0.1	0.5	0.4	0.4	0.4	0.2	1.4	7.4
运动用品	1	3	0	0.9	0.4	0.4	0	0.5	1.5	7.7
珠宝饰品	0.9	2	0.4	0.6	0.3	0.3	0.4	0.5	1.4	6.8
综合百货	0.9	3	0.4	0.8	0.3	0.3	0	0.6	1.9	8.2

由此可见，服饰鞋包类网站在所选指标的分值评估中，总分最高，其次为综合百货类。得分最低的为电子产品类和美容保健类。而其他几种类别得分相近。由于此评分指标是按照消费者退货难度取值的，可以大致认为：得分高的网站类别在退货管理上，政策更为宽松，更利于消费者退货；而得分较低的网站，在退货政策上较为严格，要求更为复杂。

如表 5.4 所示，是否有实体店在总分上差别不大，虚拟零售商得分稍高。可以看出，虚拟零售商在退换货期限、消费者是否承担退货费用上比"鼠标加水泥"的零售商宽松。而在是否有折损费、是否有 RMA、退换货途径等方面，"鼠标加水泥"的零售商所制定的退货政策更有利于消费者。

表 5.4　"鼠标加水泥"-虚拟网络零售商分值表

类别	是否无理由退货	退换货期限	消费者是否承担退货费用	是否有折损费	是否需要发票	是否要求未拆封	是否有RMA	是否有prepaid label	退换货途径	总分
实体	0.97	2	0.11	0.81	0.3	0.49	0.14	0.35	1.58	6.75
虚拟	0.97	3	0.22	0.56	0.41	0.32	0.35	0.32	1	7.15

另外，本章对网络零售商的经营时间、网站排名和退货政策总得分进行了回归分析，发现两两之间并没有线性关系，相关性也较低。其中，总得分与网站排名的 Pearson 相关性为 0.074，总得分与网站经营时间的相关性为 0.033。这说明随着电子商务的逐步成熟，各零售商的退货政策趋于规范和一致。

5.1.4　研究结论

美国网络零售商的退货政策已经达到了一个比较规范的程度，基本上能满足消费者因为各种原因的退货要求，使网络购物环境得到优化。超过 95%的零售商都支持无理由退货，只是在退货方式和具体处理方法上有所不同。总的来看，虚拟零售商的退货政策要比"鼠标加水泥"零售商的退货政策宽松，因为虚拟零售商的售货渠道比较单一，没有实体店面的租金成本和人力成本，所以更有提高服务水平的意识。另外，综合类网络零售商退货政策比较规范，标准化程度更高，更利于消费者退回。电子产品类网络零售商在退货政策上明显更为严格，这是因为电子产品有着价值高、折旧快、易损坏等特点。食品类零售商在流程的规范性上最差，对客服处理的依赖性较高。这是因为食品类退货原因复杂，难以具体归类。

在退货期限上，不同类别网站差别较大。综合类网站平均期限最长，达 3 个月，电子产品退换货期限最短，不足 30 天。在退换货运费分配上，服饰类网站免运费的比例最大，其他网站在无理由退货的前提下基本要求消费者自理运费。另外，美国网络零售商在退货管理上有一些普遍的附加条件，对附发票、未拆封等要求较高，对特殊商品(定制产品)的限制较多。不少零售商对礼品和礼品卡另做规定，比一般商品要求更为严格。

在退货退款方式上，大部分网站都支持邮寄退回及退款原路返回。少数网站支持实体店退货，大尺寸物品或高价值产品可以上门退货。在退货时，一些网站提供 RMA 和 prepaid label，使流程更便捷，在这一方面，综合类网站做得更好。

5.2　美国跨境网络零售商无缺陷退货政策的现状及特征

美国电子商务发达，优秀品牌众多，加之美元的贬值和较低的通胀率，使得美国网站成为各国在线采购的主要目的地，吸引了很多欧洲、加拿大和亚洲的在线购买者。美国网络零售商积累的退货经验和改进措施为其进一步从事跨境网络零售奠定了很好的基础，因为他们可以利用已有的物流系统资源优化退货流程，也可以为提出退货请求的用户提供良好的解决方案和满意的购物体验。

为了切实了解美国跨境网络零售商退货政策的制定和实施水平，本章对美国具有一定规模的 100 家跨境 B2C 网络零售商进行调查和数据统计，根据美国 100 家跨境网络零售网站退货政策的内容，直接在相对应的类目下进行打分，并分别从网站基本信息、退货难易程度、处理程序和其他相关规定四个角度展开讨论和分析。

5.2.1　研究设计

5.2.1.1　样本选择

本章以"看国外"(www.kanguowai.com)网站提供的美国购物网站排名作为依据，选择了 100 家美国购物网站作为研究样本，同时参考了 *STORES* 杂志公布的美国百强零售商排行榜来确保上述样本来源的可靠性。

本章按"看国外"网站数据流量和点击率排名以及零售商网站退货政策的可获得性，在 348 个网站中最终选取了 100 个有效样本。其中，虚拟电子零售商 45 家，"鼠标加水泥"零售商 55 家，涉及服饰/内衣、百货、鞋/箱包、运动/户外等 11 种不同的类型。

5.2.1.2 类目构建

本章研究的类目构建是美国跨境网络零售商网站退货政策评价体系的具体化过程，类目是进行数据分析的主要工具。

本章研究类目的设计主要采用了结合法。首先，本书借鉴了郑浩然(2014)的确定奢侈品购物网站评价的三个维度的方法以及相应类目的确定过程，然后，结合美国网络零售网站退货政策的特点，找出退货政策内容中的关键指标，具体情况如表 5.5 所示。

表 5.5　调查指标

一级指标	二级指标	三级指标	分值
企业信息 A1	企业名称 B1		
	行业信息 B2		
	经营模式(网—实，网)B3		
退换货难易程度 A2	是否无理由退货 B4		
	费用 B5	退货费用 C1	
	时间 B6	退货期限 C2	
	退款途径 B7		
	附加条件 B8	是否需要申请审核 C3	
		是否要求未拆封，不影响二次销售 C4	
	拒绝退款条件 B9		
	退款方式(实体，网上)B10		
处理程序 A3	如果不是无理由退货 B11	退换货的条件 C5	
	流程规范化 B12	是否有 RMA C6	
		是否有 prepaid label C7	
		是否对具体种类做出规定 C8	
	客户服务 B13		
其他相关规定 A4	非主要产品退回 B14	附件 C9	
		赠品 C10	
		礼物 C11	
		礼品卡 C12	
	其他限制 B15		

需要特别注意的是，研究对象为美国跨境网络零售网站退货政策，在样本搜集过程中，发现其内容与国内典型的退货政策内容在宽松度及处理方法上有明显差别。因此，在类目

构建上选取了政策内容中出现频次相对较高的信息因子(是否无理由退换货、流程规范化、退货期限等),并将这些因子作为重点研究对象,虽然退货政策中还有很多其他的信息,但都不在本章的研究范围内。

5.2.1.3　编码

编码是将原始材料转化成标准化形式的过程。而编码表是对已建立的量化系统的赋值,它的形式和内容因研究性质的不同而不同,允许研究者根据自己事先确定的方法来计算各项目的权重和所占的分值。

由于样本有限,所需搜集的信息较易查找,所以,我们采取的是人工手动编码的方式,以网站上退货政策的内容为基础,以确定的每一维度的类目为最小的分析单位,采取直接打分的方法。如果出现了有利于提高消费者满意度的内容就记为 1,否则记为 0。对于退货期限,我们采取分段计值的方法,若期限小于等于 30 天,计为 1,31~60 天计为 2,61~90 天计为 3,以此类推,该项目最高得分为 6。一个网站退货政策所有类目的得分之和就是该网络零售商的总得分。

5.2.2　数据分析

本章根据美国 100 家跨境网络零售网站退货政策的内容,直接在相对应的类目下进行打分。比如,对于一些易于进行量化的指标——是否为无理由退货,“是”计 1 分,“否”则计 0 分;类似的,退货之前,需要申请审核的,计为 0 分,不需要审核的计为 1 分等。需要特别指出的是,我们选择的类目是针对大多数网站的,所以,个别网站会缺少其中的一部分信息,或者是网站并未明确给出相关信息,我们都做空白处理。为了对网络零售商退货政策的特点有更加清晰、明确的认识,将分别从网站基本信息、退货难易程度、处理程序和其他相关规定四个角度展开讨论和分析。

5.2.2.1　网站基本信息

表 5.6 中,我们可以看出在选取的 100 家跨境网络零售企业中,“鼠标加水泥”的零售商有 55 家,虚拟零售商有 45 家。可见,线下零售虽然依旧占据很大的份额,但是这种优势已经逐渐减弱,甚至在近几年,已经有很多零售商表示要大量关闭实体店,专注网上销售。

表 5.6　是否有实体店与行业类别交叉表　　　　　　(单位:家)

行业	是否有实体店		合计
	是	否	
服饰/内衣	16	10	26
时尚/设计/新潮	6	10	16
百货	9	2	11
美妆/洗护/保健	2	9	11
鞋/箱包	8	3	11

行业	是否有实体店		合计
	是	否	
拍卖/折扣/团购	3	4	7
运动/户外	2	3	5
玩具/婴幼儿用品	3	1	4
家电/数码	1	2	3
家居	3	0	3
珠宝/手表	2	1	3
合计	55	45	100

5.2.2.2 退货难易程度

1. 是否无理由退货

无理由退货的定义是在网站规定的时间内，若因买家主观因素(与商品本身质量问题、运送过程中商品受损等客观因素无关)不愿意接受本次购物而发起退货操作，卖家有义务向买家提供退货服务。根据这一原则，本章对 100 个样本进行了统计，发现有 95 家网络零售商是支持跨境无理由退货的，只有 5 家网站不支持(图 5.9)，分别来自服饰/内衣、美妆/洗护/保健、拍卖/折扣/团购、珠宝/手表等类别。从中可以看出，美国网络零售网站退货政策总体比较宽松。我们之后进行的有关期限、流程规范化等均只考虑无理由退货政策下的网站样本。

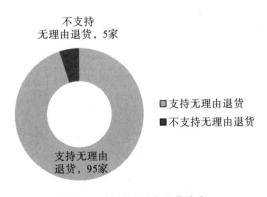

图 5.9 是否无理由退货分布

2. 退货期限

剔除不能进行跨境无理由退货的 5 家网站后，剩余 95 家网络零售商都在各自网站的退货政策里规定了退货期限。在约定时间段内，按照网站规定的退货流程进行退货即可，超出这个期限进行的退货，可能会被拒绝或者在商品全额退款中扣除邮费，或者被按规定退回网站/店内购物礼品卡。图 5.10 是对网站退货期限的统计。

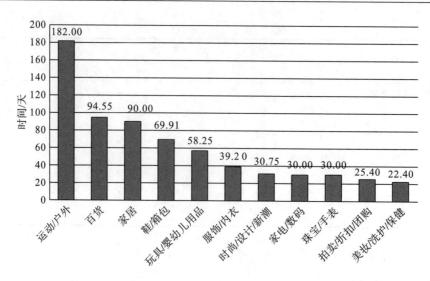

图 5.10　各类别退货期限平均值

　　在对各类别网站的退货政策进行统计后发现,运动/户外这一类产品的退货期限是最长的,接下来是百货、家居类产品。退货期限最短的是美妆/洗护/保健类产品,平均不足 30 天;其次是家电/数码、珠宝/手表类产品,退货期限刚好是 30 天。这是因为运动/户外和家居类产品不容易在短时间内出现故障,而且它们单个产品的体积也较大,所以,在线商家为了增加该类产品的吸引力,将该类产品的退货期限拉长,以增加产品在网上的销量。而美妆/洗护/保健类产品,由于市场混乱、真假难辨,且价格和质量悬殊,延长退货期限,可能会使一些具有恶意购买行为的消费者有机可乘,从而使卖家遭受巨大的不必要的损失;对于电子类产品,由于更新换代的速度快,新产品贬值也快,即便是刚拆封的商品,价格也会比新品低很多;对于珠宝/手表类,由于这类商品的高价值性,所以,无理由退货对卖家的风险很大,另一方面,金银铂等贵金属价格波动的幅度较大,对买卖双方的利益保障都是一种巨大的挑战。在这种情况下,网络零售商只有通过缩短退货期限来减少损失。

　　3. 退货费用

　　在无理由退货的 95 个网站样本中,我们发现由于消费者主观原因,在收到产品后,对因颜色、样式、尺寸等不满意引起的退货造成的国际航运运费承担情况做出明确规定的有 87 家,而这 87 家网站都不支持国际订单的免费退货,即只要是出于客户原因造成的国际退货,产生的运输费用都由客户自己承担。不同的是,有些网站是把这部分运费从商品退款中扣除,有些网站是让客户自己负责退货费用,将产品从客户所在地运回商家指定地址。

　　究其原因,我们认为这是出于对卖家的保护,因为国际退货运输成本太高,如果提供无理由退货,那么很容易导致国外客户恶意退货,这无疑会给商家带来很大的经济损失,所以,宽容的商家最大程度也只会尽量降低该企业客户的运输费用,或者使用预付款标签,尽量降低买家退货的成本,而不会完全支持零运费退货。

4. 退货附加条件

在对选定的样本进行附加条件的统计时，我们选取了"是否要求未拆封，不影响二次销售"这个因素作为分析指标来分析不同类型网络零售网站的退货难易程度。

有关退货商品的使用程度，大部分商家要求客户退回的商品应该是新的、未磨损、未清洗的，和它被送达时是一样的状态，也就是不影响二次销售，对于特殊类型的产品，卖家要求不能进行拆封，如玩具，一旦拆开就很难再次进行销售，所以商家用这种规定来尽可能地减小未来的不确定性损失，同时也在一定程度上规避买家毫无原则的退货行为。经统计，75.8%的网络零售企业要求退回的商品是未拆封或不影响二次销售的，只有24.2%的企业没有做出明确的不影响二次销售的规定(图5.11)，其中，百货、服饰/内衣类产品占多数，这是因为日常用品的价值相对较低，客户对这类产品的要求也偏低，所以，消费者一旦购买之后，一般不愿意花费更多的时间进行退换货。

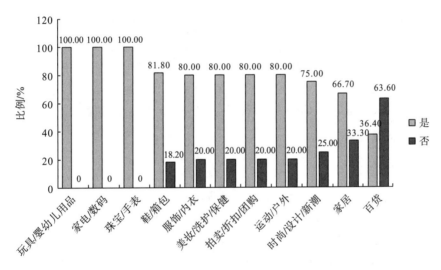

图 5.11　是否要求未拆封

5. 退货途径

对于跨境网络零售企业而言，一般情况下，商家希望消费者通过邮寄退回商品，当然，商家也支持消费者将购买商品退回线下的专卖店/实体门店，虽然有些实体店不接受从网站购买的商品退货(图5.12)。

总体来说，有 73 家网站只接受邮寄退回，22 家网站同时接受实体店退回，但是有 55家网站开设了线下实体店。本章认为，部分网站开设了实体店，但拒绝来自网络购物的退货商品，原因可能是这些实体店的日常运营和该产品在网络上的销售是分开的，一旦发生退货，实体店店主和网络零售商之间是无法互通消息的，这就导致实体店退货率虚假升高，不但影响实体店的整体销售总额，而且无形中增加了仓库存量，继而增加了店主的运营成本。因此，为了减少管理混乱和不同渠道的责任纠纷，一些网络零售网站虽然在线下设立了实体店，但他们还是在政策中规定网络购物只能通过邮寄退回。

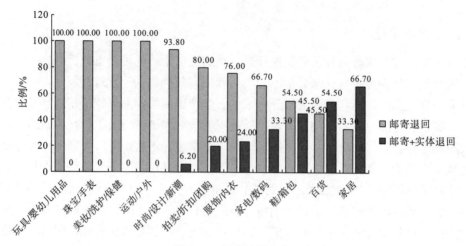

图 5.12　退货途径分布

除此之外，家居、百货类零售商规定的可以接受实体退货的频数相对最高，而美妆/洗护/保健、运动/户外、玩具/婴幼儿用品和珠宝/手表类的产品都只能通过邮寄退回。这是因为家居、百货类的企业连锁店数量多、规模大、可信任度高，彼此之间的协调性强，所以，面对消费者的退货请求，其宽容度相对较高。而美妆/洗护/保健、运动/户外类型的企业本来就倾向于网络销售，实体店少，自然也就不大可能支持消费者线下退货。

5.2.2.3　处理程序

1. 退货流程规范化

出于对消费者权益的保护，很多网站在退货流程中都做出了一定规范化的努力。而美国作为全球电商发展最快的国家，基础设施完备，物流体系健全，也为高效配送奠定了基础。本章将从三个信息指标出发来分析不同类型零售企业的退货流程规范化程度的差异，分别为：是否有 RMA、是否有 prepaid label、是否有客户服务部门专门处理退货。

数据显示，有 33.7%的网站采用了 RMA 来规范退货流程(图 5.13)，其中，占比最大

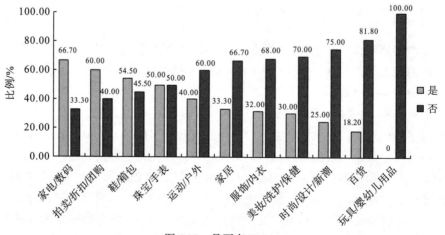

图 5.13　是否有 RMA

的三类是家电/数码、拍卖/折扣/团购、鞋/箱包类产品。因为这些产品磨损后会影响二次销售，对卖家造成的退货成本较高，所以，商家需要提前对退货商品进行审核，以免退回的商品不符合卖家要求，从而增加运输过程中不必要的成本损失；对于玩具/婴幼儿用品而言，由于该类型网站退货要求高，一般不能拆封或影响二次销售，所以，玩具/婴幼儿用品类产品一般不进行退货审核。

使用了 prepaid label 的零售商占总体的 40%（如图 5.14 所示），这些零售商主要销售服饰/内衣、鞋/箱包类产品（图 5.15），说明这些类型的产品最容易退货，因为这些都是我们日常生活中购买频率最高、消费者喜好波动最高的产品。

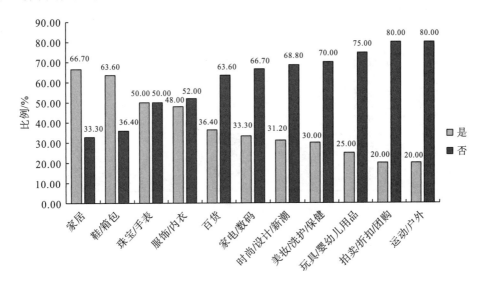

图 5.14　是否有 prepaid label

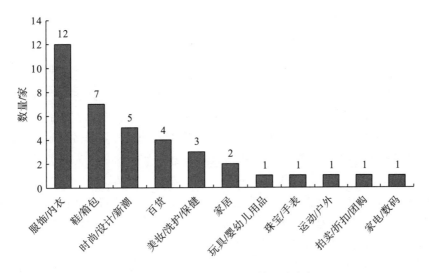

图 5.15　提供 prepaid label 的网站分布

2. 客户服务

关于是否设置了专门的客户服务中心帮助消费者购物这一政策内容，83%的网站都设有客服人员为消费者解答各种有关商品购买方面的问题，只有 16 家网站只留了邮箱或者找不到明确的联系商家的信息提示。这项规定中占比最高的是时尚/设计/新潮类产品（图 5.16）。这是因为这类网站的商品并非工厂大规模生产，相反地，这是设计师结合当下潮流设计出来的，甚至是买家特意定制的产品。所以，这类经过定制的、个性化的、涉及字母组合的产品多数都是不能退货的。一般地，买家可以通过留言或者发送需求邮件与设计师取得联系。

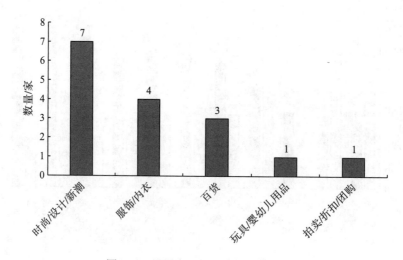

图 5.16　设置专门的客户服务网站分布

5.2.2.4　其他相关规定

1. 非主要产品退货

消费者在退货过程中，除了需要退回本来购买的商品外，还可能涉及附件、赠品、礼品卡等非主要退货产品的退货处理。大多数情况下，网络零售商会在退货政策中明确规定消费者需要附上全部附件、赠品，随主要退货商品一起退回。本章调查的 100 个样本中，各品类要求退回附件的比例如图 5.17 所示。有 6 家网站明确提到必须要退回商品附件，其中有 2 家来自家电/数码行业(研究样本中该行业只有 3 个)。这是因为电子类产品经常配备较多附件，如保修卡、意见反馈表、说明书、充电器等，虽然这些附件的价值不高，但是附件的缺失会让消费者对该类产品的满意度下降，不利于商品的二次销售。而玩具类产品的附件包括产品手册、装配说明和装箱单等，商家为确保充分的信用，赢得消费者更高的好感度，退回玩具的同时也要求退回所有的附件。

关于赠品，一般网站都要求退货的同时，也要退回赠品。只有 1 家数码网站，为了获取客户的信任和持续的支持，愿意免费提供给客户赠品，无须归还。

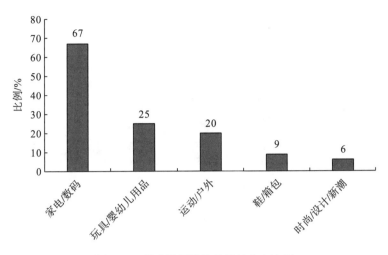

图 5.17　要求退回附件的网站分布比例

另外，礼品卡在美国购物网站中较为常见，可以用于网站折扣购物，也可以用于收取产品购买价格的退款，类似该网站的专用购物金卡。出于该卡购物的方便性和优惠条件，礼品卡备受欢迎。在本次调查样本中，有 22 家网站对礼品卡做了相关规定，其中，有 2 家网站不支持国际订单的礼品卡支付，其余 20 家网站中，有 7 家网站明确规定礼品卡不允许退还。因此，礼品卡作为一种支付手段，一般情况下，不能兑换为相同价值的款项，最大程度上只能进行商品的更换或者折价出售给卖家。因此，礼品卡的最大作用就是为网站的常客提供便利和优惠。

2. 其他限制

除了上述分析的内容外，在研究的样本中，还有 50 家网站关于特定商品做出了额外的规定（图 5.18）。经过总结，这些规定基本集中在以下几类特殊商品，如内衣、泳装、贴身首饰、化妆品、鞋等。从中我们可以看出，卖家大多不愿意接受清仓处理（3 折以下）商品的退回，因为这些商品售价很低，甚至是亏本出售，退货无疑会给卖家带来更大的损失。其次，卖家对贴身用品的要求极为严格，考虑到健康的问题，一旦购买很难进行退货处理；即便有 5 家零售商接受退货，但是他们也要求泳装/内衣必须要在新的、未使用的条件下，且必须附原始标签和卫生保护贴退回。再者，就是贵重物品，如珠宝、首饰等，因为它们属于高价值商品，在来回运输的过程中，容易产生磨损，所以有些卖家也不允许该类商品的退货。

另外一些特殊限制主要是鞋类商品，有 10 家网络零售商规定，如果退回的鞋盒受损或并非放置在原来的包装盒中，鞋盒费由买家承担；还有 3 家零售商进一步规定退回鞋类商品时，不能将鞋盒用作装箱盒；当然，对于鞋类的试穿，必须要在干净的地毯上，避免弄脏，从而不影响退货商品的二次销售。此外，有 5 家零售商明确表示拒绝接收货到付款的包裹，还有 5 家零售商表示，在商品运送过程中，如果包裹丢失/被盗，卖家不负责任。

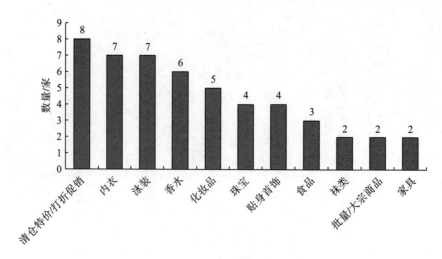

图 5.18　不允许退货商品分布

5.2.3　总体分析

基于上述网络零售网站部分有用信息的描述统计，最后选取了 6 个易于量化的类目作为打分的关键性指标(表 5.7)，并将相应的打分标准总结如下。

表 5.7　计值指标

序号	指标	分值	
1	是否无理由退货	是：1；	否：0
2	退货期限	30 天以下计 1，30~60 天计 2，以此类推，最高为 5 分	
3	是否要求不影响二次销售	是：0；	否：1
4	是否有 RMA	是：1；	否：0
5	是否有 prepaid lable	是：1；	否：0
6	退货途径	只能邮寄退回计 1，邮寄+实体店退回计 2	

为了更直观地看出不同类别网络零售网站之间退货政策宽松程度的差异，将按照类别对研究网站分别打分，然后比较各类别的平均值(表 5.8)，分值越高，说明该类别网站退货政策宽松度越高。

表 5.8　各类别得分表

类别	是否无理由退货	退货期限	是否要求不影响二次销售	是否有 RMA	是否有 prepaid label	退货途径	总分
服饰/内衣	1	1.4	0.6	0.2	0.3	0.5	4.0
时尚/设计/新潮	1	1.1	0.6	0.3	0.3	0.3	3.6
百货	1	2.6	0.5	0.6	0.2	0.4	5.3
美妆/洗护/保健	0.9	0.9	0.5	0.2	0.3	0.3	3.1

续表

类别	是否无理由退货	退货期限	是否要求不影响二次销售	是否有RMA	是否有prepaid label	退货途径	总分
鞋/箱包	1	1.9	0.6	0.2	0.5	0.6	4.8
拍卖/折扣/团购	0.7	0.7	0.7	0.1	0.4	0.1	2.7
运动/户外	1	3.6	0.8	0.2	0.4	0.2	6.2
玩具/婴幼儿用品	1	2	0.8	0	0	0.3	4.1
家电/数码	1	1.3	0.7	0	0.7	0.3	4
家居	1	3	0	0.3	0.3	0.7	5.3
珠宝/手表	0.7	0.7	0.7	0	0.3	0.3	2.7

从表 5.9 中我们可以看出，运动类网站在各项指标的评估中得分最高，其次是家居和百货类网站。相较而言，珠宝/手表、拍卖/折扣/团购和美妆/洗护/保健类网站得分较低，其余类型网站得分都在 4.5～6.5 分。因为我们在决定各项指标时，从是否有利于消费者退货的角度出发，所以，我们可以初步判断出，得分越高的网站，其退货政策越宽容，相反则越严格。

表 5.9　单个指标和经营模式分值表

指标		是否无理由退货	退货期限	退货途径	是否要求不影响二次销售	是否有RMA	是否有prepaid label	总分
服饰/内衣	网	1.0	1.1	1.0	0.1	0.3	0.5	4.0
	网-实	0.9	1.6	1.3	0.3	0.3	0.4	4.8
时尚/设计/新潮	网	1.0	1.2	1.0	0.3	0.3	0.3	4.1
	网-实	1.0	1.0	1.2	0.2	0.2	0.3	3.9
百货	网	1.0	1.0	1.0	0.5	0.0	0.5	4.0
	网-实	1.0	3.0	1.7	0.7	0.2	0.3	6.9
美妆/洗护/保健	网	0.9	0.9	0.9	0.2	0.3	0.1	3.3
	网 实	1.0	1.0	1.0	0.0	0.0	1.0	4.0
鞋/箱包	网	1.0	1.7	1.0	0.0	0.7	0.3	4.7
	网-实	1.0	2.0	1.6	0.3	0.5	0.3	6.2
拍卖/折扣/团购	网	0.8	0.8	0.8	0.3	0.3	0.3	3.3
	网-实	0.7	0.7	1.0	0.0	0.7	0.0	3.1
运动/户外	网	1.0	3.0	1.0	0.0	0.7	0.3	6.0
	网-实	1.0	4.5	1.0	0.5	0.0	0.0	7.0
玩具/婴幼儿用品	网	1.0	1.0	1.0	0.0	0.0	0.0	3.0
	网-实	1.0	2.3	1.0	0.0	0.0	0.3	4.6
家电/数码	网	1.0	1.5	1.0	0.0	1.0	0.5	5.0
	网-实	1.0	1.0	2.0	0.0	0.0	0.0	4.0
家居	网	0.0	0.0	0.0	0.0	0.0	0.0	0.0

续表

指标		是否无理由退货	退货期限	退货途径	是否要求不影响二次销售	是否有RMA	是否有prepaid label	总分
珠宝/手表	网-实	1.0	3.0	1.7	0.3	0.3	0.7	7.0
	网	1.0	1.0	1.0	0.0	0.0	1.0	4.0
	网-实	0.5	0.5	0.5	0.0	0.5	0.0	2.0
总分	网	9.64	13.11	9.64	1.37	3.52	3.83	41.11
	网-实	10.10	20.56	13.94	2.17	2.70	3.85	53.32

在我们所选取的 11 个类型共 100 家网站样本中,有实体店的网络零售商总体得分相对要高一些。经过比较分析,我们可以看到,只有家电/数码和珠宝/手表类网站的虚拟网络零售商总得分要明显高于"鼠标加水泥"类网络零售商。这是因为电子类产品主要关注品牌和性能,所以相对其他产品来说,该类产品网上销售体系相对成熟,退货规范化程度高。而家居、百货类网站恰恰相反,因为这类产品重在体验和方便,且它们又在我们的日常生活中扮演着不可或缺的角色,因此,有实体店的优势就会很明显地表现出来。

就评价指标而言,在退货期限和退货途径这两个指标中,"鼠标加水泥"类网络零售商得分明显高于虚拟网络零售商。这是因为在拥有实体店的情况下,卖家可以直接鉴定退回的货物符不符合退货规定,也间接避免了恶意退货风险,所以卖家允许使用较长的退货期限来吸引潜在用户。至于退货途径,很显然,邮寄+实体退回只存在于有实体店的情况。

5.2.4 美国网络零售商与跨境网络零售商退货政策对比分析

为了较为清楚地了解美国网络零售商与跨境网络零售商退货政策的异同,我们将二者相结合进行对比分析,对比分析结果如表 5.10 所示。

表 5.10 美国网络零售商与跨境网络零售商退货政策对比分析

一级指标	二级指标	美国网络零售商	美国跨境网络零售商
退货政策宽松程度	商家无理由退货支持率	高	高
	无理由退货期限	长	较长
	退货运费	多为按责任认定	多为按责任认定
	无理由退货产品范围	较宽	较宽
	退货要求	较宽松	较宽松
退货政策完整程度	信息完整度	完整	完整
	流程规范化	较规范	较规范
	客户服务	较完善	较完善

综上所述,美国网络零售商与跨境网络零售商的退货政策差异较小,二者的退货政策都较为宽松和完整。

5.2.5　研究结论

研究发现，美国网络零售商的退货政策已经达到了一个比较规范化的程度。从政策方面来看，除了一些特殊规定的商品外，95%的商家在规定期限内，能够接受消费者无理由退货请求。超过这个期限后，有些宽容的零售商也可以接受他们的退货，甚至有个别零售商将无理由退货期限延长至 1 年，目的就是用宽松的政策来换取消费者的忠诚和信任。

从整体来看，"鼠标加水泥"类网络零售商比虚拟网络零售商的退货政策更宽松，因为相比之下，有实体店的零售商在退货期限和退货途径上都占一定的优势，而且他们对不影响二次销售的要求也相对较低，更能给予客户完美的体验，也更加方便消费者进行退货处理。另外，运动类产品质量要求高，且耐磨损、耐腐蚀、不易在短期内损坏，所以卖家用更长期限的退货时间和规范化的退货程序来保障消费者的合法权益，增强了消费者黏性。美妆/洗护/保健类产品在退货时较为严格，因为它们品牌价值高，但市场上假货又太多，鱼目混珠的现象时有发生，为了维护该类产品的品牌形象，避免消费者以假乱真地进行退货，零售商通常用更短的退货期限和更严格的审核制度来保护自己的利益不受侵犯。珠宝/手表类网络零售商规定的政策最不利于消费者退货，因为该类产品定价昂贵，一旦退货发生磨损，零售商就会损失惨重，而且它们重新上架的成本很高，所以，这类贵重的高端产品一般视为最终销售，不允许退货处理。

以单个指标来衡量，在退货期限上，不同类型产品差异较大，运动类产品平均退货期限最长，而珠宝/手表、拍卖/折扣和化妆品平均退货期限最短，不足 30 天。在是否需要发票上，家具类网站规定最为严格，其他类网络零售商基本有一半及以上不会强制要求附上发票退货。此外，美国网络零售商在退货管理方面有一些普遍的附加条件，如未使用、未磨损、未清洗，不影响二次销售等，尤其对特定商品，商家有更多限制条件，如鞋盒不能损坏，定制或个性化商品不允许退货等。在退货规范化程度上，家电/数码类网络零售商一般会提供给用户退货授权，旨在帮助用户更好地解决问题，也避免用户因不符合退货条件而承担不必要的运费损失；家居类网络零售商通过提供 prepaid label，让消费者无后顾之忧。综合来看，鞋/箱包类网络零售商在退货规范化方面做得更好，基本一半及以上零售商会提供 RMA 和 prepaid label，从而使退货流程更便捷。

5.3　中美网络零售商退货政策对比分析

5.3.1　中美网络零售商退货政策对比分析

由于各国经济发展水平、文化背景、法律规定各有不同，退货政策也表现不一。为了能更全面地分析退货政策的特征和制定原因，本章还将结合中美网络零售商退货政策进行对比分析，如表 5.11 所示。

表 5.11　　中美网络零售商退货政策对比分析

一级指标	二级指标	中国网络零售商	美国网络零售商
退货政策宽松程度	商家无理由退货支持率	低	较高
	无理由退货期限	短	长
	退货运费	多为按责任认定	多为按责任认定
	无理由退货产品范围	较窄	较宽
	退货要求	较为严苛	宽松
退货政策完整程度	信息完整度	较完整	完整
	流程规范化	不规范	较规范
	客户服务	基本完善	较完善

由表 5.11 可知，国内网络零售商所制定的政策相比美国零售商更为严格。首先，在无理由退货背景下，国内退货有效期明显短于美国，平均值为 20 天，而美国零售商平均退货期在 50 天左右。国内规定了电子商务网站"7 天无理由退货政策"，一般而言，网站所制定的期限也在 7 天、15 天左右。鞋类因三包政策无理由期限更长。但美国还未出现相关强制性退货期限规定，零售商是在自由竞争、提升服务水平的驱动下制定无理由退货期限的。

另外，无理由退货条件下，国内零售商均要求消费者自理运费，而美国有 17%的零售商给出了免运费退货的优惠政策。国内食品类和珠宝类零售商部分不支持退货，这是因为在国内相关法律法规不够完善的情况下，珠宝类产品因其高价值在退货过程中易出现因磨损、折价、责任认定不清的问题。而食品在消费者收货品尝后就被视为无法二次销售，商家拒绝退货。与此相比，美国零售商更为宽松。不少的食品类和珠宝类零售商允许无理由退货。可以看出，美国的电子商务购物环境相对公平，更利于消费者。

在退货流程规范性上，国内网络零售商还有待提高。国内要求消费者退货自选物流公司与投递点，是一种非标准化的退货流程。而美国零售商中一部分采用了 RMA 和 prepaid label 作为标准化流程的工具，简化了人工核对环节。因此，相比国内零售商，美国零售商上门取货和实体店退货的比例更低。这是源于美国完善的物流体系与自动化程度较高的物流配送设备。

总的来说，美国非跨境网络零售商退货政策相比国内非跨境网络零售商退货政策更宽松、完整，更有利于消费者。在拒绝退货退款的条件上要求更少，无理由退货比例更高。

5.3.2　中美跨境网络零售商退货政策对比分析

为了能够更为清晰地理解中美跨境网络零售商退货政策的差异，本章在分别探究了中国和美国跨境网络零售商的退货政策后，将二者相结合进行对比分析，对比分析结果见表 5.11。

综上所述，美国跨境网络零售商的退货政策相较国内跨境网络零售商的退货政策更为宽松，退货政策完整程度更高。

第6章　网络零售商无缺陷退货政策的影响因素

退货政策在网络零售企业的总体经营战略中占据着越来越重要的位置，是商家管理企业、联系消费者、协调供应链的一个重要手段。制定合适的退货政策，对企业自身来说，有助于提高产品质量管理水平、降低成本、提高利润，并节约社会资源。对将要进入网络零售业的企业和仍要完善退货政策的企业来说，掌握网络零售商退货政策的相关影响因素对企业的发展有重要指导作用。

6.1　研　究　设　计

6.1.1　研究模型

6.1.1.1　网络零售商退货政策宽松水平评价指标

通过对我国网络零售商退货政策的详细调查，与国外文献中整理的退货政策维度和内容相比，我国的网络零售商退货政策产生了一些新的特色的内容，如退款处理时间、国家法定的 7 天无理由退货期限、退货运费险等。因此 Posselt 等(2008)和 Wood(2001)等对网络零售商退货政策的维度划分方法不能全面地反映我国网络零售商退货政策的现状。基于此，我们对网络零售商退货政策的宽松水平评价指标进行了完善，将我国网络零售商退货政策大体划分为 4 个维度：退货时限、消费者退货需要的努力程度、费用的返还、退款的处理周期(表 6.1)。其中，每个维度按要求不同分为不同的层级。对各维度的内容详细解释如下。

表 6.1　网络零售商退货政策宽松水平测量指标

维度	内容	得分
退货时限	$t=7$	1
	$7<t\leqslant15$	2
	$15<t\leqslant30$	3
	$t>30$	4
努力水平	电话申请+审核+填写退货表	1
	在线自助申请退货	2
	免费上门办理退货/就近网点办理退货	3
费用返还	来回运费和相关的退货手续费均由买家承担	1
	来回运费都由买家承担	2

维度	内容	得分
	初始运费卖家承担，退回运费买家承担	3
	全额退款，或收取运费，但卖家补贴相应的购物券	4
退款处理周期	收到退货 15 天内完成退款	1
	收到退货 7 天内完成退款	2
	收到退货 3 天内完成退款	3

1. 退货时限

2014 年 3 月 15 日正式实施的《中华人民共和国消费者权益保护法》规定：网络商品经营者销售商品，除规定或消费者在购买时确认不能退货的商品外，消费者有权自收到商品之日起 7 日内退货，且无须说明理由。其中的 7 天时间就是退货的时限，也叫做退货的截止时间。比如京东商城规定：客户购买京东自营商品 7 日内(含 7 日，自客户收到商品之日起计算)，在保证商品完好的前提下，可无理由退货(部分商品除外，详情请见各商品细则)。商家在满足国家相关要求基础上，可以制定更长的退货期限，但不能低于 7 天。基于调查的结果，我们将退货时限 t(time)按照承诺的时间分为四个层级：$t=7$；$7<t\leqslant15$；$15<t\leqslant30$；$t>30$。

2. 消费者退货需要的努力程度

因为保证商品完好不影响二次销售、提供原始收据、填写退货表单是每个网络零售商对于无理由退货的基本要求。我们根据退货的麻烦程度，将消费者退货需要的努力程度(简称努力水平)分为三个层级：商家免费上门办理退货/就近网点办理退货；在线自助申请退货；电话申请+审核+填写退货表。

3. 费用返还

Su(2009)将费用的返还简单地分为全额退款和部分退款(收取重装费等)。Posselt(2008)基于前人的研究将影响商家 MBGs(money-back guarantees，退款保证)质量的费用因素分为三类：退货手续费(Chu et al.，1998)；不可归还的初始运费；退回商品的运费。基于调查的 207 家网络零售商的退货政策，我们按照费用返还的额度高低。将其分为四个层次。第一个层次：全额退款，或收取运费但卖家补贴相应的购物券。第二个层次：初始运费卖家承担、退回运费买家承担。第三个层次：来回运费均由买家承担。第四个层次：来回邮费和相关的退货手续费均由买家承担，退款的时候要将这些费用扣除。

4. 退款处理周期

基于国内实际的退货政策描述，我们增加了退款的处理周期这一维度。当商家收到消费者退回的商品，商品检测无问题并入库后，才会将费用退还给消费者，退款处理周期是影响消费者满意度的重要因素，退款处理周期越短，消费者就能越快地得到退款进行下一次购物。我们按照退款处理周期的长短，将其分为三个层级：承诺收到退货 3 天内完成退款；承诺收到退货 7 天内完成退款；承诺收到退货 15 天内完成退款。

企业的得分范围为 4～14。得分越高的企业，其承诺的退货政策越宽松。

6.1.1.2　影响网络零售商退货政策宽松水平的因素

通过文献回顾，本章认为企业规模、网络零售商运营时间、网络零售商质量、主营产品类型四个因素对网络零售商退货政策有影响。

1. 企业规模

企业的网络零售运营需要投入大量的人、财、物资。企业规模越大，其服务水平越高，处理订单、纠纷、退货的效率也较高。研究发现大公司提供的商品总类更多，商品质量更有保障。而商品质量越高，企业越有底气和信心，其退货政策也就越宽松(Biswas，2004)。因此，本章假设企业规模(Scal)对退货政策宽松水平有积极影响。

2. 网络零售商运营时间

新进入的商家有可能为了吸引顾客，积累人气，即使在潜在收益小于退货成本的情况下，也会选择提供便捷的退货服务；有知名品牌的老店，由于信用度高，可以不用提供宽松的退货政策，也能吸引消费者(易彬彬，2010)。可以看出，零售商进入市场的时间会影响其退货政策的制定。因此，本书假设网络零售商运营时间(Age)对退货政策宽松水平有消极影响。

3. 网络零售商质量

网络零售行业竞争日益激烈，高质量的网络零售商(服务和产品优越)为了吸引消费者，展示自己的网站质量，会设置相对宽松的退货政策，降低退货限制条件，因为销售额的增加会抵消宽松政策带来的成本增加。与此相反，低质量网商知道自己的产品和服务质量不高会导致退货率的升高，因此不会设置宽松的退货政策以降低退货成本。因此，本章假设网商质量(Qua)越高，其退货政策越宽松(Heiman et al.，2001)。

4. 主营产品类型

体验型产品比起搜寻型产品，往往与消费者的预期差异较大，也更具个性化。因此，消费者需要更多的精力和时间来筛选理想的产品，也经常买不到称心如意的产品，而宽松的退货政策恰恰可以解决消费者这方面的顾虑。宽松的退货政策给予消费者撤销错误购买决策的机会，降低了消费者的成本，不仅增加了消费者订购的可能性，也降低了消费者在订购和收获期间的产品搜寻(Wood，2001)。因此，本章假设主营体验型产品的网络零售商的退货政策，要比主营搜寻型产品的退货政策更为宽松。

6.1.1.3　影响因素测度

因为大部分中小网络零售商的交易额无法获得，而且有交易额统计的网络零售商数据也是整个网站所有商品品类的交易额，而调查综合性商家时仅仅考虑其单个商品类别，如亚马逊中国的图书销售额，无法直接获得。因此，本章用网站主营产品的总数目作为衡量企业规模的指标。

我们用购物网站的百度口碑评级作为网络零售商质量的衡量指标。百度口碑是基于网站设计、价格、产品信息、产品满意度、购物体验、购物便利性、及时性、运费、产品丰富性、多样性、再购的可能性、推荐的可能性等内容的综合性评分。我们用百度口碑作为商家质量的标准，是因为它是基于真实消费者、媒体、行业专家的观点和评论，而不涉及退货政策特征。

此外，采用 Darby 和 Karni(1973)两位学者提出的产品分类方法，将样本企业按照主营产品类型分为探寻品商家和体验品商家。这种分类方法在网络购物环境中应用最为广泛。搜寻品是指商品的主要属性可以通过获得的信息来客观评估，消费者在购买前就能对商品的质量获得了解，如：电脑、手机、家电、家具、床垫、图书、手表等；体验品是指购买之前很难获得产品的质量信息，产品性质是主观的，且难以比较，需要个体感官意识进行评论和衡量，如：化妆品、鞋子、服饰、美食。

各变量的测度及其对网络零售商退货政策宽松水平的影响假设如表 6.2 所示。

表 6.2　变量描述及假设

变量名称	变量的测度	对退货政策宽松水平的影响
企业规模	主营商品总数取自然对数	正
网络零售商运营时间	截止 2014 年底网络零售商运营时间	负
网络零售商质量	百度口碑的网站评级得分	正
产品类型	虚拟变量，将产品按照消费者对产品特性的了解程度和了解方式，分为搜寻品和体验品	主营搜寻品的商家比体验品商家的退货政策严格

6.1.1.4　研究模型

回归分析是研究一个变量(因变量)与另一个或多个变量(自变量)之间的关系。回归分析主要讨论变量之间相关的程度、方向和形式，更进一步探讨变量之间相关结构，特别是对因果关系的结构进行描述。本章提出五个假设，因此通过回归分析方法进行检验影响网络零售商退货政策宽松水平的因素，并借鉴 Wood(2001)所提出的回归模型构建了回归模型。

用下面的模型检验退货政策宽松值(EXTENT)与各影响因素之间的关系

$$\text{EXTENT}_i = \beta_1 + \beta_2 P_i + \beta_3 \ln S + \beta_4 \text{Age} + \beta_5 \text{Qua} + \varepsilon_i \tag{6.1}$$

在对经营不同产品类型的网络零售商进行单独分析时，则去掉虚拟变量，回归方程修改为

$$\text{EXTENT}_i = \beta_1 + \beta_3 \ln S + \beta_4 \text{Age} + \beta_5 \text{Qua} + \varepsilon_i \tag{6.2}$$

将网络零售商退货政策分为 4 个维度，为了检测这 4 个维度和各因素之间的关系，建立了下面的模型：

$$\text{EXTENT}_i = \beta_1 + \beta_2 P_i + \beta_3 \ln S + \beta_4 \text{Age} + \beta_5 \text{Qua} + \varepsilon_i \tag{6.3}$$

式中，P_i 为第 i 种产品的类型；S 为网络零售商规模，最后，通过普通最小二乘法估计参数。

6.1.2　研究方法

6.1.2.1　数据来源

国内著名网站站长之家(chinaz.com)根据网站 Alexa 排名、百度权重、PR 值的综合得分列出的我国电商网站排行榜 TOP300 的购物网站，能代表我国中等偏上水平的 B2C 购物网站，基本上是国内主流的购物网站。我们从中选择样本，剔除一些平台、资讯、服务类以及网络零售商相关影响因素数据无法获得的网站，最终选取 207 个样本，从出售的产品类别来看，主要有服装、数码家电、居家日用、美容化妆、母婴用品、内衣鞋袜、图书音像、珠宝饰品等专业网站。通过逐一进入官方网站调查收集具体的退货政策并分类(京东商城归为数码家电类，仅考虑它在数码产品方面的退货政策，如手机、电脑；亚马逊归为图书音像类，仅考虑图书音像产品的退货政策)。

6.1.2.2　数据分析方法

首先运用文献分析法建立网络零售商退货政策宽松水平测度指标及影响因素模型，然后在数据收集的基础上，笔者运用聚类分析方法分别对退货政策宽松水平划分层级，而后使用相关分析和多元回归分析对因素模型进行验证，对影响我国网络零售商退货政策宽松水平的因素进行分析，根据得出的结论提出对应的对策建议。

6.2　数　据　分　析

6.2.1　网络零售商分布情况

本章共选取了 207 家支持无理由退货服务的 B2C 购物网站，按照出售的产品类别，分为服装、数码家电、居家日用、美容化妆、母婴用品、内衣鞋袜、图书音像、珠宝饰品 8 类垂直网站。通过逐一进入企业网站浏览，收集数据。如表 6.3 所示，样本中位于京津冀地区的有 68 家，位于长三角地区的有 73 家，位于珠三角地区的有 60 家，中西部地区仅有 6 家。可以看出，北上广地区是我国网络零售商的聚集地，如京东、苏宁、亚马逊等都建立于此，究其原因：我国电子商务起源于经济发达、交通便利、市场活跃的地区。

表 6.3　样本企业区域和行业分布情况　　　　　(单位：家)

	数量	服装	数码家电	居家日用	美容化妆	母婴用品	内衣鞋袜	图书音像	珠宝饰品
京津冀	68	11	18	5	7	8	5	9	5
长三角	73	18	11	10	7	9	4	3	11
珠三角	60	10	5	4	7	8	10	2	14
中西部	6	0	2	0	1	0	1	2	0
共计	207	39	36	19	22	25	20	16	30

6.2.2　网络零售商退货政策特征

表 6.4 列出了在调查期间，样本网络零售商的退货政策不同维度层级的分布情况，即提供每一种退货政策维度层级的企业在样本企业中所占的百分比。下面我们从退货政策四个维度分别进行分析。

表 6.4　退货政策宽松水平分布情况(%)

层级		所有企业	服装	数码家电	居家日用	美容化妆	母婴用品	内衣鞋袜	图书音像	珠宝饰品
退货时限	第一层级	67.6	56.4	88.9	36.8	22.7	72.0	75.0	87.5	90.0
	第二层级	12.1	25.7	5.6	5.3	9.1	16.0	15.0	6.3	6.7
	第三层级	17.9	17.9	5.6	47.4	54.5	12.0	10.0	6.3	3.3
	第四层级	2.4	0	0	10.5	13.6	0	0	0	0
消费者退货需要的努力程度	第一层级	67.6	74.4	33.3	73.3	77.3	68.0	95.0	50.0	80.0
	第二层级	27.5	25.6	50.0	21.1	22.7	28.0	5.0	37.5	20.0
	第三层级	4.9	0	16.7	5.3	0	4.0	0	12.5	0
费用的返还	第一层级	11.7	5.1	11.1	31.6	4.5	20.0	0	31.3	3.3
	第二层级	38.6	30.8	25.0	26.3	22.7	56.0	40.0	50.0	63.3
	第三层级	36.7	46.2	55.6	26.3	59.1	16.0	35.0	6.3	26.7
	第四层级	13.0	17.9	8.3	15.8	13.6	8.0	25.0	12.5	6.7
退款的处理周期	第一层级	9.2	7.7	5.6	5.3	13.6	8.0	10.0	6.3	16.7
	第二层级	76.8	79.5	50.0	89.5	81.8	88.0	85.0	75.0	80.0
	第三层级	14.0	12.8	44.4	5.3	4.5	4.0	5.0	18.8	3.3

注：因计算时四舍五入保留 1 位小数，百分比总和可能不为 100%，后同。

6.2.2.1　退货时限

如表 6.4 和表 6.5 所示，样本中 67.6%的网络零售商承诺的无理由退货时限仅仅满足国家法定标准的 7 天，只有 32.4%的商家承诺的时间在 7 天以上，说明大部分网络零售商在退货时限上只是满足国家相关要求，并没有投入太大的精力来改进或提高。其中，居家日用和美容化妆行业提供了较长的退货时限给消费者，平均在 22 天以上，美容化妆行业里香舍臻品提供了长达 60 天的无理由退货期限，是样本里最高的售后标准。8 个类别中提供较短退货期限的是图书音像、珠宝饰品和数码家电产品，只有 8 天左右，稍稍高于国家标准，因为珠宝价值高，退换货的成本和风险较大，商家不太愿意提供过长的"体验期"，而数码产品更新换代快，产品跌价快，因此商家也不愿意设置过长的退货时限。各个行业的龙头网站提供了较长的退货时限，亚马逊中国(图书音像)、国美(数码家电)、聚美优品(美容化妆)等都提供了 30 天的无理由退货时限。从结果可以看出，规模大和产品质量卓越的企业往往把退货期限成倍地增加以吸引更多的消费者，而规模较小的商家因为成本限制仅能保证符合国家的基本要求。

表 6.5 退货时限总体分布表

退货时限/天	频率/家	百分比/%
$t=7$	140	67.6
$7<t\leqslant15$	25	12.1
$15<t\leqslant30$	38	17.9
$t>30$	4	2.4

6.2.2.2 消费者退货需要的努力程度

提供无理由退货的商家在制定退货流程方面大同小异，大部分商家在消费者退货的时候都要求其填写退货申请表格(包括退货原因、订单资料、联系方式)以及保证商品的原包装、相关配件和赠品无损坏，这是商家对消费者退货的基本要求。而退货流程一般分为三种。

(1)特定地区上门取货或送至就近的网点。这是"鼠标加水泥"的方式，顾客在网上购买商品，在门店或网点实现退货，方便快捷。有一定规模的网络零售商如京东、亚马逊支持上门取货的区域较广。

(2)在线自助申请。进入自己的账户，查看订单，提交退货申请。

(3)电话人工申请。通过致电客服中心提交退货要求—客服确认—将商品(完好无损)连同退货表格以及相关的赠品快递退回—商家质检—同意退款。

如图 6.1 和图 6.2 所示，在美国，亚马逊将配送和退换货业务外包给 UPS 等跨国快递，因此退换货流程简单有效，限制条件少，消费者满意度很高。与此相反，国内消费者通常需要走完一个复杂的流程，并且等待很久的时间才能完成退货，需要的努力程度较高。调查的 207 家样本网络零售商中，67.6%的企业仅支持顾客自己拨打客服电话申请退货，支持上门退货或就近网点退货的只有 4.9%，有 27.5%的商家提供了在线自助申请退货服务。

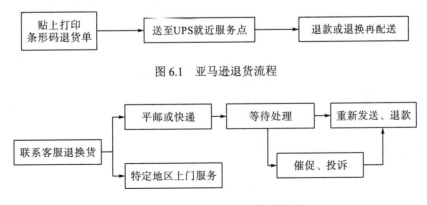

图 6.1 亚马逊退货流程

图 6.2 国内 B2C 网站退换货流程

6.2.2.3　费用的返还

退换货费用是网上购物者关注的焦点之一，也是 B2C 网站退货政策的主要内容之一。B2C 网站不能不考虑退换货费用分担对消费者购买决策造成的影响。NFO 交互公司最新发表的一份研究报告显示，通过互联网购买商品的消费者在对所购商品不满意时，大多选择留下这些商品而非退货，因为他们不愿支付退货所需支付的费用。

通过调查退货政策的具体说明，我们发现，几乎所有商家都要求退货的商品必须不影响二次销售，否则不能退货，有些严格的商家基于成本考虑要求商品不得拆封，否则不能退货。虽然消费者权益保护法规定：网购商品时，消费者本就看不到实物，因此拆封、查验破坏原包装是验货的必须步骤，已拆封不能成为商家拒绝退货的理由，消费者有权无理由退货。但是严格的商家会因此收取一定的重新包装费和退货手续费，并不是消费者就可以随意退货。

从统计结果中我们可以看到，在无理由退货条件下，大部分的商家都要求退回商品的费用由买家自行承担，比例高达 87%，只有 13%的商家承诺全额退款或通过返还礼券的方式补贴运费。样本中有 38.6%的商家要求消费者承担来回的运费，而只有 36.7%的商家会免去初始的运费。具体到不同类别，服装、内衣鞋袜类商家承担有关邮费的比例相对较高，数码家电、母婴用品、珠宝饰品类商家承担邮费的比例较低。

6.2.2.4　退款的处理周期

消费者在提交退款申请后，通常需要自行邮寄商品给商家，卖家收到退回的商品后，经过检测、入库，然后退还费用给消费者。在这其中，快递配送的具体时间受物流公司影响，消费者和商家都无法干预，因此，处理退款的时间就变得尤为重要，可以看出商家的服务态度和效率。比如天猫商城推出的"极速退款"服务，承诺天猫会员申请退货，提交物流单号后，可以直接获得商品的退款，由天猫先行垫付，无须等待货物到达，这极大地提高了消费者资金的流动性和购物满意度。从表 6.4 可以看出，76.8%的商家承诺收到退货后 7 天内完成退款，有 9.2%商家承诺 3 天内处理完退款，处理效率行业差距不大。降低退款处理时间，缩短了整个退货退款流程的时间，为消费者带来了极好的购物体验。

6.2.2.5　网络零售商退货政策宽松水平分析

基于不同行业的零售商退货政策宽松水平的打分结果（表 6.6），可以看出居家日用和美容化妆因其退货时限很长，平均得分较高，退货政策相对宽松；得分较低的行业是图书音像和珠宝饰品，究其原因，图书音像类商品因其短时间内易被消费，所以退货期限较短，而珠宝价值高，商家不愿意设置过于宽松的退货政策。具体到企业，凡客（12）、国美（11）、京东（11）、聚美优品（10）、乐蜂网（11）、全棉时代（9）、当当网（11）、亚马逊（13）、珂兰钻石网（9）等行业领先企业得分都较高。得分最高的商家是亚马逊（图书），其提供了 30 天的无理由退货时限，支持免费上门取货、全额退款以及 3 天内的退款处理周期，其承诺的退货政策客观来说是最宽松的。

表 6.6　退货政策宽松水平得分结果描述统计表

	数量	极小值	极大值	均值	标准差
总体	207	4.00	13.00	7.48	1.61
服装	39	5.00	12.00	7.69	1.39
数码家电	36	5.00	11.00	8.00	1.70
居家日用	19	5.00	13.00	7.89	1.88
美容化妆	22	6.00	11.00	8.54	1.43
母婴用品	25	4.00	9.00	6.84	1.37
内衣鞋袜	20	6.00	10.00	7.20	1.15
图书音像	16	4.00	13.00	6.94	2.26
珠宝饰品	30	5.00	9.00	6.567	0.93

6.2.3　网络零售商退货政策宽松水平的聚类分析

根据网络零售商退货政策宽松水平得分，利用统计软件 SPSS 处理过程如下：

①将退货政策各维度层级得分输入数据编辑器，并定义变量名；

②对 SPSS 软件的 classify 功能进行设置[选择欧氏距离平方、离差平方和法（Ward 法）]；

③用 SPSS 软件对退货政策的各层级得分进行系统聚类分析并输出结果。

采用欧氏距离平方、离差平方和法进行系统聚类分析的，由于数据没有量纲和量级的差别，所以不必进行中心化、极差正规化和标准化等数据转换工作。聚类分析为探索性的分析，期间将退货政策宽松水平层级分别聚类为两类、三类和四类进行比较，发现将退货政策水平层级聚类为三个层级更符合本章的研究。

将样本企业退货政策宽松水平划分为三个水平层级（表 6.7）。第一水平层级企业有 23 家，退货政策宽松值平均为 11.38；第二水平层级企业有 97 家，退货政策宽松值平均为 7.98；第三水平层级企业共有 87 家，退货政策宽松值平均为 5.86。通过比较不同层级企业退货政策的宽松值，我们可以发现：第一层级的企业退货政策较为宽松，平均提供 7~15 天的退货时限，提供在线自助申请退货服务、几乎全额退款以及 3 天内的退款处理周期。第二层级企业与第一层级企业相比，需要消费者拨打人工电话进行退货申请以及更长的退款处理周期；而第三层级企业的退货政策相对严格，与第二层级企业相比，仅提供国家标准的 7 天退货时限以及要求消费者自行承担来回的运费。

表 6.7　样本企业聚类后退货政策 4 维度得分均值表

	商家数目/家	退货时限	消费者退货需要的努力程度	费用的返还	退款的处理周期	综合
第一水平层级	23	2.31	2.11	3.92	2.98	11.38
第二水平层级	97	1.98	1.12	3.01	1.87	7.98
第三水平层级	87	1.00	1.01	2.05	1.80	5.86

　　表 6.8 展示了三个层级的企业在成立时间和规模上的整体情况。第一层级的企业开展网络零售时间较早,平均达 9 年之久,第二层级的企业开展网络零售业务平均有 6 年,第三层级的企业开展网络零售业务较短,平均只有 4 年多。企业规模(主营商品数量)从第一级企业到第三级企业依次递减。

表 6.8　不同宽松水平层级企业的主要特征比较

层级	商家数目/家	占样本的百分比/%	运营时间/年	时间均值/年	规模(主营商品数量)/种
第一层	23	11.5	3～16	9.34	5894.35
第二层	97	46.5	2～12	6.15	3476.10
第三层	87	42.0	2～10	4.32	789.23

　　表 6.9 展示了三个层级的企业在行业间的分布情况。我们可以看到,在第一层级企业中,数码家电和美容化妆企业占比最大,第二层级中服装企业占比最大,第三层级中,珠宝饰品企业占比最大。

表 6.9　三个水平层级企业的行业分布情况

行业		第一层级企业	第二层级企业	第三层级企业
服装	数量/家	3	27	9
	占比/%	13.04	27.84	10.34
数码家电	数量/家	8	18	10
	占比/%	34.78	18.56	14.49
家居日用	数量/家	3	9	7
	占比/%	13.04	9.28	8.05
美容化妆	数量/家	6	13	3
	占比/%	26.09	13.40	3.45
母婴用品	数量/家	0	10	15
	占比/%	0	10.31	17.24
内衣鞋袜	数量/家	1	10	9
	占比/%	4.35	10.31	10.34
图书音像	数量/家	2	2	12
	占比/%	8.70	2.06	13.79
珠宝饰品	数量/家	0	8	22
	占比/%	0	8.25	25.29
总计	数量/家	23	97	87
	占比/%	100	100	100

6.3　总　体　分　析

6.3.1　网络零售商退货政策宽松水平与各因素回归结果

通过回归分析法研究企业规模、网络零售商运营时间、网络零售商质量、主营产品类型对 207 家样本企业退货政策宽松水平的影响结果,以及规模、网络零售商运营时间、商家质量对主营不同产品类别的网络零售商退货政策的影响结果,如表 6.10 所示。

表 6.10　网络零售商退货政策宽松水平与各因素的回归结果

	所有企业	搜寻品企业	体验品企业
常数	4.199** (0.037)	0.750 (0.715)	5.916*** (0.001)
企业规模(S)	0.496*** (0.000)	0.560*** (0.000)	0.283** (0.042)
网络零售商运营时间(Age)	0.047 (0.232)	0.145** (0.012)	−0.058 (0.286)
网商质量(Qua)	−0.001 (0.994)	0.084 (0.671)	0.039 (0.823)
产品类型(P)	−1.410*** (0.000)		
R^2	0.671	0.404	0.421
Adjusted R^2	0.654	0.381	0.319
F	10.387***	17.630***	1.784***
样本数量/家	207	82	125

注:*、**、***分别表示10%、5%、1%的水平显著,括号里的数值为相应水平下的标准误。

从表 6.10 可以发现,在所有企业样本的分析结果中,企业规模和主营产品类别两个因素对退货政策宽松水平有积极影响,企业规模越大,退货政策越宽松;主营产品为体验型产品的商家退货政策比搜寻品商家的退货政策宽松。而其他因素的系数都不显著。以上结果表明,企业规模和主营产品类型是影响网络零售商退货政策宽松水平的最关键的因素。

此外,对主营不同产品类型的企业样本的回归结果与所有企业样本的并不完全类似。主营搜寻品的企业中,企业规模和网络零售商运营时间为显著变量,系数均为正,其他变量不显著。而主营体验品的企业中,企业规模显著,与退货政策宽松水平呈正相关,其他变量均不显著。

6.3.2　企业退货政策各维度宽松水平与各因素的回归结果

表 6.11 显示了所有企业退货政策 4 个维度的宽松水平与各因素间的回归结果。所有企业的退货时限宽松水平与各因素的回归结果显示企业规模和产品类型影响因素显著,对退货时限的宽松水平有积极影响。规模越大,承诺的退货时限就越长;主营体验品网络零售

商的退货政策比主营搜寻品网络零售商的退货政策更为宽松。其他变量不显著。

表 6.11　退货政策 4 维度水平与各因素的回归结果

	退货时限	努力程度	费用返还	处理周期
常数	1.190* (0.094)	0.315 (0.483)	1.151 (0.113)	1.543*** (0.000)
规模	0.060** (0.022)	0.102*** (0.001)	0.205*** (0.000)	0.130*** (0.000)
网络零售商运营时间	−0.008 (0.705)	0.054*** (0.000)	−0.005 (0.817)	0.006 (0.616)
网商质量	0.037 (0.612)	−0.008 (0.857)	0.022 (0.766)	0.051*** (0.095)
产品类型	−0.752*** (0.000)	0.017 (0.816)	−0.573*** (0.000)	0.130 (0.216)
R^2	0.541	0.713	0.688	0.458
Adjusted R^2	0.524	0.698	0.670	0.441
F	8.305***	13.693***	4.902***	9.443***
样本数量/家	207	207	207	207

注：*、**、***分别表示 10%、5%、1%的水平显著，括号里的数值为相应水平下的标准误。

在所有企业退货政策的努力程度宽松水平与各因素的回归结果中，企业规模和网络零售商运营时间变量与努力程度宽松水平正相关，表明企业规模越大、网络零售商运营时间越长，其努力程度宽松值得分就越高，消费者退货需要的努力程度就越低，退货更方便快捷，而其他变量不显著。

费用返还宽松水平与各因素的回归结果显示，在所有的企业样本中，虚拟变量产品类型系数为负，表明主营体验型产品的商家，其费用返还维度的宽松水平是高于主营搜寻品的商家的。此外，企业规模显著其系数为正，表明企业规模越大，消费者退货的时候获得的费用返还就越多，与假设一致。

处理周期的宽松水平与各因素的回归结果显示，企业规模和网商质量系数为正，表明网络零售商规模越大，质量越高，其处理退款的周期就越短，效率就越高，其他变量均不显著。

以上结果表明，企业规模是影响网络零售商退货政策四个维度宽松水平的关键因素，对 4 个维度的宽松水平均有积极影响；网络零售商运营时间对消费者退货需要的努力程度有积极影响；产品类型对退货时限和费用返还维度有显著影响，体验品商家比起搜寻品商家承诺的退货时限更长、返还的费用更多。而退款处理周期还受到网络零售商质量的积极影响。

6.4　研　究　结　论

本章通过调查网络零售商退货政策的维度分类及其内容，在国外相关研究的基础上，构建了网络零售商退货政策的宽松水平评价体系，并且从企业特征的角度研究了影响退货政策宽松水平的因素。从理论上来说，本章的研究结果对我国在网络零售方面的实证研究尤其是退货政策理论的发展具有一定意义，为未来研究退货政策对消费者购买行为的影响机理打下了基础。从实践上来说，本章研究了企业规模、网络零售商运营时间、网络零售商质量、主营产品类型等因素对退货政策宽松水平的影响，其结果对即将进入网络零售业的商家和正在完善退货政策的商家都具有参考价值，充分认识这些因素的重要性对网络零售商的经营决策具有指导意义，能够帮助企业降低运营成本、提升销量、增强顾客的满意和忠诚度，在激烈的市场竞争中发展壮大。

6.4.1　网络零售商退货政策宽松水平聚类分析结论

通过对处于退货政策宽松水平不同层级的网络零售商的比较，发现三个层级的退货政策宽松水平差异较大，第一水平层级网络零售商的退货政策宽松水平最高，能够提供 7～15 天的无理由退货时限、3 天内的退款处理周期、全部的费用返还；第二水平层级的网络零售商大部分需要消费者自行承担退货的运费以及 7 天内的退款处理周期；第三水平层级网络零售商只提供了最低的 7 天无理由退货时限以及需要消费者承担初始和退回的运费，退货政策宽松水平最低。比较不同层级的网络零售商特征，发现退货政策宽松水平层级越高的网络零售商，其规模越大、网络零售商运营的时间越长。对不同层级的网络零售商行业分布比较发现，第一层级中数码家电和美容化妆类商家占比最大，第二层级中服装类商家占比最大，第三层级中珠宝饰品类商家占比最大。

网络零售商退货政策宽松水平与其规模、网络零售商运营时间、主营产品类别相关。规模大、运营时间长的网络零售商更有可能提供更为宽松的退货政策，不同行业或者经营不同产品的网络零售商其退货政策宽松水平也有较大的差异。

6.4.2　各因素对网络零售商退货政策宽松水平影响作用

网络零售商规模和主营产品类型两个因素对退货政策宽松水平有积极影响，企业规模越大，退货政策越宽松；主营体验品商家的退货政策比主营搜寻品商家的退货政策宽松。此外，对主营不同产品类型的企业样本的回归结果与所有网络零售商样本并不完全类似。在主营搜寻品的网络零售商中，其规模和运营时间对退货政策宽松水平有积极影响。在主营体验品的网络零售商中，网络零售商规模变量显著，对退货政策宽松水平有积极影响。

6.4.3　各因素对退货政策各维度宽松水平影响作用

企业规模和产品类型对退货时限的宽松水平有积极影响，虚拟变量搜寻品网络零售商的退货时限宽松水平是低于体验品网络零售商的。

企业规模和网络零售商运营时间对退货努力程度的宽松水平有积极影响，企业规模和产品类型对费用返还维度的宽松水平有积极影响，搜寻品商家的费用返还维度水平是低于体验品商家的；对退款处理周期的回归结果表明，企业规模和网商质量对其有积极影响。

由此可知，企业规模是影响网络零售商退货政策 4 个维度宽松水平的关键因素，对 4 个维度的宽松水平均有积极影响；网络零售商运营时间对努力程度维度的宽松水平有积极影响；虚拟变量产品类型对退货时限和费用返还维度的宽松水平有显著影响，体验品商家比起搜寻品商家承诺退货的时限更长、返还的费用更多。而退款处理周期除了受到企业规模的正向影响外，还受到网络零售商质量的积极影响。

第7章 跨境网络零售商无缺陷退货政策的消费者评价

随着网络购物的迅速发展，退货问题越来越受到企业和消费者的关注。而跨境网络零售作为电子商务的一大分支，是促进和支持电子商务发展的主要内容。跨境电子商务相较于国内电子商务而言更具特殊性，其无缺陷退货政策对于发展的影响更大。在跨境电子商务中，由于其退货耗费时间长、成本高等原因，使很多消费者对跨境网购望而却步。因此，对跨境网络零售商无缺陷退货政策的消费者评价研究极具代表性，了解国内跨境网络零售商的无缺陷退货政策现状及特征，有利于我们针对性地研究其与消费者行为之间的关系。

通过收集和分析消费者对国内主要跨境网络零售商无缺陷退货政策的评价，掌握退货政策对消费者满意度和忠诚度的影响，分析在相同的消费者感知下，如何进行政策组合以达到成本最小化，以及实现退货政策的优化。

本章将借鉴相关研究及国内跨境网络零售商的无缺陷退货政策内容建立一套指标体系，据此分析零售商在无缺陷退货政策不同维度的标准，以期为国内跨境网络零售商的退货管理提出改进建议。

7.1 研 究 设 计

7.1.1 消费者对退货政策的需求特点分析

退货作为电子商务活动中企业服务和消费者购买的最后补救措施，一直是企业和消费者双方最为关注的重点之一。从消费者的角度来说，其关注的重点在于检验产品质量的时间是否充足、是否在检验商品时会受到退货政策的大量限制、是否要承担运费和时间风险等一系列因素，即退货政策的公平性、限制性、风险性等因素会对消费者评价造成较大影响。因此，我们在构建评分表的时候应该参照以上特性，做到有的放矢。

7.1.2 问卷设计

7.1.2.1 研究范围的界定

因为跨境电商自身的特殊性，跨境网络零售商所采取的退货政策也是与常见的退货政策有所不同。由于存在高昂的物流费用和较长的配送时间，跨境网络零售商的退货政策设置相对较为严苛，同时实行无理由退货政策的网络平台也相对较少。由于本章主要讨论无理由退货条件下的退货政策和消费者评价，我们将从无理由退货期限、运费设置、限制条件和分类条款四个维度分析跨境电商主要采取的退货政策。

关于退货政策的选择方面，本书参考了 100 家跨境电商的退货政策，这些公司中 B2C 占绝大多数。同时，本书选择了这些公司中应用较为普遍的政策作为消费者评价的对象，并以此为基础选择最优政策组合。由于在"限制条件"这一维度上，不同的跨境电商差异较大，不便于进行政策组合，故本次调查选取的政策组合仅有退货期限、运费设置和分类条款三个维度，如表 7.1 所示。

表 7.1　退货政策组合表

维度	要素	政策组合					
		1	2	3	4	5	6
退货期限	签收后 7 天内，不影响二次销售情况下可申请无条件退货	√	√	√			
	签收后 15 天内，不影响二次销售情况下可申请无条件退货				√	√	√
运费设置	运费由买家承担	√			√		
	商家提供最多 10 元的运费补贴但只需寄回国内仓库		√				
	因商品质量原因运费由卖家承担，因个人原因由买家承担			√			√
分类条款	部分商品如美妆个护和食品类商品非质量问题不退不换	√	√	√	√	√	√

7.1.2.2　调查对象的界定

由于跨境电商交易涉及电子商务和跨境购买两个方面，其用户大多是能够快速接受和应用新兴事物的群体，主要特征为年轻化、需求旺盛并且消费潜力大。因此，将调查目标主要集中在互联网上的活跃用户和海淘、网购等论坛用户，这类群体对跨境网购有更大的接触可能并且对新生事物有充足的接受能力。

7.1.2.3　调查问卷的设计

本章所需要的数据采用问卷调查的方法获得，问卷的设计一般包括调查内容、回答形式、结构内容等部分。问卷的设计必须遵循一定的主题，文字通俗易懂，结构合理且逻辑性强。

调查问卷主要分为三个部分。

第一部分主要是对受访者的跨境购买、退货等行为进行调查并检验是否为有效问卷，主要包括是否有跨境购物、退货的经历以及退货的商品类型，是否会关注商家的退货政策等基本内容。这部分由受访者根据亲身经历做出回答，主要用于调查跨境电商的退货政策对于消费者的感知影响。同时，在这个部分也设计了特殊问题以检验问卷是否有效。如图 7.1 所示，如果受访者在选择没有退货经历的同时选择了退货的商品类型则说明受访者未认真填写问卷，提供的信息有误。

第二部分则是调查问卷的主题部分，主要涉及消费者对某政策组合中各政策和总体政策的评分。问题的设计主要涉及前文提到的 3 个维度，针对不同政策的不同特性对受访者做出针对性调查。这部分主要为了调查受访者对不同政策的价值感知，从而比较不同政策及政策组合间的效用差异，由受访者通过自身的评判标准进行回答。

2. 您是否有过在跨境电商平台退货的经历？ *

○ 有

○ 没有

---

3. 您退货的商品类型是 * [多选题]

☐ 服装鞋帽

☐ 化妆品、护肤品

☐ 电子产品

☐ 日用百货

☐ 其他 _____ *

☐ 无退货经历

图 7.1　检验性问题

第三部分是受访者的个人资料，包括性别、年龄、学历、收入等一系列信息。这一部分采用的是单选的题型，用于调查受访者的人口统计特征，由受访者根据自身情况进行回答。

7.1.2.4　问卷发放方式的说明

由于研究样本主要选取大学生群体作为目标群体，因此调查问卷的发放主要由网络发放的形式展开，在问卷中对调查对象进行甄别。由于问卷发放的网络平台选择的是问卷星平台，该平台只允许填写完整的问卷提交，因此所收集的数据均为完整的。本次问卷调查共回收 230 份问卷，其中有效问卷 196 份，政策组合 1 的问卷数为 32，政策组合 2 的问卷数为 30，政策组合 3 的问卷数为 36，政策组合 4 的问卷数为 32，政策组合 5 的问卷数为 32，政策组合 6 的问卷数为 34，各组合的有效问卷数相差不大。问卷来源如表 7.2 所示。

表 7.2　问卷来源信息表（%）

地区	上海	广东	安徽	北京	河南	山东	浙江
比例	15	12.5	10	7.5	7.5	7.5	7.5
地区	重庆	江苏	河北	江西	内蒙古	黑龙江	湖南
比例	7.5	5	5	2.5	2.5	2.5	2.5

注：有 5% 的调查问卷来源于上述地区以外的其他地区。

7.2　数　据　分　析

7.2.1　样本特征描述

7.2.1.1　性别

本次问卷调查中男性共 94 人，占 47.96%；女性共 102 人，占 52.04%。其中各问卷性别人数分布和总和如图 7.2 所示。

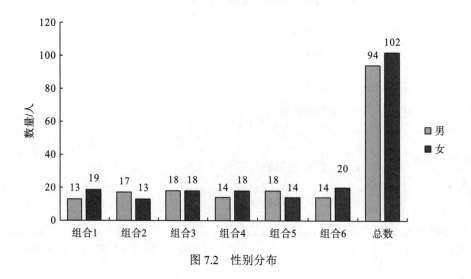

图 7.2　性别分布

7.2.1.2　年龄

本次问卷调查中受访者的年龄主要集中在 18～30 岁，也有相当一部分 30～50 岁的群体。各问卷的受访者年龄分布如表 7.3 所示。

表 7.3　年龄分布

年龄	组合 1/人	组合 2/人	组合 3/人	组合 4/人	组合 5/人	组合 6/人	总数/人	比例/%
18 岁以下	0	0	0	0	0	1	1	0.51
18～30 岁	17	20	14	29	22	16	118	60.20
30～50 岁	12	10	19	1	10	17	69	35.20
50 岁以上	3	0	3	2	0	0	8	4.08

7.2.1.3　学历

本次问卷调查中受访者的学历主要集中在本科，各问卷学历分布如表 7.4 所示。

表 7.4　学历分布

学历	组合 1/人	组合 2/人	组合 3/人	组合 4/人	组合 5/人	组合 6/人	总数/人	比例/%
专科及以下	10	3	13	5	3	4	38	19.39
本科	20	25	22	26	25	24	142	72.45
研究生及以上	2	2	1	1	4	6	16	8.16

7.2.1.4　月收入

本次问卷调查中受访者的月收入主要集中在 3000～5000 元，1000～3000 元与 5000 元以上的群体也占比较多，0～1000 元的群体相对较少。各问卷的收入等级分布如表 7.5 所示。

表 7.5　月收入分布

月收入	组合 1/人	组合 2/人	组合 3/人	组合 4/人	组合 5/人	组合 6/人	总数/人	比例/%
0～1000 元	2	0	1	11	2	3	19	9.69
1000～3000 元	5	9	8	9	7	6	44	22.45
3000～5000 元	20	16	18	9	15	17	95	48.47
5000 元以上	5	5	9	3	8	8	38	19.39

7.2.1.5　跨境购物经历

总体来看，有跨境购物经历的人群占比达到 80.10%，占本次问卷调查的绝大多数，由此可以判断本次问卷调查的受访群体基本满足要求，数据可信度较高。该特征的受访者分布状况如表 7.6 所示。

表 7.6　是否有跨境购物经历

选项	组合 1/人	组合 2/人	组合 3/人	组合 4/人	组合 5/人	组合 6/人	总数/人	比例/%
有	23	27	31	20	26	30	157	80.10
没有	9	3	5	12	6	4	39	19.90

7.2.1.6　跨境平台退货的经历

总体来看，有跨境购物退货经历的人群比例为 57.65%，无跨境购物退货经历的人群比例为 42.35%，由此可以体现出退货对于跨境购物来说仍然不可避免，消费者对于退货依然有较大需求，如何完善企业的退货政策仍然是重中之重。该特征的受访者分布状况如表 7.7 所示。

表 7.7　是否有跨境退货经历

选项	组合 1/人	组合 2/人	组合 3/人	组合 4/人	组合 5/人	组合 6/人	总数/人	比例/%
有	19	24	17	11	17	25	113	57.65
没有	13	6	19	21	15	9	83	42.35

7.2.1.7　跨境平台退货的商品类型

此题为多选题,通过表 7.8 可以看出在跨境购物过程中,退货数量最多的商品种类为服装鞋帽类,该类商品的退货数量占总退货数量的 27%,结合实际情况考虑其原因,应为此类商品在网购中有自身的限制因素,即消费者必须收货后试穿才能判断是否需要此商品,因此退货率居高不下。同时,根据数据分析发现化妆品、护肤品和电子产品的退货数量也相对较高,占比均达到了 17%,考虑到这两种商品是消费者进行跨境购物的主要目标产品,所以可能是大基数下产生了较高的退货数量。值得注意的是,有两份问卷选择了"其他"选项,其注释分别为"奶粉"和"保健品"。

表 7.8　跨境退货的商品类型

选项	组合 1/人	组合 2/人	组合 3/人	组合 4/人	组合 5/人	组合 6/人	总数/人	比例/%
服装鞋帽	10	12	9	10	9	12	62	27
化妆品、护肤品	9	8	8	1	6	6	38	17
电子产品	11	4	3	6	6	8	38	17
日用百货	7	0	1	4	3	5	20	9
其他	1	1	0	0	0	0	2	1
无退货经历	11	5	15	16	11	8	66	29

7.2.1.8　是否会关注电商平台的退货政策

根据表 7.9 可以发现不关注跨境电商退货政策的群体仅有极少部分,占比只有 11%;绝大多数群体则是在有退货需求的情况下才会关注退货政策,该部分占到了 52% 的比例;有 37% 的受访者则会经常关注退货政策。总而言之,有 89% 左右的受访者会关注电商平台的退货政策,说明电商平台的退货政策会对消费者的感知价值产生较大影响,消费者可能会根据该平台的退货政策重新评估购买的成本与风险因素。其中,有两份问卷在该问题选择了"其他"选型,其注释为"偶尔关注"。

表 7.9　是否关注退货政策

选项	组合 1/人	组合 2/人	组合 3/人	组合 4/人	组合 5/人	组合 6/人	总数/人	比例/%
会经常关注	11	13	12	7	14	15	72	37
有退货需求才关注	19	15	21	17	14	15	101	52
从不关注	2	2	3	7	4	4	22	11
其他	0	0	0	1	0	0	1	1

7.2.1.9　是否会根据退货政策的不同而选择不同商家

此题是为了更好地调查退货政策对消费者购买决策的影响。如表 7.10 所示,有 46% 的受访者认为他们会因为退货政策的不同选择不同的商家,39% 的受访者认为可能会因此而选择不同商家,仅有 13% 的受访者认为自己不会受此影响。由此可以看出,退货政策对于大部分消费者的购买决策也有着重大影响。其中,有三份问卷在该问题中选择了"其他",其中一份注释为"视情况而定"。

表 7.10　是否会根据退货政策选择不同商家

选项	组合 1/人	组合 2/人	组合 3/人	组合 4/人	组合 5/人	组合 6/人	总数/人	比例/%
会	14	19	17	7	15	18	90	46
不会	2	2	4	7	4	7	26	13
可能会	16	9	15	16	12	9	77	39
其他	0	0	0	2	1	0	3	2

7.2.2　信度分析

为了检验本问卷量表调查结果的可靠性，特抽取了政策组合 1 和政策组合 5 的问卷调查结果和总的调查结果进行信度分析，政策组合 1 和政策组合 5 均为 32 份问卷。在量表中选取了两个选项作为信度分析的基础，分别为"该无理由退货的期限设置为 7 天十分宽松""总的来说我认为该政策十分宽松"。这两个选项可以基本反映受访者对于政策宽松度的认知，由信度分析可以检验问卷调查结果是否可靠。在信度分析中采用的信度系数为 α 信度系数，具体结果如下。

(1) 政策组合 1 的信度分析结果如表 7.11(a) 所示。

表 7.11(a)　政策组合 1 的信度分析

		N	%
	案例处理汇总		
	有效	32	100.0
案例	已排除 α	0	0.0
	总计	32	100.0

在此程序中基于所有变量的列表方式删除[表 7.11(b)]。

表 7.11(b)　可靠性统计量

Cronbach's Alpha	基于标准化项的 Cronbach's Alpha	项数
0.876	0.887	2

由表 7.11(a) 和表 7.11(b) 的数据可以发现，政策组合 1 中有效问卷数为 32，无问卷结果被排除；α 信度系数为 0.887，项数为 2，表示测验的信度非常好，问卷调查的可靠性极高。

(2) 政策组合 5 的信度分析结果如表 7.12(a) 所示。

表 7.12(a)　政策组合 5 的信度分析

		N	%
	案例处理汇总		
	有效	32	100.0
案例	已排除 α	0	0.0
	总计	32	100.0

在此程序中基于所有变量的列表方式删除[表 7.12(b)]。

表 7.12(b)　可靠性统计量

Cronbach's Alpha	项数
0.795	2

由表 7.12 的数据可以发现，政策组合 2 中有效问卷数为 32，无问卷结果被排除；α 信度系数为 0.795，项数为 2，表示测验的信度比较好，问卷调查的可靠性极高。

通过上述两份抽取问卷的信度分析结果，我们可以推断出所有问卷的数据是基本可信的。

7.2.3　不同维度的消费者评价特征

7.2.3.1　无理由退货期限

1. 不同期限的宽松度

当商家采取的无理由退货期限为 7 天时，消费者对于该期限的宽松度评价如表 7.13 所示。

表 7.13　退货期限为 7 天的评价分布

政策组合/评分	1	2	3	4	5	6	7	平均分
组合 1	0	1	3	7	12	8	1	4.81
组合 2	0	0	1	7	9	10	3	5.23
组合 3	0	1	4	5	11	10	5	5.11
总数	0	2	8	19	32	28	9	5.05
比例/%	0	2	8.2	19.4	32.7	28.6	9.2	—

数据显示，在该项调查中消费者评分达到 5 分和 6 分的群体占绝大多数，占比达到了 61.3%，同时评分为最高分 7 分的群体占比也达到了 9.2%，在该项持中立态度的人群占 19.4%，认为无理由退货期限为 7 天并不宽松的群体即评分为 2 分或 3 分的群体仅占 10.2%。总体评价分数的平均分为 5.05，由此可以直观地看出大多数消费者认为 7 天的无理由退货期限宽松程度较高。

当商家采取的无理由退货期限为 15 天时，消费者对于该期限的宽松度评价如表 7.14 所示。

数据显示，在该项调查中消费者评分达到 5 分、6 分和 7 分的群体占绝大多数，即认为 15 天的无理由退货期限十分宽松的群体占比达到了 78.6%；在该项持中立态度的人群即评分为 4 分的群体占比为 10.2%，认为无理由退货期限为 15 天并不宽松的群体即评分为 3 分及以下的群体仅占 11.2%。总体评价分数的平均分为 5.38，由此可以表现出大多数消费者认为 15 天的无理由退货期限宽松程度非常高。

表 7.14　退货期限为 15 天的评价分布

政策组合/评分	1	2	3	4	5	6	7	平均分
组合 4	0	0	5	7	6	4	10	5.22
组合 5	1	1	1	1	8	14	6	5.5
组合 6	1	0	2	2	9	16	4	5.41
总数	2	1	8	10	23	34	20	5.38
比例/%	2.0	1.0	8.2	10.2	23.5	34.7	20.4	—

通过上述数据对比我们可以发现：

(1)无理由退货期限为 15 天的政策宽松度认知要高于 7 天。从消费者评分的平均分可以看出，15 天的情况下平均分为 5.38 分，7 天的情况下平均分为 5.05 分，从数据上可以直观看出消费者认为 15 天的期限更加宽松。

(2)两者虽有差距但差距较小。从上述数据就可以发现，两者不仅平均分的差距较小(0.33 分)，而且对两者做出负面评价的群体也相差无几。从数据上看，评分为 3 分及以下的群体，在 15 天期限的情况下占比为 11.2%，在 7 天期限的情况下占比仅为 10.2%，略低于 15 天的情况；同时，评分为 5 分及以上的群体，在 15 天期限情况下占比为 78.6%，7天情况下为 70.5%，相差仅有 8.1%。

总的来说，对于退货期限的宽松度认知方面，消费者认为 15 天的期限要比 7 天更为宽松，但实际调查结果显示消费者对两者的感知差距非常小。

2. 不同期限的风险感知

当商家采取的无理由退货期限为 7 天时，消费者对于该期限的风险感知如表 7.15 所示。

表 7.15　退货期限为 7 天的风险感知

政策组合/评分	1	2	3	4	5	6	7	平均分
组合 1	0	0	2	7	7	11	5	5.31
组合 2	0	1	1	8	7	9	4	5.13
组合 3	0	3	0	9	7	11	6	5.14
总数	0	4	3	24	21	31	15	5.19
比例/%	0	4.2	3.1	24.5	21.4	31.6	15.3	—

数据显示，在该项调查中消费者评分达到 5 分、6 分和 7 分的群体占绝大多数，其中，评分为 5 分的群体为 21.4%，该部分群体认为存在一定风险但风险不大；评分为 6 分的群体为最多数，占比为 31.6%，该群体认为存在较大的风险；评分为 7 分的群体所占比例为 15.3%，该部分群体认为退货期限为 7 天的情况下存在极大风险。在该项持中立态度的人群即评分为 4 分的群体占比 24.5%。认为无理由退货期限为 7 天风险较小的群体即评分为 3 分及以下的群体仅占 7.3%，为极少数。总体评价分数的平均分为 5.19，由此可以非常直观地表现出大多数消费者认为无理由退货期限为 7 天的情况下存在一定的风险。

当商家采取的无理由退货期限为 15 天时，消费者对于该期限的风险感知如表 7.16 所示。

表 7.16　退货期限为 15 天的风险感知

政策组合/评分	1	2	3	4	5	6	7	平均分
组合 4	0	3	4	5	8	10	2	4.75
组合 5	4	1	0	5	10	5	7	4.84
组合 6	1	5	2	2	8	11	5	4.88
总数	5	9	6	12	26	26	14	4.82
比例/%	5.2	9.2	6.1	12.2	26.5	26.5	14.3	—

数据显示，在该项调查中消费者评分为 5 分和 6 分的群体占比均为 26.5%；评分为 7 分的群体所占比例为 14.3%，该部分群体认为退货期限为 15 天的情况下存在极大风险。在该项持中立态度的群体即评分为 4 分的群体占比为 12.2%。认为无理由退货期限为 7 天风险较小的群体即评分为 3 分及以下的群体占 20.4%，约为总数的五分之一。总体评价分数的平均分为 4.82，高于 4 分表明消费者认为退货期限为 15 天的情况下存在少量风险。

通过上述两组数据我们可以发现两点。

（1）消费者对 15 天退货期限的风险感知要低于 7 天。从消费者评分的平均分可以看出，15 天的情况下平均分为 4.82 分，7 天的情况下平均分为 5.19 分，从数据上可以直观看出消费者认为 15 天的期限风险更低。同时，15 天与 7 天的退货政策条件下评分为 3 分及以下的群体占比有较大不同，15 天期限条件下占比为 17.4%，而 7 天条件下仅占 7.3%，差距较为明显，说明更多的受访者认为 15 天期限的风险要更低。

（2）两者虽有差距但总体差距较小。从上述数据就可以发现，两者平均分的差距较小，仅有 0.37 分的差距。平均分可以总体反映出受访者对不同期限退货政策的风险感知，由此可以发现两者虽有差距但总体差距较小。

总的来说，在不同退货期限的风险感知方面，消费者认为 15 天的期限要比 7 天风险更低，但实际调查结果显示消费者对两者的感知差距非常小。

3. 退货期限的总体分析

在退货期限的维度上，问卷主要调查了受访者关于退货期限的宽松度认知和风险感知。从上述结论可以发现，虽然在退货期限为 15 天的政策条件下，受访者的宽松度认知和风险感知均要优于 7 天的政策条件，但是根据消费者评分的平均分我们可以发现，这些差距并不明显，这代表着即使跨境电商公司将无理由退货期限从 7 天延长到 15 天也不能够对消费者产生明显的决策影响。考虑到将无理由退货期限从 7 天延长到 15 天需要承担较大的成本，我们可以认为退货期限为 7 天拥有更高的经济效益。

7.2.3.2　运费设置的公平性认知

（1）在买家承担运费的政策条件下，消费者对于其公平性的评分如表 7.17 所示。

表 7.17　买家承担运费的评价分布

政策组合/评分	1	2	3	4	5	6	7	平均分
组合 1	0	2	4	9	8	7	2	4.63
组合 4	2	4	2	10	4	9	1	4.28
总数	2	6	6	19	12	16	3	4.46
比例/%	3.1	9.4	9.4	29.7	18.8	25.0	4.7	—

数据显示，认为该政策较为公平即评分为 5 分和 6 分的群体占比为 43.8%；认为该政策非常公平的群体占比为 4.7%，数量极少；对该政策持中立态度即评分为 4 分的群体占比为 29.7%；认为该政策并不公平即评分为 3 分及以下的群体占比为 21.9%。总体评分的平均分为 4.46，略高于 4 表明大多数受访者偏向于认为买家承担退货运费是略显公平的政策设置。

(2)对于无理由退货的商品，商家只提供最多 10 元的运费补贴但只需寄回到国内仓库。在该政策下受访者对于其公平性的评分如表 7.18 所示。

表 7.18　商家提供运费补贴的评价分布

政策组合/评分	1	2	3	4	5	6	7	平均分
组合 2	0	1	2	6	10	10	1	4.97
组合 5	0	0	2	3	11	14	2	5.34
总数	0	1	4	9	21	24	3	5.16
比例/%	0	1.6	6.5	14.5	33.9	38.7	4.8	—

数据显示，认为该政策较为公平即评分为 5 分和 6 分的人群比例为 72.6%，为绝大多数；认为该政策非常公平的群体占比为 4.8%；对该政策持中立态度即评分为 4 分的群体占比为 14.5%；认为该政策并不公平即评分为 3 分及以下的群体占比为 8.1%，数量极少。总体评分的平均分为 5.16，表明大多数受访者认为商家提供最多 10 元的运费补贴但只需寄回到国内仓库的政策设置是较为公平的。

(3)因商品原因则商家承担运费，因个人原因则由买家承担运费。在该政策下受访者对于其公平性的评分如表 7.19 所示。

表 7.19　按责任承担运费的评价分布

政策组合/评分	1	2	3	4	5	6	7	平均分
组合 3	0	0	3	10	10	11	2	4.97
组合 6	0	0	0	5	12	12	5	5.5
总数	0	0	3	15	22	23	7	5.24
比例/%	0	0	4.3	21.4	31.4	32.9	10.0	—

数据显示，认为该政策较为公平即评分为 5 分和 6 分的群体占比为 64.3%，为绝大多

数；认为该政策非常公平即评分为 7 分的群体占比为 10.0%；对该政策持中立态度即评分为 4 分的群体占比为 21.4%；认为该政策并不公平即评分为 3 分及以下的群体占比为 4.3%，数量极少。总体评分的平均分为 5.24，表明大多数受访者认为按责任承担运费的政策设置是非常公平的。

通过上述数据我们可以发现三点。

（1）受访者认为按责任承担运费的退货政策公平性最高。通过平均分我们可以清楚发现这三种运费设置的公平性感知差距，"买家承担运费"的平均分仅为 4.46，"商家最高承担 10 元并只需寄到国内仓库"的平均分为 5.16，而"按责任承担运费"的平均分为 5.24，由此可以看出受访者认为按责任承担运费的退货政策公平性最高。

（2）按责任承担运费的退货政策的公平性感知最好。通过数据我们可以发现，按责任承担运费的情况下，受访者评分为 7 分的比例为 10.0%，而其他两种政策均不到 5.0%。同时，在该政策条件下，评分为 1 分和 2 分的比例均为 0。

（3）买家承担运费的公平性评分远低于剩下两种退货政策。通过平均分可以发现，"买家承担运费"的平均分仅为 4.46，剩下两种政策的平均分均为 5.2 左右；同时，在该政策条件下，评分为 3 分及以下的群体比例为 21.9%，约占总数的五分之一。由此可以看出买家承担运费的公平性评分远低于剩下两种退货政策。

（4）运费设置的总体分析。从成本角度分析，"买家承担运费"显然成本最低，而"商家最高承担 10 元并只需寄到国内仓库"与"因商品原因则商家承担运费，因个人原因则由买家承担运费"这两种政策成本难以比较，相比之下前者成本较低，但行业限制和实现门槛较高，这类退货政策一般针对的业务主要在国内免税区，而且需要在国内有较大仓库。

从运费设置公平性角度来看，消费者认为"因商品原因则商家承担运费，因个人原因则由买家承担运费"政策公平性略高于"商家最高承担 10 元并只需寄到国内仓库"，远高于"买家承担运费"。

由此我们认为商家可以在"商家最高承担 10 元并只需寄到国内仓库"与"因商品原因则商家承担运费，因个人原因则由买家承担运费"两项政策中根据自身情况自由选择。尽管可以极大减少自身的运营成本，但如果商家采用"买家承担运费"政策则必然会面对消费者忠诚度较低、满意度较低、与同行业竞争相比在开拓市场方面有较大劣势等各方面问题，因此我们建议企业慎重使用该项政策。

7.2.3.3 退货限制条件的消费者认知

1. "不影响二次销售"的限制性认知

"不影响二次销售"这一条件限制很大。该特征的消费者评价如表 7.20 所示。

数据显示，认为该条件限制性较大即评分为 5 分和 6 分的群体占比为 49.0%；认为该条件限制性非常大即评分为 7 分的群体占比为 13.8%；对该政策持中立态度即评分为 4 分的群体占比为 26.5%；认为该政策并不公平即评分为 3 分及以下的群体占比为 10.7%，数量较少。总体评分的平均分为 5.01，表明大多数受访者偏向于"不影响二次销售"这一条件的限制性是略大的。

表 7.20 限制条件的消费者评价

政策组合/评分	1	2	3	4	5	6	7	平均分
组合 1	0	1	2	7	5	13	4	5.22
组合 2	0	3	1	8	7	11	0	4.73
组合 3	0	1	1	11	8	12	3	5.06
组合 4	1	2	3	11	7	4	4	4.53
组合 5	0	0	3	7	8	6	8	5.28
组合 6	1	1	1	8	7	8	8	5.21
总数	2	8	11	52	42	54	27	5.01
比例/%	1.0	4.1	5.6	26.5	21.4	27.6	13.8	—

2. "不影响二次销售"的公平性认知

"不影响二次销售"非常公平。该特征的消费者评价如表 7.21 所示。

表 7.21 限制条件的消费者评价

政策组合/评分	1	2	3	4	5	6	7	平均分
组合 1	0	0	4	9	5	7	7	5.13
组合 2	0	0	3	3	13	7	4	5.2
组合 3	0	2	1	14	10	6	3	4.72
组合 4	1	0	2	9	7	10	3	4.97
组合 5	1	2	0	6	9(	8	6	5.13
组合 6	1	0	3	5	11	9	5	5.12
总数	3	4	13	46	55	47	28	5.03
比例/%	1.5	2.0	6.6	23.5	28.1	24.0	14.3	—

数据显示,认为该条件限制性较大即评分为 5 分和 6 分的群体占比为 52.1%;认为该条件限制性非常大即评分为 7 分的群体占比 14.3%;对该政策持中立态度即评分为 4 分的群体占比 23.5%;认为该政策并不公平即评分为 3 分及以下的群体占比 10.1%,数量较少。总体评分的平均分为 5.03,表明大多数受访者偏向于认为"不影响二次销售"这一条件的公平性是较高的。

3. 退货限制条件的总体分析

对于"不影响二次销售"的限制条件,消费者虽然认为该限制条件限制性略高,但仍然是比较公平的政策设置。由此可以看出,虽然这一限制条件使消费者感到退货时会有所限制,但其可以充分理解商家设立该限制条件的原因。因此,我们认为跨境电商公司可以充分应用该限制条件,不需要担心这一限制条件会对消费者的决策过程和忠诚度等因素产生负面影响。

7.2.3.4　分类条款的消费者认知

部分商品如美妆个护和食品类商品非质量问题不退不换的政策十分合理。该特征的消费者评价如表 7.22 所示。

表 7.22　分类条款的消费者评价

政策组合/评分	1	2	3	4	5	6	7	平均分
组合 1	0	3	4	6	12	4	3	4.59
组合 2	1	1	1	7	9	10	1	4.87
组合 3	1	0	5	5	10	13	2	4.94
组合 4	2	2	3	5	8	10	2	4.66
组合 5	0	2	0	4	14	6	6	5.25
组合 6	0	0	1	4	10	10	9	5.65
总数	4	8	14	31	63	53	23	4.99
比例/%	2.0	4.1	7.1	15.8	32.1	27.0	11.7	—

数据显示，认为该分类条款比较合理即评分为 5 分和 6 分的群体占比为 59.1%；认为该分类条款非常合理即评分为 7 分的群体占比为 11.7%；对该政策持中立态度即评分为 4 分的群体占比为 15.8%；认为该分类条款并不合理即评分为 3 分及以下的群体占比为 13.2%。总体评分的平均分为 4.99，表明大多数受访者偏向于认为部分商品如美妆个护和食品类商品非质量问题不退不换的政策是较为合理的。

总的来说，消费者认为部分商品如美妆个护和食品类非质量问题不退不换的政策是较为合理的。跨境电商企业可以放心应用该条退货政策。

7.2.3.5　政策组合整体分析

1. 消费者产品预期

该政策组合代表消费者是否担心产品质量不符合预期。该特征的消费者评价如表 7.23 所示。

表 7.23　消费者预期

政策组合	1	2	3	4	5	6
平均分	5.09	4.97	5.17	4.75	5.25	5.00

由上述数据可以看出，在 6 种退货政策组合中，政策组合 5 的政策条件最容易让消费者对产品质量充满担忧，消费者会怀疑该公司采用这样的退货政策，可能是由于该公司的产品质量有所瑕疵；政策组合 1、2 和 6 的消费者预期相近，政策组合 3 的消费者预期与政策组合 5 相近；同时，消费者认为在政策组合 4 条件下，他们会对产品质量感到放心。

2. 消费者是否愿意支付更高价格

该政策组合代表与同类公司相比，消费者是否愿意在这家支付稍微高一点的价格。该特征的消费者评价如表 7.24 所示。

表 7.24 消费者是否愿意支付更高价格

政策组合	1	2	3	4	5	6
平均分	4.59	5.50	5.06	4.09	5.25	5.06

由上述数据可以看出，在 6 种退货政策组合中，消费者认为他们更愿意在政策组合 2 的条件下支付更高的价格，消费者认为他们在该政策条件下，他们为了更优越的退货政策愿意支付相对较高的价格，均分为 5.50；政策组合 1、3 和 6 结果相近，均分均为 5 分左右；消费者认为他们最不愿意在政策组合 4 条件下支付更高价格，均分仅为 4.09。

3. 退货政策带来的产品吸引力

该政策组合代表消费者对该公司的产品是否感兴趣。该特征的消费者评价如表 7.25 所示。

表 7.25 退货政策带来的产品吸引力

政策组合	1	2	3	4	5	6
平均分	4.94	5.43	5.08	4.19	5.31	5.32

4. 政策组合的宽松度评价

该政策组合代表消费者认为该政策组合是否宽松。该特征的消费者评价如表 7.26 所示。

表 7.26 政策组合的宽松度评价

政策组合	1	2	3	4	5	6
平均分	4.75	5.3	4.94	4.88	5.56	5.38

5. 政策组合的总体评价

该政策组合代表消费者认为这家公司的退货政策是否不错。该特征的消费者评价如表 7.27 所示。

表 7.27 政策组合的总体评价

政策组合	1	2	3	4	5	6
平均分	5.06	5.4	5.19	4.5	5.66	5.32

由上述数据可以看出，在 6 种退货政策组合中，消费者对于政策组合 5 的认可程度最高，均分为 5.66；政策组合 1、3 结果相近，均分均为 5.1 分左右；政策组合 2、3 和 6 的结果相近，均分为 5.3 左右；消费者对政策组合 4 的认可程度最低，均分仅为 4.5。

7.3 总 体 分 析

由于对商家来说，退货期限为 7 天的成本远低于为 15 天的成本，由买家承担运费的退货政策所需的成本也远低于其他两种运费设置，由此我们可以知道政策组合 1 的成本最低，政策组合 5 或 6 的成本最高，政策组合 2 与 3 成本相似，政策组合 4 的成本高于政策组合 2 与 3，但低于政策组合 5 与 6。其成本对比可以简单表示如图 7.3 所示。

图 7.3 政策组合成本

由以上分析可知四点。

(1)在消费者产品预期方面，消费者会认为政策组合 4 的产品质量让他们最为放心，而政策组合 1、2、3、6 的结果均较为相近，同时政策组合 5 的产品质量最难以让消费者放心；结合上述成本分析，我们可以发现在消费者产品预期方面，选择政策组合 1 的经济效益最高且对消费者的决策影响与其他政策组合类似，政策组合 4 则会对消费者的决策产生最大的积极影响。

(2)在消费者是否愿意支付更高价格方面，消费者认为他们更愿意在政策组合 2 的条件下支付更高的价格，且评分远高于其他政策组合；政策组合 1、3 和 6 结果相近；同时，消费者认为他们最不愿意在政策组合 4 条件下支付更高价格。结合上述成本分析，我们发现政策组合 2 的成本仅仅高于政策组合 1，同时政策组合 2 在该项的评分远高于政策组合 1，在政策组合 2 的条件下消费者愿意支付更高价格，这意味着客户的忠诚度更高且公司在价格竞争中更有优势。

(3)在退货政策的吸引力方面，在政策组合 2 的条件下消费者会对该公司的产品产生最大兴趣；政策组合 1、3 结果相近，略高于政策组合 4，远低于政策组合 2；政策组合 5 和 6 的结果相近，略低于政策组合 2；同时，消费者认为政策组合 4 带来的产品吸引力最低。结合上述成本分析，我们发现政策组合 2 的成本仅仅高于政策组合 1，但其带来的产品吸引力却最为突出，并远高于政策组合 1。这意味着在该政策组合条件下，消费者更有可能关注和购买该公司的产品，对于公司开拓市场有着巨大作用。

(4)退货政策的总体评价方面，消费者认为政策组合 5 的宽松度最高，并且消费者对于政策组合 5 的认可程度也是最高的；消费者虽然认为政策组合 1 的宽松度最低，但消费者对政策组合 4 的认可程度却是最低的。

7.4 研究结论与对比分析

7.4.1 研究结论

通过上述数据研究我们可以发现，消费者对于跨境电商退货政策的评价在不同维度有不同特点。在无理由退货期限方面，消费者认为 15 天的退货期限要比 7 天的退货期限更为宽松且风险更小，但是对于这两者的感知却并没有显著差异；在运费设置方面，消费者认为"按责任承担运费"的退货政策公平性最高，"商家最高承担 10 元并只需寄到国内仓库"的退货政策次之，"买家承担运费"的退货政策公平性最低；退货限制条件方面，消费者虽然认为"不影响二次销售"这一限制条件的限制性略高，但仍然是比较公平的政策设置；分类条款方面，消费者认为部分商品如美妆个护和食品类商品非质量问题不退不换的政策是较为合理的。

整体来看，消费者认为在退货政策组合 4(签收后 15 天内，不影响二次销售情况下可申请无条件退货；运费由买家承担；部分商品非质量问题不退不换)的条件下他们会对产品质量最为放心，在政策组合 5(签收后 15 天内，不影响二次销售情况下可申请无条件退货；商家提供最多 10 元的运费补贴，但只需寄到国内仓库；部分商品非质量问题不退不换)的条件下最为担心；消费者更愿意在政策组合 2(签收后 7 天内，不影响二次销售情况下可申请无条件退货；商家提供最多 10 元的运费补贴，但只需寄到国内仓库；部分商品非质量问题不退不换)的条件下支付更高的价格，最不愿意在政策组合 4 条件下支付更高价格；同时，政策组合 2 会让消费者感到对产品充满兴趣，而政策组合 4 带来的产品吸引力最低。

总的来说，政策组合 5、政策组合 2、政策组合 6(签收后 15 天内，不影响二次销售情况下可申请无条件退货；运费按责任承担；部分商品非质量问题不退不换)、政策组合 3(签收后 7 天内，不影响二次销售情况下可申请无条件退货；运费按责任承担；部分商品非质量问题不退不换)、政策组合 1(签收后 7 天内，不影响二次销售情况下可申请无条件退货；运费由买家承担；部分商品非质量问题不退不换)和政策组合 4 的评分依次降低。

7.4.2 政策组合对比分析

由上述研究结论我们可以发现，政策组合 1 与政策组合 4、政策组合 2 与政策组合 5、政策组合 3 与政策组合 6 仅在退货期限方面有所不同，但政策组合 1 的综合评分却优于政策组合 4，政策组合 2 和政策组合 3 仅略低于政策组合 5 和政策组合 6，这说明消费者在一系列政策的组合中对于退货期限是 7 天还是 15 天并不敏感，将退货期限设置为 7 天已经完全可以满足消费者的心理预期。

同时，政策组合 5 和政策组合 2 的综合评分分别位于第一和第二，这两个政策组合的特征在于运费设置均为"对于无理由退货的商品，商家只提供最多 10 元的运费补贴但只需寄到国内仓库"，由此可以看出消费者对于该运费设置的认同感非常强烈，远优于剩下两种运费设置的方式。政策组合 6 和政策组合 3 的综合评分分别位于第三和第四，高于政策组合 1 和政策组合 4，这说明在运费设置方面，消费者对于"因商品质量原因运费由卖家承担，因个人原因由买家承担"的认同感要强于"运费由买家承担"。

第 8 章　网络零售商无缺陷退货政策
对消费者购买意愿的影响

随着网民购物习惯的养成，政府对行业监管力度的不断加强，物流效率与服务的提升，近几年来我国网络购物行业保持了高速发展势头，网络购物市场交易规模与用户规模稳步增长。但网络交易过程与实物使用体验分离的特征仍在一定程度上制约了网络购物交易的发展。而消费者作为企业各项经营活动的向导，其购买意愿已被证实可作为预测后续消费行为的重要指标，可以直接影响网络零售商的营业额。因此本章关注网络零售商退货政策的宽松度对消费者购买意愿的影响。

本章基于信号理论与公平理论，结合说服知识模型和 S-O-R 模型，将网站名称熟悉度作为调节变量，采用 2(退货政策：严格 vs 宽松)×2(网站名称熟悉度：高 vs 低)的实验设计，构造 4 个不同的实验情境，分析网络零售商退货政策的宽松度对消费者的感知公平、感知可信度、购买意愿的影响以及网站名称熟悉度的调节作用。研究结果不仅可在理论上丰富退货政策的相关研究，还有助于网络零售商全面理解退货政策对消费者购买意愿的影响机理，根据自身情况制定更为科学合理的退货政策，从而提高自身服务水平。

8.1　研　究　背　景

随着网络经济的迅速发展以及网购环境的不断改善，网络购物已逐渐成为消费者的一个重要购物方式。网络购物不但可以减少消费者的搜索成本，还为消费者提供了极大的便利性。但网络购物决策与消费体验分离的特征，使得消费者既不能及时判断商品是否合适，也不能及时鉴别商品质量优劣，这就增加了消费者对购买以及退货不满的可能性 (Mukhopadhyay and Setaputra，2007)。对于传统实体店铺，服装类产品退货率高达 35%，消费类电子产品退货率也有 11%～20%，而对于网络零售商，退货率将更高(Su，2009)。高退货率增加了网络零售商的成本支出，还给零售商的库存管理、资金周转等方面造成严重的负面影响。减少由于退货率高所带来的负面影响的一种方式就是吸引更多的消费者，提高购买率。

许多学者已经研究验证了退货政策对消费者购买意愿的影响，即宽松的退货政策会增加消费者的购买意愿，但各类研究涉及的影响机制却并不相同。这些文献认为退货政策是通过影响消费者信任(Oghazi et al.，2018)、感知风险(Ashfaq et al.，2018)、感知商品质量(张蓓佳，2017)、感知价值(Jeng，2017)来影响购买意愿的。

已有研究涉及的调节变量也不相同。一些学者研究发现零售商特征会在退货政策对购买意愿的影响机制中起调节作用。Pei 等(2014)发现，相较于声誉较低的网络零售商，声誉较高的网络零售商的退货政策宽松度对购买意愿的正向影响要更大。Jeng(2017)发现，当一件产品需要高退货努力时，相较于高品牌知名度的零售商，低品牌知名度的零售商退货政策对购买意愿的正向影响更大。有些学者引入消费者特征作为调节变量。网络退货政策宽松度对男性消费者购买意愿的影响要大于女性消费者，对高收入水平消费者的影响要大于低收入水平消费者(张蓓佳，2017)。

随着网络零售市场规模的不断扩大，作为买卖双方交易平台的虚拟购物网站的数量也在逐渐增加，由于不同的线上消费者有着不同的购物偏好和收入条件，因此他们对于各类购物网站的了解和体验程度也可能存在差异。考虑到消费者对零售商品牌的熟悉度即知名度可以调节退货政策宽松度对购买意愿的影响，我们提出疑问：线上消费者对购物网站名称的熟悉度是否也可以调节退货政策对购买意愿的作用路径呢？本章引入网站名称熟悉度作为新的调节变量，构建网络零售商退货政策对消费者购买意愿影响的研究模型，考虑网络零售商如何制定退货政策才能吸引更多的消费者，增加其购买意愿。

8.2　模　型　构　建

8.2.1　退货政策与购买意愿

网络零售商的退货政策根据各维度要求的不同，可以分为宽松的退货政策与严格的退货政策(Fornell and Wernerfelt，1987)。一个由较长的退货期限、低努力水平以及高退款保证组成的退货政策比一个由较短的退货期限、高努力水平以及限制性退款组成的退货政策更为宽松。目前，中国购物网站关于退货政策的规定可谓千差万别，如天猫商城是 7 天无理由退货、苏宁易购是 15 天无理由退货，亚马逊是 30 天无理由退货。单从退货期限这一维度来看，亚马逊的退货政策是这三个购物网站中最为宽松的，而天猫商城则是最为严格的。基于现有的研究(Hsu and Tapiero，1987；Dodds et al.，1991；Blackwell et al.，2001)，把消费者的购买意愿作为因变量。

先前的研究基于信号理论认为，一个宽松的退货政策会向消费者传递更高质量的信号，进而影响消费者的购买意愿(Wood，2001；Constantinides，2004；Mukhopadhyay and Setaputra，2007)。此外，消费者更喜欢宽松的退货政策，是因为宽松的退货政策降低了他们改变失败决策的成本，增加了他们决策的可逆性和灵活性(Wood，2001)。因此，宽松的退货政策会给消费者传递一个信号，即他们可以获得更长的退货决策时间，并付出较少的努力就能得到全部的退款，这就降低了他们的购买风险，从而增加消费者的购买意愿。基于此，我们认为宽松的退货政策会积极影响消费者的购买意向，故提出如下假设。

H1：与网络零售商严格的退货政策相比，在宽松的退货政策下消费者的购买意愿更高。

8.2.2　退货政策与感知公平

公平是消费者对商家的价格或者服务是否合理的评价(Adams，1965)。人们之所以关心公平，是因为公平可以使他们最大化地谋取私利(Lind and Tyler，1988；Tyler and Lind，

1992）。消费者做出行为反应的一个重要前提就是感知公平（Vaidyanathan and Aggarwal，2003；Bolton and Alba，2006）。退货过程中的努力程度、退货的截止日期以及退款的比例都会影响消费者对程序公平和结果公平的感知（Pei et al.，2014）。所以，我们认为，消费者对退货政策宽松度的反应会根据他们对退货政策的程度公平和结果公平两方面来判断。基于此，提出如下假设。

H2：与网络零售商严格的退货政策相比，在宽松的退货政策下消费者的感知公平更高。

8.2.3　退货政策与感知可信度

对退货政策的感知可信度能够反映消费者认为退货政策可以信赖的程度。如果一个退货政策被认为是可信的，那么消费者就一定相信网络零售商会兑现它的承诺（Jeng et al.，2014）。我们认为一个严格的退货政策比一个宽松的退货政策更具有可信度，可以用说服知识模型来解释，因为：当消费者关注到网络零售商的退货政策时，他们脑海里关于退货政策的说服知识就会被激活，他们会认识到，对零售商而言，宽松的退货政策比严格的退货政策更难实施。而当零售商制定的是一个宽松的退货政策时，消费者就会产生这样的疑问：宽松的退货政策这么难实施，而零售商却偏要采用，是不是"别有用心"？其目的是不是为了说服顾客做出购买决策？这样的猜疑会导致零售商的说服力下降（Campbell，1995），消费者对退货政策的感知可信度也会相应降低。

相反，当网络零售商采用严格的退货政策时，消费者可能不会怀疑零售商的动机。因为，严格的退货政策对零售商来说更容易实施，这会降低消费者做出"零售商别有用心"推断的可能性。基于此，提出如下假设。

H3：与网络零售商宽松的退货政策相比，在严格的退货政策下消费者对退货政策的感知可信度更高。

8.2.4　网站名称熟悉度的调节作用

研究表明品牌熟悉度会影响消费者的购买决策（Griffith and Gray，2002；Lafferty and Edmondson，2009；朱翊敏和周延风，2013）。在电子商务环境下，因为消费者在购买之前往往不能直接检查所购买的产品。所以，消费者会很自然地认为通过网络零售商购买产品比通过实体店购买产品会产生更高的风险（Pei et al.，2014）。然而，如果消费者对一个购物网站非常熟悉，那就表明他已经积累了关于该网站的相关知识（Goldsmith et al.，2000），此时，消费者的信任度会得到提高，购买意愿也会增强（Laroche et al.，1996）。此外，网站名称熟悉度越高表明消费者在该购物网站上花费的时间精力就越多，那么消费者对该购物网站的退货政策就越熟悉。如果该购物网站的退货政策是严格的，那么消费者就会默认这些严格的退货政策条款，基于此，提出如下假设。

H4：网站名称熟悉度对退货政策宽松度和消费者购买意愿之间的关系起到调节作用。

H5：网站名称熟悉度对退货政策宽松度和消费者感知公平之间的关系起到调节作用。

根据说服知识模型，当消费者遇到他们认为不可信的营销宣传时，往往会做出消极的回应,营销宣传的内容是影响消费者做出"不可信"判断的重要因素(Kirmani and Campbell,2009)。例如,Hardesty 等(2002)发现,消费者会对不熟悉的品牌的打折信息产生怀疑,并且打折力度越大,消费者就越怀疑。因此,消费者可能会认为不熟悉的购物网站提供的宽松的退货政策不可信。因为他们会担心不熟悉的购物网站没有能力去承担潜在损失和履行承诺。其结果就是,由一个不熟悉的购物网站所提供的宽松的退货政策可能不会增加消费者对退货政策的可信度。相反,由一个熟悉的购物网站所提供的宽松的退货政策会比不熟悉的网站更有说服力,因为消费者会根据他们的经验,轻松获取关于购物网站整体可靠性的信息。根据以上文献,本章认为,由熟悉的购物网站提供的退货政策比那些不熟悉的购物网站更可靠、更值得信赖,基于此,提出如下假设。

H6:网站名称熟悉度对退货政策宽松度和消费者感知可信度之间的关系起到调节作用。

8.2.5　感知公平与感知可信度的中介作用

程序公平和结果公平之间的交互作用会对决策产生影响(Greenberg,1993;Brockner and Wiesenfeld,1996;Beugré,1998;Folger et al.,1996)。Clemmer 等(1996)发现服务公平对消费者的满意度和再光顾意愿有显著影响。Ha and Jang(2009)通过对餐饮消费的实证分析发现,感知公平会显著影响购后行为意愿。Kuo and Wu(2012)则验证了在网络零售环境下感知公平对消费者的行为意愿有直接效应,基于此,提出如下假设。

H7:对网络零售商退货政策的感知公平会积极影响消费者的购买意愿。

由于网络购物环境存在很高的不确定性,所以信任变得至关重要(Ba and Pavlou,2002;Pavlou and Dimoka,2006)。由于网络购物环境存在虚拟性、交易双方弱关联性等特点,消费者的感知可信度是决定网购意向达成的重要因素。Jain 和 Posavac(2001)提出,消费者认为广告营销的可信度越高,他们对产品做出的评价就越积极。同样地,如果消费者相信零售商会按照退货政策所规定内容去执行的话,那么他们就会对零售商产生一个积极的情感回应,从而增加他们的购买意愿。基于此,提出如下假设。

H8:对网络零售商退货政策的感知可信度会积极影响消费者的购买意愿。

综合以上分析,网络零售商退货政策的宽松度对消费者的购买意愿有影响,网络零售商退货政策的宽松度对感知公平和感知可信度有影响,感知公平和感知可信度对消费者的购买意愿也有影响,而网络零售商退货政策的宽松度对消费者的购买意愿是直接影响,还是通过中介变量影响,感知公平和感知可信度在当中是否有中介作用,带着这个疑问,我们做出如下假设。

H9:对网络零售商退货政策的感知公平在退货政策宽松度和消费者购买意愿之间起中介作用。

H10:对网络零售商退货政策的感知可信度在退货政策宽松度和消费者购买意愿之间起中介作用。

8.2.6　研究模型

根据 Russell 和 Mehrabian(1974)的 S-O-R 模型，以及多位学者将 S-O-R 模型应用到零售行业以及电子商务中的研究经验(Donovan and Rossiter，1982；Eroglu et al.，2003；Hsu and Tsou，2011)，我们将在 S-O-R 模型的基础上探讨退货政策宽松度与消费者购买意愿之间的关系。将退货政策宽松度作为模型中的刺激"S"，消费者对退货政策的感知公平和感知可信度作为模型中的机体"O"，消费者购买意愿则作为模型中的反应"R"。消费者在退货政策的刺激下会产生感知公平和感知可信度，并且分别作用于消费者的购买意愿。另外，网站名称熟悉度对退货政策宽松度与购买意愿、感知公平、感知可信度之间的关系存在调节作用。研究模型如图 8.1 所示。

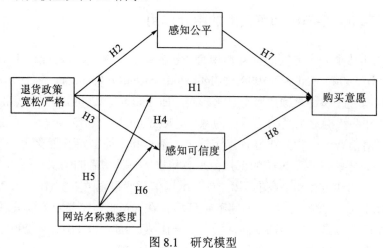

图 8.1　研究模型

8.3　研　究　设　计

8.3.1　实验设计

采用双因子实验设计，通过对一个自变量(退货政策宽松度)和一个调节变量(网站名称熟悉度)进行操控，共设置 4 个实验组。其中，退货政策宽松度划分为两组：严格退货政策与宽松退货政策；网站名称熟悉度划分为两组：高网站名称熟悉度与低网站名称熟悉度。本书研究的实验组设计为 2(退货政策：严格 vs 宽松)×2(网站名称熟悉度：高 vs 低)，这样就形成了 4 个不同的实验情境。具体如表 8.1 所示。

表 8.1　实验设计

操纵变量		退货政策宽松度	
		严格	宽松
网站名称熟悉度	高	实验组 1	实验组 2
	低	实验组 3	实验组 4

8.3.1.1 实验对象

根据中国互联网信息中心(CNNIC)于 2019 年 8 月发布的《第 44 次中国互联网络发展状况统计报告》显示，从年龄结构角度来看，截至 2019 年 6 月，20～29 岁年龄段的网购用户人群依然是我国网络购物市场的主力军，所占比例高达 24.6%；从网民职业结构看，网民中学生群体的占比最高，为 26.0%，其次为个体户/自由职业者，比例为 20.0%，企业/公司的管理人员和一般职员占比合计达到 11.8%，这三类人群的占比相对稳定。综合以上角度可以看出，高校学生仍是网络用户人群中具备很强代表性和典型性的群体。在综合考虑实验对象召集的便利性、实验成本控制、地缘优势等多方面因素的情况下，我们决定选取在校大学生作为研究被试。

8.3.1.2 实验产品

根据中国互联网信息中心(CNNIC)于 2016 年 6 月发布的《2015 年中国网络购物市场研究报告》显示，随着网购渗透率的进一步提升，网购用户对商品的需求日趋广泛，网购市场为了满足这些需求，其自身也在不断地拓展网购商品品类规模。虽然品类规模日益增大，但是 2013～2015 年服装鞋帽依旧是我国网络购物市场销售占比最高的品类，2015 年用户购买率达 79.7%。此外，随着人们健康意识的逐渐提升，运动在人们的日常生活中占据越来越重要的地位。而运动鞋作为运动的基本物质条件，其需求在不断提升，市场规模也在不断扩大。基于以上两点，本章选择运动鞋作为实验产品。

8.3.2 变量操控与测量

8.3.2.1 退货政策宽松度的操控与测量

1. 退货政策宽松度的操控方式

通过梳理退货政策的已有文献，可知退货政策由三个维度构成，即退货的截止时间、消费者退货需要的努力程度以及费用的返还。根据各维度的要求不同，可以分为宽松的退货政策与严格的退货政策(Fornell and Wernerfelt，1987)。

因此，对于退货政策宽松度的操控方式，在参考 Jeng 等(2014)的操控方法的基础上，为了突出退货政策宽松度的操控效果，在符合研究目的及需求的情况下，将退货政策的三个维度同时设置为严格或同时设置为宽松，即宽松的退货政策是由较长的退货期限、低努力水平以及低退货费用支出组成；严格的退货政策则由较短的退货期限、高努力水平以及高退货费用支出组成。具体操控方法如表 8.2 所示。

表 8.2 退货政策宽松度的操控方式

宽松度	操控方式
严格	退货期限：7 天。 努力水平：商品需无明显穿着痕迹；退货时需将商品的内带附件、赠品、保修卡、说明书、发票等随同商品一起退回；申请退货服务前需先联系客服。 费用支出：由被试承担商品发出与返回的运费

宽松度	操控方式
宽松	退货期限：30 天。 努力水平：无附加条件；申请退货服务前无须联系客服。 费用支出：由购物网站承担商品发出与返回的运费

2. 退货政策宽松度的测量

通过对现有文献中关于退货政策宽松度的测量方式进行整理与分析，并结合消费者实际网络购物环境的特征，研究将退货政策宽松度的测项调整为 4 个，并以 Likert 七级量表（从非常不认同到非常认同）对其进行测量。具体的量表问项如表 8.3 所示。

表 8.3　退货政策宽松度的测量方式

变量	具体问项	参考文献
退货政策 宽松度	与其他购物网站的退货政策相比，该退货政策非常宽松； 与其他购物网站的退货政策相比，该退货政策限制非常少； 该退货政策的退货时限非常长； 该退货政策让我觉得退货非常方便	Bonifield 等，2010； Jeng 等，2014； Hsieh，2013

8.3.2.2　网站名称熟悉度的操控与测量

1. 网站名称熟悉度的操控方式

综合 Campbell 和 Keller（2003）、徐康锋（2014）、Jeng 等（2014）的研究，研究选取真实存在的知名购物网站"天猫"作为高网站名称熟悉度组的网站，与此同时，为了避免真实存在的购物网站影响被试的个人偏好，我们虚构了"酷爱买"购物网站作为低网站名称熟悉度组的网站。除此之外，将在实验问卷中征询被试对网站名称熟悉度的反馈，从而检验实验对网站名称熟悉度的操控是否有效。

至于挑选知名购物网站的方法，我们借鉴了徐康锋（2014）的研究，通过问卷形式对在校大学生进行调查。问卷中要求每名参与人员写出三个熟悉的可以购买到运动鞋的购物网站。本次问卷调查一共邀请了 53 人参与，其中有 2 人的回答内容与实际要求不符，遂将其剔除，即实际有效数据为 51 份。在对这 51 份有效数据进行统计分析后，挑选出了出现频次最高的购物网站（满分 51 次），即"天猫"，如表 8.4 所示。

表 8.4　购物网站频次　　　　　　　　　　　　　　　　　　（单位：次）

购物网站名称	频次	购物网站名称	频次
天猫	46	李宁官方商城	2
京东商城	40	好乐买网上鞋城	2
唯品会	15	优购时尚商城	1
淘宝网	13	银泰网	1
亚马逊	12	苏宁易购	1
凡客诚品	6	名鞋库	1

购物网站名称	频次	购物网站名称	频次
当当网	5	美丽说	1
虎扑装备	3	聚美优品	1
1号店	3		

2. 网站名称熟悉度的测量

本章基于 Laroche 等(1996)、Ha 和 Perks(2005)以及 Jeng 等(2014)的研究，将网站名称熟悉度的测项调整为 3 个，并以 Likert 七级量表(从非常不认同到非常认同)对其进行测量。具体的量表问项如表 8.5 所示。

表 8.5　网站名称熟悉度的测量方式

变量	具体问项	参考文献
网站名称熟悉度	我非常熟悉该购物网站； 我能够经常看到关于该购物网站的广告或者宣传； 我能够经常听到别人谈论该购物网站	Laroche 等，1996；Ha 和 Perks, 2005；Jeng 等, 2014

8.3.2.3　感知公平的测量

通过对感知公平有关文献的分析，研究将对退货政策的感知公平定义为消费者对购物网站的退货政策是否合理的评价。基于 Kukar-Kinney 等(2007)和 Pei 等(2014)的研究，并结合购物网站退货政策的特征，我们将对退货政策感知公平的测项调整为 3 个，并以 Likert 七级量表(从非常不认同到非常认同)对其进行测量。具体的量表问项如表 8.6 所示。

表 8.6　对退货政策感知公平的测量方式

变量	具体问项	参考文献
感知公平	我觉得该退货政策非常公平； 我完全可以接受该退货政策的相关规定； 该退货政策让我觉得非常满意	Kukar-Kinney 等，2007；Pei 等，2014

8.3.2.4　感知可信度的测量

我们将对退货政策的感知可信度定义为消费者对购物网站退货政策信赖的程度。基于 Son 等(2006)、Hsieh(2013)以及 Jeng 等(2014)的研究，并结合购物网站退货政策的特征，研究将对退货政策感知可信度的测项调整为 3 个，并以 Likert 七级量表(从非常不认同到非常认同)对其进行测量。具体的量表问项如表 8.7 所示。

表 8.7　对退货政策感知可信度的测量方式

变量	具体问项	参考文献
感知可信度	我觉得该退货政策是非常可信的； 我觉得该退货政策是非常可靠的； 我觉得该购物网站是一定会履行该退货政策的。	Son 等，2006；Hsieh, 2013；Jeng 等, 2014

8.3.2.5　购买意愿的测量

基于 Kukar-Kinney 等(2007)、Pei 等(2014)以及 Jeng 等(2014)的研究,并结合网络购物的特征,研究将消费者网上购买意愿的测项调整为 3 个,以 Likert 七级量表(从非常不认同到非常认同)对其进行测量。具体的量表问项如表 8.8 所示。

表 8.8　购买意愿的测量方式

变量	具体问项	参考文献
购买意愿	我非常愿意在该网站购买产品; 我非常可能会在该网站购买产品; 我在该网站购买产品的概率非常高	Kukar-Kinney 等,2007; Pei 等,2014; Jeng 等,2014

8.3.3　实验准备

8.3.3.1　实验材料

本实验任务情境为,告知被试为了满足其健身需求,要在购物网站上购买一双运动鞋。由于研究主要探讨网络零售商退货政策的宽松度对消费者购买意愿的影响以及网站名称熟悉度的调节作用,所以我们在借鉴 Jeng 等(2014)研究的基础上,设计了 4 组不同的实验材料。4 组实验材料具体如下。

实验组 1:高网站名称熟悉度、严格退货政策

您最近打算健身,准备网购一双运动鞋。有朋友告诉您,在"天猫"这个购物网站上购买运动鞋是一个非常不错的选择,于是您便到"天猫"网站上进行挑选。在浏览商品时,您注意到了这样一句话:"在购买之前请先阅读我们的退货政策"。

退货政策:

(1)7 天无理由退货。

(2)需由您承担商品发出与返回的运费。

(3)商品只要无明显穿着痕迹,都可以办理无条件退货。

(4)退货时,请务必将商品的内带附件、赠品、保修卡、说明书、发票等随同商品一起退回。

(5)在申请退货服务前,请务必先联系客服,让我们进行信息登记并告知您退货方法。

实验组 2:高网站名称熟悉度、宽松退货政策

您最近打算健身,准备网购一双运动鞋。有朋友告诉您,在"天猫"这个购物网站上购买运动鞋是一个非常不错的选择,于是您便到"天猫"网站上进行挑选。在浏览商品时,您注意到了这样一句话:"在购买之前请先阅读我们的退货政策"。

退货政策:

(1)30 天无理由退货。

(2)如果您对所购买的商品有任何不满意，无须联系客服，可以在线直接办理无条件退货。

(3)我们将承担商品发出与返回的运费。

实验组 3：低网站名称熟悉度、严格退货政策

您最近打算健身，准备网购一双运动鞋。有朋友告诉您，在"酷爱买"这个购物网站上购买运动鞋是一个非常不错的选择，于是您便到"酷爱买"网站上进行挑选。在浏览商品时，您注意到了这样一句话："在购买之前请先阅读我们的退货政策"。

退货政策：

(1)7 天无理由退货。

(2)需由您承担商品发出与返回的运费。

(3)商品只要无明显穿着痕迹，都可以办理无条件退货。

(4)退货时，请务必将商品的内带附件、赠品、保修卡、说明书、发票等随同商品一起退回。

(5)在申请退货服务前，请务必先联系客服，让我们进行信息登记并告知您退货方法。

实验组 4：低网站名称熟悉度、宽松退货政策

您最近打算健身，准备网购一双运动鞋。有朋友告诉您，在"酷爱买"这个购物网站上购买运动鞋是一个非常不错的选择，于是您便到"酷爱买"网站上进行挑选。在浏览商品时，您注意到了这样一句话："在购买之前请先阅读我们的退货政策"。

退货政策：

(1)30 天无理由退货。

(2)如果您对所购买的商品有任何不满意，无须联系客服，可以在线直接办理无条件退货。

(3)我们将承担商品发出与返回的运费。

8.3.3.2　问卷设计

问卷共分为三部分。问卷第一部分为实验材料，退货政策宽松度与网站名称熟悉度作为操控变量出现在实验材料中。第二部分为五个量表：退货政策宽松度与网站名称熟悉度这两个量表是用于检验研究对这两个变量的操控是否有效；另外三个量表是为了分别测量感知公平、感知可信度以及购买意愿。第三部分包括两项内容，一项为检验被试是否认真阅读实验材料的题目，询问被试实验情境中购物网站的退货期限；另一项为被试的基本信息，包括性别、年龄、学历以及半年内的网购次数。

8.3.3.3　实验流程

此次实验流程分为三个阶段，第一阶段是确定熟悉的购物网站，招募 53 名在校大学生进行了调查，明确"天猫"作为熟悉的购物网站；第二阶段是研究前测，在实验材料、测量量表以及问卷设计完成后，招募了 20 名被试开展预实验；第三阶段是正式实验，招募了 240 名被试进行正式研究。

8.3.4　预实验分析

为检验变量的操纵以及问卷的设计是否有效，在正式实验之前我们进行了预实验。预实验选用国内知名的网络调查平台，因为该平台可以给被试随机分配实验材料，让被试进入不同的任务情境。首先在平台上编制研究所需的网络问卷，并生成链接；再通过 QQ 和微信给每名被试发放实验链接，要求其在网上自行完成实验。预实验一共收集到了 20 份问卷，有效问卷 20 份，每个实验组各有 5 个被试。我们对这 20 个样本数据进行了信度分析、效度分析以及操控检验，具体的数据分析结果如下。

8.3.4.1　信度分析

为检验量表的信度，采用问项-总体相关系数 CITC（corrected item-total correction）系数和 Cronbach's α 系数对量表进行检查。具体测量结果如表 8.9 所示。

表 8.9　前测量表信度分析

变量	问项	问项-总体相关系数（CITC）	已删除的 Cronbach's α 系数	Cronbach's α 系数
网站名称熟悉度	我非常熟悉该购物网站	0.958	0.957	0.976
	我能够经常看到关于该购物网站的广告或者宣传	0.972	0.946	
	我能够经常听到别人谈论该购物网站	0.916	0.987	
退货政策宽松度	与其他购物网站的退货政策相比，该退货政策非常宽松	0.849	0.819	0.888
	与其他购物网站的退货政策相比，该退货政策限制非常少	0.661	0.889	
	该退货政策的退货时限非常长	0.759	0.854	
	该退货政策让我觉得退货非常方便	0.765	0.854	
感知公平	我觉得该退货政策非常公平	0.728	0.937	0.908
	我完全可以接受该退货政策的相关规定	0.905	0.803	
	该退货政策让我觉得非常满意	0.845	0.854	
感知可信度	我觉得该退货政策是非常可信的	0.780	0.800	0.873
	我觉得该退货政策是非常可靠的	0.819	0.766	
	我觉得该购物网站是一定会履行该退货政策的	0.676	0.892	
购买意愿	我非常愿意在该网站购买产品	0.862	0.944	0.947
	我非常可能会在该网站购买产品	0.925	0.895	
	我在该网站购买产品的概率非常高	0.885	0.926	

由表 8.9 可知，网站名称熟悉度、退货政策宽松度、感知公平、感知可信度、购买意愿 5 个变量的 Cronbach's α 系数均大于 0.7，并且各个问项的 CITC 值均大于 0.5。这表明

对网站名称熟悉度、退货政策宽松度、感知公平、感知可信度、购买意愿 5 个变量测量的一致性较高且内部结构良好，问卷具有良好的信度，符合研究要求，能用于模型假设验证。

8.3.4.2　效度分析

采用探索性因子分析检验 5 个变量及其测量量表问项的效度，以 KMO (Kaiser-Meyer-Olkin) 测度以及 Bartlett 球形度检验来确定实验数据是否适合进行因子分析。其判定标准为，KMO 值大于 0.9，表示非常适合；大于 0.8，表示适合；大于 0.7，表示尚可；大于 0.6，表示勉强；大于 0.5，表示不适合；小于 0.5，表示极不适合。Bartlett 球形度检验的概率也应接近 0。

1. 网站名称熟悉度的效度分析

对网站名称熟悉度的因子分析如表 8.10 所示，KMO 值为 0.740，大于 0.7，Bartlett 球形度检验 P 值为 0.000，小于 0.001，表明适合进行因子分析。因子分析的结果如表 8.11 所示，共提取了一个因子，无法旋转，被解释的方差百分比为 95.409%，且每项的因子载荷值均大于 0.9，表明该变量测项具有很好的建构效度。

表 8.10　网站名称熟悉度的 KMO 测度和 Bartlett 球形度检验

变量	KMO 测度	Bartlett 球形度检验	
		近似卡方值	82.724
网站名称熟悉度	0.740	df	3
		Sig.	0.000

表 8.11　网站名称熟悉度的因子载荷矩阵

变量	项目	因子载荷
	网站名称熟悉度 1	0.981
网站名称熟悉度	网站名称熟悉度 2	0.988
	网站名称熟悉度 3	0.962

被解释的方差百分比：95.409%

提取方法：主成分分析。

2. 退货政策宽松度的效度分析

对退货政策宽松度的因子分析结果如表 8.12 和表 8.13 所示。

表 8.12　退货政策宽松度的 KMO 测度和 Bartlett 球形度检验

变量	KMO 测度	Bartlett 球形度检验	
		近似卡方值	44.006
退货政策宽松度	0.724	df	6
		Sig.	0.000

表 8.13　退货政策宽松度的因子载荷矩阵

变量	项目	因子载荷
退货政策宽松度	退货政策宽松度 1	0.924
	退货政策宽松度 2	0.793
	退货政策宽松度 3	0.871
	退货政策宽松度 4	0.871
被解释的方差百分比：75.009%		

提取方法：主成分分析。

由表 8.12 可以看出，KMO 值为 0.724，Bartlett 球形度检验 P 值为 0.000，小于 0.001，适合进行因子分析。因子分析的结果由表 8.13 可知，共提取了一个因子，无法旋转，被解释的方差百分比为 75.009%，且每项的因子载荷值均大于 0.7，表明该变量测项具有很好的建构效度。

3. 感知公平的效度分析

对感知公平的因子分析如表 8.14 所示，KMO 值为 0.690，大于 0.6，Bartlett 球形度检验 P 值为 0.000，小于 0.001，适合进行因子分析。因子分析的结果如表 8.15 所示，共提取了一个因子，无法旋转，被解释的方差百分比为 85.192%，且每项的因子载荷值均大于 0.8，表明该变量测项具有很好的建构效度。

表 8.14　感知公平的 KMO 测度和 Bartlett 球形度检验

变量	KMO 测度	Bartlett 球形度检验	
感知公平	0.690	近似卡方值	42.694
		df	3
		Sig.	0.000

表 8.15　感知公平的因子载荷矩阵

变量	项目	因子载荷
感知公平	感知公平 1	0.870
	感知公平 2	0.960
	感知公平 3	0.937
被解释的方差百分比：85.192%		

提取方法：主成分分析。

4. 感知可信度的效度分析

对感知可信度的因子分析如表 8.16 所示，KMO 值为 0.706，大于 0.7，Bartlett 球形度检验 P 值为 0.000，小于 0.001，适合进行因子分析。因子分析的结果如表 8.17 所示，共提取了一个因子，无法旋转，被解释的方差百分比为 79.956%，且每项的因子载荷值均大于

0.8，表明该变量测项具有很好的建构效度。

表 8.16　感知可信度的 KMO 测度和 Bartlett 球形度检验

变量	KMO 测度	Bartlett 球形度检验	
		近似卡方值	28.747
感知可信度	0.706	df	3
		Sig.	0.000

表 8.17　感知可信度的因子载荷矩阵

变量	项目	因子载荷
	感知可信度 1	0.909
感知可信度	感知可信度 2	0.927
	感知可信度 3	0.845
被解释的方差百分比：79.956%		

提取方法：主成分分析。

5. 购买意愿的效度分析

对购买意愿的因子分析如表 8.18 所示，KMO 值为 0.748，大于 0.7，Bartlett 球形度检验 P 值为 0.000，小于 0.001，适合进行因子分析。因子分析的结果如表 8.19 所示，共提取了一个因子，无法旋转，被解释的方差百分比为 90.513%，且每项的因子载荷值均大于 0.9，表明该变量测项具有很好的建构效度。

表 8.18　购买意愿的 KMO 测度和 Bartlett 球形度检验

变量	KMO 测度	Bartlett 球形度检验	
		近似卡方值	51.938
购买意愿	0.748	df	3
		Sig.	0.000

表 8.19　购买意愿的因子载荷矩阵

变量	项目	因子载荷
	购买意愿 1	0.937
购买意愿	购买意愿 2	0.968
	购买意愿 3	0.948
被解释的方差百分比：90.513%		

提取方法：主成分分析。

8.3.4.3　变量操控检验

采用独立样本 t 检验来检测实验材料的设计对自变量退货政策宽松度及调节变量网站

名称熟悉度的操控是否成功。

1. 退货政策宽松度的操控检验

退货政策宽松度的操控检验结果如表 8.20 和表 8.21 所示。在方差方程的 Levene 检验中 $F=0.272$，Sig.$=0.609>0.05$，表明方差齐性检验不存在显著差异，即两方差具有齐性（equal variances），因此需要看 t 检验结果表即表 8.21 中第 1 行的数据，$t=-3.542$，$df=18$，2-Tail Sig.$=0.002<0.01$。由此可见，两样本均值有显著差异，符合实验预期所呈现的不同退货政策宽松度。因此，本书对于实验材料设计中的退货政策宽松度的操控是成功的。

表 8.20　前测退货政策宽松度的描述性统计

	均值	标准差	均值的标准误
严格退货政策	4.33	1.09	0.34
宽松退货政策	6.00	1.03	0.32

表 8.21　前测退货政策宽松度的 t 检验

退货政策宽松度	方差方程的 Levene 检验		均值方程的 t 检验		
	F	Sig.	t	df	2-Tail Sig.
假设方差相等	0.272	0.609	−3.542	18	0.002
假设方差不相等			−3.542	17.943	0.002

2. 网站名称熟悉度的操控检验

网站名称熟悉度的操控检验结果如表 8.22 和表 8.23 所示。在方差方程的 Levene 检验中 $F=7.181$，Sig.$=0.015<0.05$，表明方差齐性检验存在显著差异，即两方差不齐（unequal variances），因此需要看 t 检验结果表即表 8.23 中第 2 行的数据，$t=9.307$，$df=14.236$，2-Tail Sig.$=0.000<0.001$。由此可见，两样本均值有显著差异，符合实验预期所呈现的"天猫"拥有高网站名称熟悉度，"酷爱买"拥有低网站名称熟悉度的结果。因此，本书对于实验材料设计中的网站名称熟悉度的操控是成功的。

表 8.22　前测网站名称熟悉度的描述性统计

	均值	标准差	均值的标准误
高网站名称熟悉度	6.33	0.72	0.23
低网站名称熟悉度	2.03	1.27	0.40

表 8.23　前测网站名称熟悉度的 t 检验

网站名称熟悉度	方差方程的 Levene 检验		均值方程的 t 检验		
	F	Sig.	t	df	2-Tail Sig.
假设方差相等	7.181	0.015	9.307	18	0.000
假设方差不相等			9.307	14.236	0.000

由预实验分析结果可见，本书中实验设计对各个变量的操控均是成功的。正式实验问卷请详见附录一。实验中各个变量对应的问项编号如表 8.24 所示。

表 8.24　变量对应的问项

变量	问项数/项	问项编号
网站名称熟悉度	3	1，2，3
退货政策宽松度	4	4，5，6，7
感知公平	3	8，9，10
感知可信度	3	11，12，13
购买意愿	3	14，15，16

8.4　数　据　分　析

8.4.1　实验样本分析

正式实验的数据采集方式和预实验相同，通过在该知名网络调查平台上编制正式问卷，生成链接，再通过 QQ 和微信给每名被试发送实验链接，要求其在网上自行完成实验。共有 240 人参与了正式实验，其中 47 人没有正确判断实验情境中购物网站的退货期限，将其剔除，最终实际收到有效数据 193 份，有效问卷回收率为 80.4%。4 个实验组的分布详情如表 8.25 所示。

表 8.25　各个实验组样本分布详情

操纵变量		退货政策宽松程度	
		严格	宽松
网站名称熟悉度	高	实验组 1：49 人	实验组 2：43 人
	低	实验组 3：52 人	实验组 4：49 人

正式实验的实验对象统计特征分布详情如表 8.26 所示。由表中统计结果可知，正式实验的参与者具有以下特征。

表 8.26　实验样本统计特征分布详情

指标		频次/次	频率/%	累计/%
性别	男	84	43.5	43.5
	女	109	56.5	100.0
	合计	193	100.0	
年龄	20 岁及以下	8	4.1	4.1
	21～25 岁	140	72.5	76.7
	26～30 岁	42	21.8	98.4

指标		频次/次	频率/%	累计/%
	31 岁及以上	3	1.6	100.0
	合计	193	100.0	
教育程度	大专及以下	5	2.6	2.6
	本科	67	34.7	37.3
	研究生及以上	121	62.7	100.0
	合计	193	100.0	
过去半年内的网购次数	0 次	14	7.3	7.3
	1~5 次	36	18.7	25.9
	6~10 次	34	17.6	43.5
	10 次以上	109	56.5	100.0
	合计	193	100.1	

就实验样本的人口统计特征而言，从性别分布上看，男女比例约为 4:5，女性被试为 109 人，比男性被试(84 人)多出 25 人。从年龄结构上看，20 岁及以下的有 8 人，约占总人数的 4.1%；21~25 岁的被试人数最多，为 140 人，约占总人数的 72.5%；26~30 岁的有 42 人，约占总人数的 21.8%；31 岁及以上的有 3 人，约占 1.6%。最后从教育程度上看，被试主要为本科及以上学历，有 188 人，约占总人数的 97.4%；其中，研究生及以上学历的有 121 人，约占总人数的 62.7%，本科学历的有 67 人，约占总人数的 34.7%。

实验样本的网络购物行为特征方面，只有 14 人(约占总人数的 7.3%)在过去半年内没有网络购物经验，约 56.5%的被试在过去半年内网络购物次数超过 10 次。

8.4.2　信度分析

信度(Reliability)，也称为可靠性，是指测量结果的一致性、可靠性或者稳定性。信度分析是数据分析中不可或缺的重要环节。其常用的方法主要有 4 种：复本信度法、重测信度法、分半信度法以及 α 信度系数法。

为了检验量表的信度，本章运用 SPSS 21.0 分析软件，采用学术界较为认可的 Cronbach's α 系数对量表的内部一致性进行检查。当 Cronbach's α 系数在 0.7 以上时，表明量表信度较高；当 Cronbach's α 系数为 0.5~0.7 时，则表明量表信度一般，需要进行进一步的分析。本章依次对网站名称熟悉度、退货政策宽松度、感知公平、感知可信度以及购买意愿的问项做了信度分析，具体的测量结果如表 8.27 所示。

由表 8.27 可知，网站名称熟悉度、退货政策宽松度、感知公平、感知可信度、购买意愿 5 个变量的 Cronbach's α 系数均大于 0.7，各个问项的问项-总体相关系数 CITC 均大于 0.5。这表明本章研究对网站名称熟悉度、退货政策宽松度、感知公平、感知可信度、购买意愿 5 个变量测量的一致性较高且内部结构良好，问卷具有良好的信度，符合研究要求，能用于模型假设验证。

表 8.27　测量表信度分析

变量	问项	问项-总体相关系数(CITC)	已删除的 Cronbach's α 系数	Cronbach's α 系数
网站名称熟悉度	我非常熟悉该购物网站	0.944	0.972	0.977
	我能够经常看到关于该购物网站的广告或者宣传	0.965	0.956	
	我能够经常听到别人谈论该购物网站	0.944	0.972	
退货政策宽松度	与其他购物网站的退货政策相比,该退货政策非常宽松	0.908	0.917	0.946
	与其他购物网站的退货政策相比,该退货政策限制非常少	0.909	0.916	
	该退货政策的退货时限非常长	0.826	0.942	
	该退货政策让我觉得退货非常方便	0.837	0.940	
感知公平	我觉得该退货政策非常公平	0.856	0.921	0.937
	我完全可以接受该退货政策的相关规定	0.875	0.904	
	该退货政策让我觉得非常满意	0.883	0.899	
感知可信度	我觉得该退货政策是非常可信的	0.878	0.927	0.946
	我觉得该退货政策是非常可靠的	0.872	0.933	
	我觉得该购物网站是一定会履行该退货政策的	0.913	0.900	
购买意愿	我非常愿意在该网站购买产品	0.889	0.933	0.950
	我非常可能会在该网站购买产品	0.891	0.931	
	我在该网站购买产品的概率非常高	0.911	0.918	

8.4.3　效度分析

效度(validity),也称为有效性,是指量表能够正确测量到其所要测量的事物的程度或者能力。本章采用探索性因子分析检验 5 个变量及其测量量表问项的效度,以 KMO 测度以及 Bartlett 球形度检验来确定实验数据是否适合进行因子分析。其判定标准为,KMO值大于 0.9,表示非常适合;大于 0.8,表示适合;大于 0.7,表示尚可;大于 0.6,表示勉强;大于 0.5,表示不适合;小于 0.5,表示极不适合。Bartlett 球形度检验的概率也应接近 0。

8.4.3.1　网站名称熟悉度的效度分析

对网站名称熟悉度的因子分析如表 8.28 所示,KMO 值为 0.772,大于 0.7,Bartlett 球形度检验 P 值为 0.000,小于 0.001,适合进行因子分析。因子分析的结果如表 8.29 所示,共提取了一个因子,无法旋转,被解释的方差百分比为 95.692%,且每项的因子载荷值均大于 0.9,表明该变量测项具有很好的建构效度。

表 8.28　网站名称熟悉度的 KMO 测度和 Bartlett 球形度检验

变量	KMO 测度	Bartlett 球形度检验	
		近似卡方值	858.884
网站名称熟悉度	0.772	*df*	3
		Sig.	0.000

表 8.29　网站名称熟悉度的因子载荷矩阵

变量	项目	因子载荷
	网站名称熟悉度 1	0.975
网站名称熟悉度	网站名称熟悉度 2	0.985
	网站名称熟悉度 3	0.975

被解释的方差百分比：95.692%

提取方法：主成分分析。

8.4.3.2　退货政策宽松度的效度分析

对退货政策宽松度的因子分析结果如表 8.30 所示，KMO 值为 0.852，大于 0.7，Bartlett 球形度检验 P 值为 0.000，小于 0.001，适合进行因子分析。因子分析的结果如表 8.31 所示，共提取了一个因子，无法旋转，被解释的方差百分比为 86.113%，且每项的因子载荷值均大于 0.9，表明该变量测项具有很好的建构效度。

表 8.30　退货政策宽松度的 KMO 测度和 Bartlett 球形度检验

变量	KMO 测度	Bartlett 球形度检验	
		近似卡方值	780.214
退货政策宽松度	0.852	*df*	6
		Sig.	0.000

表 8.31　退货政策宽松度的因子载荷矩阵

变量	项目	因子载荷
	退货政策宽松度 1	0.952
退货政策宽松度	退货政策宽松度 2	0.951
	退货政策宽松度 3	0.901
	退货政策宽松度 4	0.907

被解释的方差百分比：86.113%

提取方法：主成分分析。

8.4.3.3　感知公平的效度分析

对感知公平的因子分析如表 8.32 所示，KMO 值为 0.768，大于 0.7，Bartlett 球形度检验 P 值为 0.000，小于 0.001，适合进行因子分析。因子分析的结果如表 8.33 所示，共提取了一个因子，无法旋转，被解释的方差百分比为 88.939%，且每项的因子载荷值均大于 0.9，表明该变量测项具有很好的建构效度。

表 8.32　感知公平的 KMO 测度和 Bartlett 球形度检验

变量	KMO 测度	Bartlett 球形度检验	
		近似卡方值	499.539
感知公平	0.768	df	3
		Sig.	0.000

表 8.33　感知公平的因子载荷矩阵

变量	项目	因子载荷
	感知公平 1	0.936
感知公平	感知公平 2	0.945
	感知公平 3	0.949

被解释的方差百分比：88.939%

提取方法：主成分分析。

8.4.3.4　感知可信度的效度分析

对感知可信度的因子分析如表 8.34 所示，KMO 值为 0.761，大于 0.7，Bartlett 球形度检验 P 值为 0.000，小于 0.001，适合进行因子分析。因子分析的结果如表 8.35 所示，共提取了一个因子，无法旋转，所解释的方差百分比为 90.270%，且每项的因子载荷值均大于 0.9，表明该变量测项具有很好的建构效度。

表 8.34　感知可信度的 KMO 测度和 Bartlett 球形度检验

变量	KMO 测度	Bartlett 球形度检验	
		近似卡方值	553.224
感知可信度	0.761	df	3
		Sig.	0.000

表 8.35　感知可信度的因子载荷矩阵

变量	项目	因子载荷
	感知可信度 1	0.945
感知可信度	感知可信度 2	0.942
	感知可信度 3	0.962

被解释的方差百分比：90.270%

提取方法：主成分分析。

8.4.3.5　购买意愿的效度分析

对购买意愿的因子分析如表 8.36 所示，KMO 值为 0.773，大于 0.7，Bartlett 球形度检验 P 值为 0.000，小于 0.001，适合进行因子分析。因子分析的结果如表 8.37 所示，共提取了一个因子，无法旋转，被解释的方差百分比为 91.078%，且每项的因子载荷值均大于 0.9，表明该变量测项具有很好的建构效度。

表 8.36　购买意愿的 KMO 测度和 Bartlett 球形度检验

变量	KMO 测度	Bartlett 球形度检验	
		近似卡方值	577.434
购买意愿	0.773	df	3
		Sig.	0.000

表 8.37　购买意愿的因子载荷矩阵

变量	项目	因子载荷
	购买意愿 1	0.950
购买意愿	购买意愿 2	0.952
	购买意愿 3	0.961

被解释的方差百分比：91.078%

提取方法：主成分分析。

8.4.4　变量操纵检验

变量操纵检验的目的是检验 4 个不同的实验组在不同变量水平上是否存在显著性的差异。本书采用独立样本 t 检验来检测实验材料的设计对自变量退货政策宽松度及调节变量网站名称熟悉度的操控是否成功。

8.4.4.1　退货政策宽松度的操控检验

退货政策宽松度的操控检验结果如表 8.38 和表 8.39 所示。在方差方程的 Levene 检验中 F=1.209，Sig.=0.273＞0.05，表明方差齐性检验不存在显著差异，即两方差具有齐性，因此需要看 t 检验结果表即表 8.39 中第 1 行的数据，t=-9.762，df=191，2-Tail Sig.=0.000＜0.001。由此可见，两样本均值有显著的差异，符合实验预期所呈现的不同退货政策宽松度。因此，本书对于实验材料设计中的退货政策宽松度的操控是成功的。

表 8.38　退货政策宽松度的描述性统计

	均值	标准差	均值的标准误
严格退货政策	3.81	1.460	0.145
宽松退货政策	5.82	1.391	0.145

表 8.39　退货政策宽松度的 t 检验

退货政策宽松程度	方差方程的 Levene 检验		均值方程的 t 检验		
	F	Sig.	t	df	2-Tail Sig.
假设方差相等	1.209	0.273	-9.762	191	0.000
假设方差不相等			-9.784	190.603	0.000

8.4.4.2　网站名称熟悉度的操控检验

网站名称熟悉度的操控检验结果如表 8.40 和表 8.41 所示。在方差方程的 Levene 检验中 $F=5.991$，Sig.$=0.015<0.05$，表明方差齐性检验存在显著差异，即两方差不齐，因此需要看 t 检验结果表即表 8.41 中第 2 行的数据，$t=14.657$，$df=183.138$，2-Tail Sig.$=0.000<0.001$。由此可见，两样本均值有显著的差异，符合实验预期所呈现的"天猫"拥有高网站名称熟悉度，"酷爱买"拥有低网站名称熟悉度的结果。因此，本书研究对于实验材料设计中的网站名称熟悉度的操控是成功的。

表 8.40　网站名称熟悉度的描述性统计

	均值	标准差	均值的标准误
高网站名称熟悉度	5.60	1.418	0.148
低网站名称熟悉度	2.05	1.927	0.192

表 8.41　网站名称熟悉度的 t 检验

网站名称熟悉度	方差方程的 Levene 检验		均值方程的 t 检验		
	F	Sig.	t	df	2-Tail Sig.
假设方差相等	5.991	0.015	14.454	191	0.000
假设方差不相等			14.657	183.138	0.000

8.4.5　相关分析

双变量相关分析是指对两个变量之间的相关关系方向以及关系强弱所进行的分析。本书采用学术界较为认可的 Pearson 相关系数来表示相关关系方向以及关系强弱。Pearson 相关系数的取值为 -1～1；系数大于 0 时，表明两个变量之间存在正相关关系；系数小于 0 时，表明变量之间存在负相关关系；系数等于 0，则表明变量之间不存在线性关系。一般认为，Pearson 相关系数的绝对值越大，两变量之间的相关性就越强。

本书在对量表进行信度分析、效度分析以及变量操纵检验后，通过相关分析对退货政策宽松度、感知公平、感知可信度、购买意愿以及网站名称熟悉度这五个变量之间的关联程度进行了验证。分析结果如表 8.42 所示。

表 8.42   测量变量的相关系数矩阵

	退货政策宽松度	感知公平	感知可信度	购买意愿	网站名称熟悉度
退货政策宽松度	1				
感知公平	0.737**	1			
感知可信度	−0.156*	−0.46	1		
购买意愿	0.541**	0.742**	0.087	1	
网站名称熟悉度	0.163*	0.345**	0.365**	0.614**	1

注：**表示在 0.01 水平(双侧)上显著；*表示在 0.05 水平(双侧)上显著。后同。

由上表可知，退货政策宽松度与感知公平、感知可信度以及购买意愿这三个变量间的 Pearson 相关系数分别为 0.737、−0.156、0.541，表明退货政策宽松度与这三个变量之间存在相关关系。网站名称熟悉度与感知公平、感知可信度以及购买意愿这三个变量间的 Pearson 相关系数分别为 0.345、0.365、0.614，表明网站名称熟悉度与这三个变量之间存在相关关系。感知公平与购买意愿之间的 Pearson 相关系数为 0.742，表明这两者之间存在相关关系。而感知可信度与购买意愿之间的 Pearson 相关系数为 0.087，不显著。

基于上述分析，本书将依次对各个假设做进一步检验。

8.4.6   假设检验

8.4.6.1   主效应检验

为了检验自变量退货政策宽松度对购买意愿、感知公平以及感知可信度的主效应，本书使用单因素方差分析，将购买意愿、感知公平以及感知可信度作为因变量输入，将退货政策宽松度作为固定因子输入。

1. 退货政策宽松度对购买意愿的主效应检验

方差分析结果如表 8.43 所示。由表 8.43 可知，退货政策宽松度对购买意愿的主效应显著$[F_{(1,191)}=46.308, P=0.000<0.001]$，其中 $M_{严格}=3.45$，$M_{宽松}=4.91$；$F_{(1,191)}=46.308$，$P=0.000<0.001$(表 8.44 和图 8.2)，即当退货政策宽松时，消费者的购买意愿$(M_{宽松})$显著高于退货政策严格时的购买意愿$(M_{严格})$。换言之，与网络零售商严格的退货政策相比，在宽松的退货政策下消费者的购买意愿更高。故而，假设 H1 得到验证。

表 8.43   主体间效应的检验

因变量：购买意愿

源	III 型平方和	df	均方	F	Sig.
校正模型	102.243ᵃ	1	102.243	46.308	0.000
截距	3366.101	1	3366.101	1524.573	0.000
退货政策宽松度	102.243	1	102.243	46.308	0.000
误差	421.708	191	2.208		

续表

源	III 型平方和	df	均方	F	Sig.
总计	3842.778	193			
校正的总计	523.952	192			
		a. R^2=0.195（调整 R^2=0.191）			

表 8.44 均值比较与方差分析结果

因变量：购买意愿

退货政策宽松度	N	均值	标准差	标准误	F	显著性
严格	101	3.45	1.386	0.138	46.308	0.000
宽松	92	4.91	1.588	0.166		
总数	193	4.15	1.652	0.119		

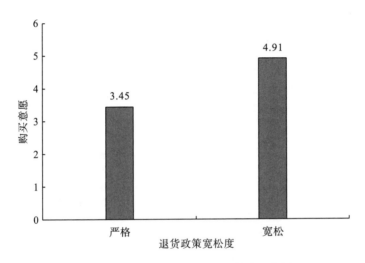

图 8.2 退货政策宽松度差异下的购买意愿

2. 退货政策宽松度对感知公平的主效应检验

如表 8.45 所示，退货政策宽松度对感知公平的主效应显著[$F_{(1,191)}$=136.050，P=0.000 ＜0.001]，其中 $M_{严格}$=3.64，$M_{宽松}$=5.58；$F_{(1,191)}$=136.050，P=0.000＜0.001（表 8.46 和图 8.3），即当退货政策宽松时，消费者对退货政策的感知公平显著高于退货政策严格时的感知可信度。换言之，与网络零售商严格的退货政策相比，在宽松的退货政策下消费者对退货政策会感知公平更高。故而，假设 H2 得到验证。

表 8.45 主体间效应的检验

因变量：感知公平

源	III 型平方和	df	均方	F	Sig.
校正模型	181.712[a]	1	181.712	136.050	0.000

续表

源	III 型平方和	df	均方	F	Sig.
截距	4089.784	1	4089.784	3062.078	0.000
退货政策宽松度	181.712	1	181.712	136.050	0.000
误差	255.104	191	1.336		
总计	4455.333	193			
校正的总计	436.816	192			

a. R^2=0.416(调整 R^2=0.413)

表 8.46　均值比较与方差分析结果

因变量：感知公平

退货政策宽松度	N	均值	标准差	标准误	F	显著性
严格	101	3.64	1.250	0.124	136.050	0.000
宽松	92	5.58	1.042	0.109		
总数	193	4.56	1.508	0.109		

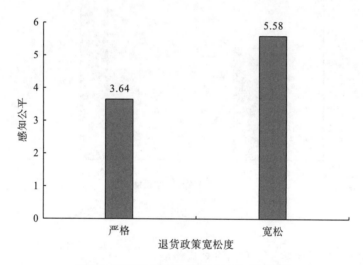

图 8.3　退货政策宽松度差异下的感知公平

3. 退货政策宽松度对感知可信度的主效应检验

如表 8.47 所示,退货政策宽松度对感知可信度的主效应显著[$F(1,191)$=73.152,P=0.000 <0.001],其中 $M_{严格}$=4.58, $M_{宽松}$=3.08；$F(1,191)$=73.152, P=0.000<0.001(表 8.48 和图 8.4),即当退货政策宽松时,消费者对退货政策的感知可信度显著低于退货政策严格时的感知可信度。换言之,与网络零售商宽松的退货政策相比,在严格的退货政策下消费者对退货政策的感知可信度更高。故而,假设 H3 得到验证。

表 8.47　主体间效应的检验

因变量：感知可信度

源	III 型平方和	df	均方	F	Sig.
校正模型	109.495[a]	1	109.495	73.152	0.000
截距	2825.122	1	2825.122	1887.427	0.000
退货政策宽松度	109.495	1	109.495	73.152	0.000
误差	285.891	191	1.497		
总计	3278.889	193			
校正的总计	395.386	192			

a. R^2=0.277（调整 R^2=0.273）

表 8.48　均值比较与方差分析结果

因变量：感知可信度

退货政策宽松度	N	均值	标准差	标准误	F	显著性
严格	101	4.58	1.288	101	73.152	0.000
宽松	92	3.08	1.148	92		
总数	193	3.87	1.435	193		

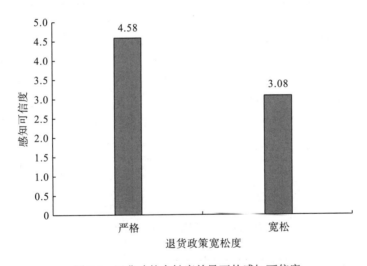

图 8.4　退货政策宽松度差异下的感知可信度

8.4.6.2　调节效应检验

当自变量和调节变量都为类别变量时，一般会采用方差分析对调节效应进行检验，如果两者之间的交互效应显著，表明调节变量产生了调节效应。而本书中的自变量（退货政策宽松度）和调节变量（网站名称熟悉度）都是类别变量，因此，本书使用多因素单因变量方差分析，对网站名称熟悉度的调节效应进行检验。

1. 网站名称熟悉度对退货政策宽松度与购买意愿之间关系的调节效应

本书将购买意愿作为因变量输入，将退货政策宽松度和网站名称熟悉度作为固定因子输入，进行方差分析，检验网站名称熟悉度对退货政策宽松度与购买意愿之间关系的调节效应。方差分析结果如表 8.49 所示。

表 8.49　主体间效应的检验

因变量：购买意愿

源	III 型平方和	df	均方	F	Sig.
校正模型	281.915^a	3	93.972	73.380	0.000
截距	3436.526	1	3436.526	2683.491	0.000
退货政策宽松度	109.850	1	109.850	85.779	0.000
网站名称熟悉度	173.393	1	173.393	135.398	0.000
退货政策宽松度和网站名称熟悉度	9.853	1	9.853	7.694	0.006
误差	242.037	189	1.281		
总计	3842.778	193			
校正的总计	523.952	192			

a. R^2=0.538（调整 R^2=0.531）

表 8.49 的方差分析结果显示退货政策宽松度的主效应显著[$F(1,189)$=85.779，P=0.000＜0.001]，网站名称熟悉度的主效应显著[$F(1,189)$=135.398，P=0.000＜0.001]，退货政策宽松度与网站名称熟悉度的交互作用具有显著性[$F(1,189)$=7.694，P=0.006＜0.01]。由于两者的交互作用显著，对其进行简单效应检验，结果如表 8.50 和图 8.5 所示，当网站名称熟悉度低时，$M_{严格}$=2.75，$M_{宽松}$=3.81，差异值为 1.06；当网站名称熟悉度高时，$M_{严格}$=4.20，$M_{宽松}$=6.16，差异值为 1.96。表明在网站名称熟悉度高的条件下，退货政策宽松度对消费者购买意愿的影响更大。因此，网站名称熟悉度对退货政策宽松度与购买意愿之间的关系起到调节作用，假设 H4 得到验证。

表 8.50　均值比较与方差分析结果

因变量：购买意愿

网站名称熟悉度分组		N	均值	标准差	标准误	F	显著性
低网站名称熟悉度	严格退货政策	52	2.75	1.254	0.174		
	宽松退货政策	49	3.81	1.332	0.190	16.961	0.000
	总数	101	3.26	1.392	0.138		
高网站名称熟悉度	严格退货政策	49	4.20	1.110	0.159		
	宽松退货政策	43	6.16	0.648	0.099	103.776	0.000
	总数	92	5.12	1.347	0.140		

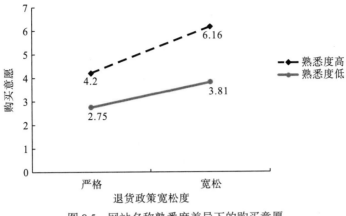

图 8.5　网站名称熟悉度差异下的购买意愿

2. 网站名称熟悉度对退货政策宽松度与感知公平之间关系的调节效应

本书将感知公平作为因变量输入，将退货政策宽松度和网站名称熟悉度作为固定因子输入，进行方差分析，检验网站名称熟悉度对退货政策宽松度与感知公平之间关系的调节效应。方差分析结果如表 8.51 所示。

表 8.51　主体间效应的检验

因变量：感知公平

源	III 型平方和	df	均方	F	Sig.
校正模型	234.763[a]	3	78.254	73.199	0.000
截距	4126.969	1	4126.969	3860.346	0.000
退货政策宽松度	188.064	1	188.064	175.915	0.000
网站名称熟悉度	47.313	1	47.313	44.257	0.000
退货政策宽松度和网站名称熟悉度	7.424	1	7.424	6.945	0.009
误差	202.054	189	1.069		
总计	4455.333	193			
校正的总计	436.816	192			
	a. R^2=0.537（调整 R^2=0.530）				

表 8.51 的方差分析结果显示退货政策宽松度的主效应显著[$F(1,189)$=175.915，P=0.000＜0.001]，网站名称熟悉度的主效应显著[$F(1,189)$=44.257，P=0.000＜0.001]，退货政策宽松度与网站名称熟悉度的交互作用具有显著性[$F(1,189)$=6.945，P=0.009＜0.01]。由于两者的交互作用显著，对其进行简单效应检验，结果如表 8.52 和图 8.6 所示，当网站名称熟悉度低时，$M_{严格}$=3.35，$M_{宽松}$=4.93，差异值为 1.58；当网站名称熟悉度高时，$M_{严格}$=3.95，$M_{宽松}$=6.32，差异值为 2.37，表明在网站名称熟悉度高的条件下，退货政策宽松度对消费者对退货政策的感知公平的影响更大。此外，当退货政策较为严格时，高网站名称熟悉度条件下的感知公平要略高一些。因此，网站名称熟悉度对退货政策宽松度与感知公平之间的关系起到调节作用，假设 H5 得到验证。

表8.52　均值比较与方差分析结果

因变量：感知公平

网站名称熟悉度分组		N	均值	标准差	标准误	F	显著性
低网站名称熟悉度	严格退货政策	52	3.35	1.297	0.180		
	宽松退货政策	49	4.93	0.910	0.130	50.030	0.000
	总数	101	4.12	1.375	0.137		
高网站名称熟悉度	严格退货政策	49	3.95	1.131	0.162		
	宽松退货政策	43	6.32	0.600	0.091	151.606	0.000
	总数	92	5.05	1.502	0.157		

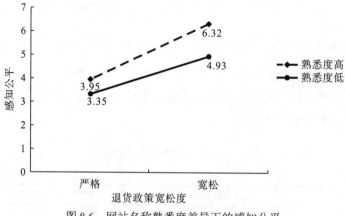

图8.6　网站名称熟悉度差异下的感知公平

3. 网站名称熟悉度对退货政策宽松度与感知可信度之间关系的调节效应

本书将感知可信度作为因变量输入，将退货政策宽松度和网站名称熟悉度作为固定因子输入，进行方差分析，检验网站名称熟悉度对退货政策宽松度与感知可信度之间关系的调节效应。方差分析结果如表8.53所示。

表8.53　主体间效应的检验

因变量：感知可信度

源	III 型平方和	df	均方	F	Sig.
校正模型	151.826[a]	3	50.609	39.272	0.000
截距	2841.321	1	2841.321	2204.835	0.000
退货政策宽松度	109.847	1	109.847	85.240	0.000
网站名称熟悉度	32.892	1	32.892	25.523	0.000
退货政策宽松度和网站名称熟悉度	7.793	1	7.793	6.048	0.015
误差	243.560	189	1.289		
总计	3278.889	193			
校正的总计	395.386	192			

a. R^2=0.384（调整 R^2=0.374）

表 8.53 的方差分析结果显示退货政策宽松度的主效应显著[$F(1,189)$=85.240，P=0.000＜0.001]，网站名称熟悉度的主效应显著[$F(1,189)$=25.523，P=0.000＜0.001]，退货政策宽松度与网站名称熟悉度的交互作用具有显著性[$F(1,189)$=6.048，P=0.015＜0.05]。由于两者的交互作用显著，对其进行简单效应检验，结果如表 8.54 和图 8.7 所示，当网站名称熟悉度低时，$M_{严格}$=3.99，$M_{宽松}$=2.88，差异值为 1.11；当网站名称熟悉度高时，$M_{严格}$=5.22，$M_{宽松}$=3.30，差异值为 1.92，表明在网站名称熟悉度高的条件下，退货政策宽松度对消费者对退货政策的感知可信度的影响更大。因此，网站名称熟悉度对退货政策宽松度与感知可信度之间的关系起到调节作用，假设 H6 得到验证。

表 8.54　均值比较与方差分析结果

因变量：感知可信度

网站名称熟悉度分组		N	均值	标准差	标准误	F	显著性
低网站名称熟悉度	严格退货政策	52	3.99	1.170	0.162		
	宽松退货政策	49	2.88	1.269	0.181	20.915	0.000
	总数	101	3.45	1.335	0.133		
高网站名称熟悉度	严格退货政策	49	5.22	1.098	0.157		
	宽松退货政策	43	3.30	0.959	0.146	78.339	0.000
	总数	92	4.32	1.409	0.147		

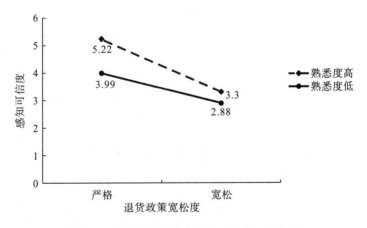

图 8.7　网站名称熟悉度差异下的感知可信度

8.4.6.3　回归分析

从前文的相关性分析结果可以初步看出，对退货政策的感知公平与消费者购买意愿之间存在显著的正相关关系，而对退货政策的感知可信度与购买意愿之间的关系不显著。因此，本书以对退货政策的感知公平和感知可信度为自变量，消费者的购买意愿为因变量，来做进一步的多元回归分析。回归分析结果如表 8.55 所示。

表 8.55　回归结果

模型	非标准化系数		标准化系数	t	Sig.	共线性统计量	
	B	标准误差	Beta			容差	VIF
常量	-0.005	0.079		-0.064	0.949		
感知公平	0.818	0.052	0.747	15.595	0.000	0.998	1.002
感知可信度	0.139	0.055	0.121	2.524	0.012	0.998	1.002

注：①因变量：购买意愿；②R^2=0.565，调整 R^2=0.560，F=123.238，P=0.000<0.001。

由表 8.55 可知，VIF 值为 1.002，远小于 10，说明排除了多重共线性问题。多元回归模型中的 Durbin-Watson 值为 1.637，接近 2，说明误差项自相关的问题也被排除。

调整后的 R^2 为 0.560，说明对退货政策的感知公平以及感知可信度这两个变量可以解释购买意愿 56% 的变化，拟合优度较好；P=0.000<0.001，说明模型的回归效果显著。

感知公平、感知可信度对购买意愿的回归系数分别为 0.747 和 0.121，P 值分别为 0.000 和 0.012，均小于 0.05，说明对退货政策的感知公平以及感知可信度对消费者的购买意愿均有显著的正向影响。因此，假设 H7 和 H8 得到验证。

8.4.6.4　中介效应检验

根据 Baron 和 Kenny（1986）和温忠麟等（2004）提出的中介变量验证方法可知，要同时满足四个条件才能证明中介效应的存在，即：①自变量与因变量显著相关；②自变量与中介变量显著相关；③中介变量与因变量显著相关；④当把中介变量引入回归方程后，自变量与因变量的回归系数显著降低。如果该系数仍然显著，则说明是部分中介作用；如果该系数不显著，则说明是完全中介作用。

1. 感知公平对退货政策宽松度与购买意愿之间关系的中介效应

前文的数据分析成功验证了对退货政策的感知公平满足中介效应检验的前三个条件，那么接下来本书将继续检验感知公平是否满足第四个条件，来验证感知公平在退货政策宽松度与消费者购买意愿之间是否起到中介作用。

首先对自变量退货政策宽松度与因变量购买意愿做回归分析，得到 Beta c=0.541，（表 8.56）。其次将中介变量感知公平引入到回归方程中，以退货政策宽松度、感知公平为自变量，购买意愿为因变量，进行逐步多元回归分析，结果如表 8.57 所示。

表 8.56　退货政策宽松度与购买意愿的回归结果

模型	非标准化系数		标准化系数	t	Sig.
	B	标准误差	Beta		
常量	-0.003	0.100		-0.029	0.977
退货政策宽松度	0.513	0.058	0.541	8.895	0.000

注：①因变量：购买意愿；②R^2=0.293，调整 R^2=0.289，F=79.124，P=0.000＜0.001。

由表 8.57 可知，在引入感知公平后，回归系数 c'=-0.012，与 c=0.541 相比显著降低，P=0.866＞0.05，不显著。因此，根据检验条件可以判断感知公平在退货政策宽松度与购买意愿之间起到完全中介作用，即假设 H9 得到验证。

表 8.57　中介作用的回归结果

模型		非标准化系数		标准化系数	t	Sig.	共线性统计量	
		B	标准误差	Beta			容差	VIF
1	常量	-0.003	0.100		-0.029	0.977		
	退货政策	0.513	0.058	0.541	8.895	0.000	1.000	1.000
2	常量	-0.006	0.080		-0.071	0.943		
	退货政策宽松度	-0.012	0.068	-0.012	-0.169	0.866	0.457	2.190
	感知公平	0.822	0.079	0.751	10.424	0.000	0.457	2.190

注：①因变量：购买意愿。②R^2=0.550，调整 R^2=0.545，F=116.118，p=0.000＜0.001。

2. 可信度对退货政策宽松度与购买意愿之间关系的中介效应

前文的数据分析成功验证了对退货政策的感知可信度满足中介效应检验的前三个条件，那么接下来本书将继续检验感知可信度是否满足第四个条件，来验证感知可信度在退货政策宽松度与消费者购买意愿之间是否起到中介作用。

本书将中介变量感知可信度引入回归方程中，以退货政策宽松度、感知可信度为自变量，购买意愿为因变量，进行逐步多元回归分析，结果如表 8.58 所示。

表 8.58　中介作用的回归结果

模型		非标准化系数		标准化系数	t	Sig.	共线性统计量	
		B	标准误差	Beta			容差	VIF
1	常量	-0.003	0.100		-0.029	0.977		
	退货政策	0.513	0.058	0.541	8.895	0.000	1.000	1.000
2	常量	-0.002	0.098		-0.020	0.984		
	退货政策宽松度	0.539	0.057	0.569	9.409	0.000	0.976	1.025
	感知可信度	0.202	0.070	0.176	2.904	0.004	0.976	1.025

注：①因变量：购买意愿。②R^2=0.323，调整 R^2=0.316，F=45.320，p=0.000＜0.001。

由表 8.58 可知，在引入感知可信度后，回归系数 c'=0.569，与 c=0.541 相比，没有显著降低。因此，根据检验条件可以判断感知可信度在退货政策宽松度与购买意愿之间没有起到中介作用，即假设 H10 不成立。

对于本书提出的 10 个假设，有 1 个假设没有得到验证，其余 9 个假设都得到了验证，检验结果如表 8.59 所示。

表 8.59　假设检验结果汇总

假设	假设内容	检验结果
H1	与网络零售商严格的退货政策相比，在宽松的退货政策下消费者的购买意愿更高	成立
H2	与网络零售商严格的退货政策相比，在宽松的退货政策下消费者的感知公平更高	成立
H3	与网络零售商宽松的退货政策相比，在严格的退货政策下消费者对退货政策的感知可信度更高	成立
H4	网站名称熟悉度对退货政策宽松度和消费者购买意愿之间的关系起到调节作用	成立
H5	网站名称熟悉度对退货政策宽松度和消费者感知公平之间的关系起到调节作用	成立
H6	网站名称熟悉度对退货政策宽松度和消费者感知可信度之间的关系起到调节作用	成立
H7	对网络零售商退货政策的感知公平会积极影响消费者的购买意愿	成立
H8	对网络零售商退货政策的感知可信度会积极影响消费者的购买意愿	成立
H9	对网络零售商退货政策的感知公平在退货政策宽松度和消费者购买意愿之间起中介作用	成立
H10	对网络零售商退货政策的感知可信度在退货政策宽松度和消费者购买意愿之间起中介作用	不成立

8.5　研　究　结　论

根据上述分析，本章研究得出如下结论。

1. 退货政策宽松度与购买意愿

宽松的退货政策会向消费者传递质量更高的信号，进而促进消费者的购买意愿(Wood，2001；Constantinides，2004；Mukhopadhyay and Setaputra，2007)。研究通过实证分析也印证了这一结论，即退货政策宽松度与消费者的购买意愿显著正相关。由单因素方差分析的结果可知，当网络零售商的退货政策较为严格时，消费者的购买意愿较低；随着退货政策的逐渐宽松，消费者的购买意愿也随之提高，也就是说，网络零售商退货政策的宽松度与消费者的购买意愿同方向变化。这与我们提出的假设一致：与网络零售商严格的退货政策相比，在宽松的退货政策下消费者的购买意愿更高。

2. 退货政策宽松度与感知公平

感知公平是消费者做出行为反应的一个重要前提(Vaidyanathan and Aggarwal，2003；Bolton and Alba，2006)。Pei 等(2014)认为，宽松的退货政策会使消费者感到更加公平。我们通过实证分析也印证了这一结论，即退货政策宽松度与消费者的感知公平显著正相关。由单因素方差分析的结果可知，当网络零售商的退货政策较为严格时，消费者的感知公平较低；随着退货政策的逐渐宽松，消费者的感知公平也随之提高，也就是说，网络零售商退货政策的宽松度与消费者的感知公平同方向变化。这与我们提出的假设一致：与网络零售商严格的退货政策相比，在宽松的退货政策下消费者的感知公平更高。

3. 退货政策宽松度与感知可信度

由实证分析结果可知，网络零售商的退货政策越宽松，消费者对退货政策的感知可信度就越低。而 Jeng 等（2014）的研究结论则是，传统实体店铺的退货政策越严格，消费者对退货政策的感知可信度就越低。由此可见，不同环境下，退货政策与消费者感知可信度的关系存在差异。这种差异存在的原因是，我国的社会信用体系还不完善，互联网环境下的信任问题更为突出。消费者对购物网站退货政策的信任度原本就处于较低的水平，一旦退货政策变得更为宽松，消费者会认为网络零售商的实施成本会更高，难度会更大，进而其可信度也更好。

4. 网站名称熟悉度的调节作用

网站名称熟悉度是反映消费者对某一特定网站直接和间接体验的程度。网站体验程度与花费在网站上的时间精力是成正比的（Baker et al.，1986）。同时，消费者对零售商的相关体验又包括：接触零售商的广告、认识零售商的名称或者光顾零售商等（Jeng et al.，2014）。也就是说，一个购物网站退货政策的宽松度所产生的作用，与消费者在该网站上花费的时间精力是密切相关的。

对于不同熟悉度的购物网站，退货政策的宽松度对消费者的购买意愿、感知公平以及感知可信度的影响是不同的。

就购买意愿而言，当网站名称熟悉度较高时，退货政策宽松度对消费者的购买意愿的影响更大，也就是说，随着网站名称熟悉度的提升，退货政策宽松度对消费者购买意愿的正向影响越大。

就感知公平而言，当网站名称熟悉度较高时，退货政策宽松度对消费者的感知公平的影响更大，当退货政策都较为严格时，网站名称熟悉度高的情况下，消费者的感知公平更高一些。因为消费者会默认熟悉度高的购物网站所提供的严格的退货政策更能令其感知公平。

就感知可信度而言，当网站名称熟悉度较高时，退货政策宽松度对消费者的感知可信度的影响更大。这很容易解释，因为退货政策越宽松，消费者对其感知可信度就越低，而消费者对低熟悉度网站提供的严格退货政策的感知可信度本来就很低，所以当退货政策宽松度提升时，消费者对低熟悉度网站退货政策的感知可信度的下降幅度就会低于高熟悉度的网站。

5. 感知公平与感知可信度的中介作用

我们首先对退货政策宽松度与购买意愿、退货政策宽松度与感知公平和感知可信度、感知公平和感知可信度与购买意愿的显著性关系进行研究，再在退货政策宽松度与购买意愿之间分别引入感知公平变量和感知可信度变量，从数据分析的结果可以看出，感知公平在退货政策宽松度与购买意愿之间起到完全中介作用，而感知可信度在这两者之间不起中介作用。也就是说，退货政策宽松度对购买意愿有显著的正向作用，但这种作用是完全通过感知公平这一变量来影响的，而没有通过感知可信度这一变量。

第9章 网络零售商无缺陷退货政策
对消费者溢价支付意愿的影响

随着互联网用户数量的快速增长以及网络购物环境的日益改善，网购已成为我国消费者的一个重要购物方式。但网络购物所具有的购物决策与消费体验分离的特征，增加了消费者的购物风险。网络零售商纷纷制定了宽松退货政策以解决该问题，但宽松退货政策在给消费者带来便利的同时，也增加了零售的成本。如果消费者愿意为退货服务支付溢价，零售商便可提高商品价格或收取服务费以弥补服务成本，从而实现双赢。基于此，本章研究网络零售商退货政策的宽松程度对消费者溢价支付意愿的影响。基于信号传递理论和公平理论，构建了网络零售商无缺陷退货政策对消费者溢价支付意愿影响的概念模型，分析其直接和间接影响，以及产品类别和产品涉入度的调节作用。

9.1 研 究 背 景

随着网络消费环境的日益改善，网购已成为消费者的一个重要购物方式。2018 年我国实物商品网上零售额达 70198 亿元，占社会消费品零售总额的比例为 18.4%。但由于网购所具有的购物决策与消费体验分离的特征，消费者既不能及时判断商品是否合适，也不能鉴别商品质量优劣，增加了消费者因不满而产生退货的可能性。数据显示，退换货物问题一直属于我国网络零售热点投诉问题。在此背景下，国家工商行政策管理总局于 2014 年发布的《网络交易管理办法》明确规定，除特定产品外，消费者有权自收到商品之日起 7 日内无理由退货。此外，在激烈的竞争环境下，零售商为提升竞争力，也纷纷调整自身退货政策，如乐蜂网 45 天无理由退货、国美在线 30 天无理由退货等。

无缺陷退货服务对消费者来说无疑是个福音，但对零售商来说并不总是好事。一方面，退货服务作为质量信号，能减少消费者的感知风险，增加消费者的满意度，从而增加零售商的订单量和销售额；另一方面，退货服务由于物流、重新包装、损耗等增加了零售商的成本支出。因此，如何实现买卖双方双赢，是解决这一矛盾的关键，溢价支付意愿就是重要途径之一。如果消费者愿意为退货服务支付溢价，零售商便可提高商品价格或收取服务费以弥补服务成本，从而实现双赢。因此，系统研究无缺陷退货政策对消费者溢价支付意愿的影响机理具有重要的理论和实践意义。目前，有关溢价支付意愿的研究主要集中于溢价支付意愿的形成机制和溢价支付意愿的影响因素。Anselmsson 等 (2014) 认为信誉对价格溢价十分重要，因为消费者倾向于以公司的信誉决定商品质量预期和商品价格。Pavlou 和 Dimoka (2006) 研究发现，评论内容的正负面性会影响消费者对商家的信任度，从而影响其溢价支付意愿。而与品牌有关的研究发现，消费者如果从一个品牌中得到了其他品牌所没有的独特价值，消费者就会对这个品牌产生很高的忠诚度，这又促使他们更加愿意为这个品牌支付更高的价格(Chaudhuri and Holbrook，2001)。此外，在对各影响因素与溢价支付意愿之间关系的调节变量的研究中，Rao 和 Sieben(1992)发现对于搜寻型商品，消费者质量意识越强，愿意支付的价格溢价水平越低；而对于体验型商品，消费者质量意识越强，愿意支付的价格溢价水平越高。Ba 和 Pavlou(2002)认为，产品价格对商家信誉与消费者溢价支付意愿之间的关系起调节作用，即对那些越贵重的商品，消费者越愿意对声誉好的商家支付高的溢价水平。相关研究主要集中于品牌溢价方面，而对服务溢价涉及较少，本章将弥补这一差距，重点研究退货政策通过感知质量和感知风险对溢价支付意愿的间接作用。本章从消费者角度，基于信号传递理论和公平理论，构建了退货政策对消费者认知和行为影响模型，此外，还检验了产品种类、产品涉入度的调节作用。

本书首次将消费者产品涉入度作为调节变量纳入模型进行研究。这个变量是十分重要的，因为服务或促销对消费者行为的影响因个体的差异而不同，研究退货政策对不同消费者的影响将为网络零售商的精准营销提供依据。

9.2　模　型　构　建

9.2.1　退货政策与感知质量

远程购物方式使得消费者不能直接接触产品，导致买卖双方严重的信息不对称(吴波和李东进，2013)。信息经济学中的信号传递理论认为，交易双方拥有关于交易不同数量的信息，当一方缺少另一方拥有的信息时，前者会根据后者所提供的信息进行推断。因此，在无法准确评估产品质量的情况下，消费者需要能够区分高质量和低质量卖家的信息，一个有效的方法就是卖方向消费者发出产品或服务的质量信号(Wood，2001)。退款保证是网络零售环境中一个有效的质量信号，这是因为产品退回引发的交易成本能防止低质量零售商进行欺诈，低质量的卖家不能在假信号中获得收益。此外，当消费者缺乏其他的判断基础时，会主要依据外部信息线索，与实体店铺购买者相比，网络购物者在订购商品时可能更依赖像退货政策这样的质量信号。因此，提出如下假设。

H1：与网络零售商严格的退货政策相比，在宽松的退货政策下消费者的感知质量更高。

9.2.2　退货政策与感知风险

Bauer 第一次把"感知风险"的概念从心理学延伸到市场营销研究领域当中。他认为，消费者的购买活动产生的结果是他自己所不能精确预算的，而这个结果可能并不令人满意，这时消费者会产生感知风险(董大海 等，2005)。与在实体店铺购物相比，网络环境下消费者只能根据卖家对产品的描述选择产品。一方面，由于不能亲身体验商品，消费者的购买决策具有更大的不确定性。另一方面，由于很多商品具有体验性特征，消费者在没有体验产品前不能完全了解自己的偏好，所以很容易买到不适合的产品(井淼 等，2007)。因此，网络购物的特点给消费者带来了更高的感知风险。文献就如何降低消费者在线购买感知风险进行了研究，发现与远程购物方式相适应的有效方式之一就是宽松的退货政策。

宽松的退货政策，一是降低了消费者错误决策的不确定性。二是减少了消费者逆转错误决策的成本，使消费者的决策更具灵活性，从而降低了错误决策的负面效应。宽松的退货政策既能降低感知风险的不确定性，又能降低感知风险的后果，是降低网络环境下消费者感知风险的有效措施。因此，提出如下假设。

H2：与网络零售商严格的退货政策相比，在宽松的退货政策下消费者的感知风险更低。

9.2.3 产品类别的调节作用

产品类别是影响消费者网上购物的重要因素之一，因为不同类别的产品属性不一样，而消费者对不同类别的产品在评估的能力和可能性方面也存在差异，所以消费者在网上购物会因为产品属性的差异做出不同的反应(田志龙 等，2011)。因此，本章将把产品类别作为一个调节变量加以研究。本书基于 Nelson 等(1970)提出的 SEC 产品分类模型，重点关注搜寻品和体验品。搜寻品是指相关属性信息在购买和使用前就能获得的产品，通过搜索产品信息就能确定产品的质量；体验品是指购买者在购买和使用之前无法确认其质量特征的产品。网络购物背景下，消费者可以获得更多的产品属性信息，但无法触摸、体验产品。因此，消费者可以相对容易地评估搜寻品，但对体验品的评价却更加主观，有更少的诊断性，更加困难(Bae and Lee，2011)。所以，在网络购物环境中，购买体验品比搜寻品的风险更大。当风险水平增加时，承诺对消费者的影响更大(Wood，2001)。因此，我们认为与搜寻品相比，退货政策对体验品的影响更大。这是因为提供退货政策能够使消费者在检验商品之后，再做出是保留还是退货的决策，为消费者延长了做出决策的时间，这对于体验品来说十分重要，它使消费者感到这是一个更加灵活、更少冲突的购买决策。因此，提出以下假设。

H3a：与搜寻品相比，购买体验品时，退货政策对消费者感知质量的影响更强。

H3b：与搜寻品相比，购买体验品时，退货政策对消费者感知风险的影响更强。

9.2.4 产品涉入度的调节作用

产品涉入度是指消费者个体认知该产品与其内在需要、兴趣和价值观的相关程度(韩兆林，1997)。有关产品涉入度的研究涉及消费者行为的诸多方面，其中有关广告信息的学习方式、广告的认知反应、商品信息的研究，一直是该领域的重点方向，且已形成较为成熟的理论(郭昕，2014)。另外，涉入度四水平理论从前注意、注意、理解、加工四个水平来对涉入度进行划分，并指出消费者的涉入程度越高，其分析产品相关信息的能力就越强。该理论认为，处于前注意水平的消费者几乎不会关注关于产品的信息，广告对该群体起到的作用甚微；处于注意水平的消费者或多或少地会注意广告中关于产品的介绍，并把接收到的广告信息与产品相对应，但是该类消费者受广告中其他因素影响(如代言人、情感因素等)的可能性比较大；处于理解水平的消费者会较多地关注广告中的产品信息，但在信息整合方面有所欠缺；处于加工水平的消费者会非常关注广告中的产品信息，并且能对接收到的信息进行有效整合(刘银萍,2009)。精细加工模型得出的结论与涉入度四水平理论类似,它把广告对受众态度的改变分为中枢路径和边缘路径。中枢路径是指消费者会主动收集广告中有关产品的各种信息,并对信息进行精细加工;边缘路径是指消费者对该产品的态度并非取决于广告中关于产品本身的介绍,而是广告中的情感刺激,如消费者对广告代言人的喜好带来的对产品的认可。该模型认为消费者选择中枢路径还是边缘路径对信息进行处理取决于消费者对产品涉入度的高低。当消费者的产品涉入度高时,消费者处理信息的能力和动机也相对较高,消费者根据自我判断对广告信息的刺激形成理性认识,启动中枢路径对信息进行精细加工;当消费者涉入程度较低时,由于缺乏接受和判别广告信息的动机和能力,此时消费者会启动边缘路径对广告信息加以处理(申琦,2014)。综上,就关注的信息类别而言,高涉入度消费者更关注理性信息,低涉入度消费者更关注感性信息;就分析信息能力而言,高涉入度消费者对广告信息的处理动机和能力更强。因此,面对广告中的"退货政策"这一理性信息,高涉入度消费者会更加关注,且有更强的信息处理动机和能力,更易受到退货政策信息的影响。因此,提出以下假设。

H4a:与低产品涉入度消费者相比,退货政策对高产品涉入度消费者感知质量的影响更强。

H4b:与低产品涉入度消费者相比,退货政策对高产品涉入度消费者感知风险的影响更强。

9.2.5 感知质量与感知风险的中介作用

我们假设退货政策能够通过影响消费者的感知风险和感知质量,从而增加消费者的溢价支付意愿。为了解释这个间接效应,运用公平理论帮助我们理解信息线索如何引发公平感。根据公平理论,当交易双方认为成本收益率和平均成本收益率相等时便会产生公平感。一旦出现积极的或消极的不公平,交易双方都有动机去改变交易参数以重建公平。由于宽松的退货政策能够减少消费者的感知风险,预期未来的成本、风险减少,所以成本收益率中的成本减少。而且,由于宽松的退货政策增加消费者的感知质量、唤起了积极的情感反应,所以成本收益率中的收益增加。假设产品价格维持不变,在宽松的退货政策环境下,消费者的成本收益率提升。与此相反,提供宽松退货政策的零售商的成本将会增加(如重新包装费、退回产品的折旧费等)。因此,在消费者产生积极的不公平感的同时,零售商也产生消极的不公平感。通过为宽松退货政策收取溢价,零售商能够重建交易公平。更高的价格应该使得零售的成本收益率和消费者的相等。因为宽松的退货政策减少感知风险,增加感知质量,因此当零售商提供退货政策时,消费者可能会愿意接受这个更高的价格。进而,我们预测退货政策通过影响感知风险和感知质量间接影响消费者的溢价支付意愿。因此,提出如下假设。

H5:感知质量在退货政策宽松程度和消费者溢价支付意愿之间起中介作用。

H6:感知风险在退货政策宽松程度和消费者溢价支付意愿之间起中介作用。

9.2.6　模型构建

根据以上分析，本书构建了无缺陷退货政策对消费者溢价支付意愿影响的理论模型(如图 9.1 所示)。

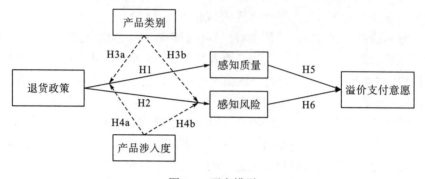

图 9.1　研究模型

9.3　研　究　设　计

9.3.1　实验设计与流程

本章主要探讨网络购物环境下，无缺陷退货政策对消费者感知和行为的影响，故而通过模拟网络上比较流行的产品广告和退货政策说明页面进行实验。本章采用多因子实验设计，通过对 1 个自变量(退货政策宽松度)、1 个调节变量(产品类别)和 1 个控制变量(产品价值)的操控，共设置 8 个实验组。其中，退货政策宽松度分为宽松和严格两组；产品类别分为搜寻品和体验品两组；产品价值分为高价值和低价值两组。所以实验组设计为 2(退货政策：宽松，严格)×2(产品类别：搜寻品，体验品)×2(产品价值：高价值，低价值)，共有 8 个不同的实验情景，具体如表 9.1 所示。

表 9.1　实验设计分组

产品价值			退货政策宽松度	
			严格	宽松
产品类别	搜寻品	高价值	实验组 1	实验组 2
		低价值	实验组 3	实验组 4
	体验品	高价值	实验组 5	实验组 6
		低价值	实验组 7	实验组 8

9.3.1.1　实验产品

为检验产品类别(搜寻品和体验品)的调节作用，需要在不同的产品类别中选择典型产品作为研究对象。基于相关文献，本书选取了 28 种产品，这些产品不仅为国内网络畅销产品，而且经常被学者认为是搜寻品和体验品的典型代表。本章采用 Krishnan 和 Hartline(2001)的方法进行问卷调查，即让被试在一个 Likert 七级量表上(1 代表不可以评估，7 代表完全可以评估)分别标出他们购买前和购买后对每一种产品的评估能力。为了避免被试反应疲劳，我们将 28 个产品分在两个量表中，量表被随机地分配给被试，每个被试仅评估 14 个产品。我们共选择了 110 名在校大学生进行问卷调查，回收了 101 份有效问卷，有效率为 91.8%。此外，考虑到产品价值差异会对我们的实验产生影响，我们将产品价值作为控制变量纳入研究，并分别在显著的体验品和搜寻品中分别选择了一个高价值的产品和一个低价值的产品。最终，我们选择的搜寻品为双肩包(低价值)和智能手机(高价值)，体验品为牛仔裤(低价值)和蓝牙耳机(高价值)(附录二)。

9.3.1.2　任务情景

研究情景描述了一个顾客在比较熟悉的购物网站浏览时，发现了一款非常喜欢的产品(牛仔裤、蓝牙耳机、双肩包、智能手机其中之一)，但他对该品牌和店铺又不太熟悉。接着我们又向被试提供了一则购物网站上非常流行的产品广告，该广告描述了产品的主要性能信息和价格信息。在被试浏览完广告后，我们又向顾客提供了该零售商的退货政策，具体的实验情景如下所示(以实验组 1 为例)。

亲爱的女士(先生)：您好!

感谢您百忙之中参加我们的问卷调查，这份问卷将花去您 5 分钟左右的时间。此项调查的目的是了解中国网络购物消费者对网络零售商退货政策的看法。您提供的数据资料仅作我们的研究之用，问卷中的信息不会外泄。问卷中的回答无对错之分，请您根据您的真实感受和想法进行填写。

感谢您的参与! 感谢您对我们工作的支持!

第 1 部分：浏览产品介绍页面

您在您比较熟悉的购物网站浏览时，发现了一款智能手机，您对该产品很感兴趣，但您对该品牌和店铺又不太熟悉，该产品的信息如下(图 9.2)。

图 9.2　实验产品示例

在浏览商品时，您注意到了这样一句话："在购买之前请先阅读我们的退货政策"。产品的退货政策如下(图 9.3)。

图 9.3　退货政策描述

9.3.1.3　问卷设计

问卷分为三个部分。问卷的第一部分为实验材料，包括实验的任务情景、产品广告和产品的退货政策说明图。第二部分为五个量表：感知退货政策宽松度、感知质量、感知风险、溢价支付意愿以及产品涉入度。其中，感知退货政策宽松度主要是为了检验实验对退货政策的操控是否有效。第三部分主要测量的是基本的人口统计信息，包括性别、年龄、学历、过去半年的购物次数等。

9.3.1.4　实验流程

调查实验共分为三个阶段，第一阶段是确定研究的实验对象，共招募 110 名在校大学生进行调查，确定 4 个实验产品；第二阶段为研究的前测，在任务情景和问卷设计完成后，招募 80 名被试开展预实验；第三阶段是正式实验，招募 421 名被试进行正式研究。

9.3.2　变量的操控与测量

9.3.2.1　退货政策的操控

由文献综述可知，退货政策由三个维度构成，即退货的截止时间、努力程度以及退货费用的返还。根据这几个维度的不同要求，可以将退货政策分为严格的退货政策和宽松的退货政策。因此，我们对退货政策的操控是通过退货截止时间、退货要求(努力程度)、退货费用三个维度来进行的：就截止时间而言，严格的退货政策为 7 天，宽松的退货政策为 30 天；就退货要求而言，严格的退货政策需联系客服、填写退货登记卡(订单号、退货原因、联系方式)、退回赠品、发票、保修卡等，宽松的退货政策则可直接在线办理退货；就退货费用而言，严格的退货政策需要消费者自己承担退回费用，宽松的退货政策则由卖家承担退回费用。为了使实验不过于复杂，本书仅选取了两个极端的退货政策情景，即退货政策的三个维度全都严格或全都宽松。具体的操控方法如表 9.2 所示。

表 9.2　退货政策的操控方式

宽松程度	维度	操控方式
严格	退货期限	自收货之日起 7 日内
	退货要求	退货前，请联系客服或登录退货系统，填写您的订单号、退货原因及联系方式，否则将无法为您进行退货办理。退货时，请务必填写退货登记卡，并将商品的内带附件、保修卡、赠品、发票等随同商品一同寄回
	退货费用	非质量问题退货，需由消费者承担商品发出与退回费用
宽松	退货期限	自收货之日起 30 日内
	退货要求	如果您有任何不满意，都可在线直接办理退货，无须联系客服
	退货费用	商家承担商品发出与退回的费用

9.3.2.2　感知退货政策宽松度的测量

Bonifield 等(2010)对感知退货政策宽松度开发了量表，并被 Hsieh(2013)和 Jeng 等(2014)加以运用，本章基于该量表，用 4 个题项进行测量，采用的是 Likert 七级量表(1 代表非常同意，7 代表非常不同意)。具体的量表题项如表 9.3 所示。

表 9.3　感知退货政策宽松程度的测量方式

变量	序号	问题	来源
感知退货政策宽松度	RP1	与其他零售商的退货政策相比，该退货政策非常宽松	Bonifield(2010)
	RP2	与其他零售商的退货政策相比，该退货政策限制很少	
	RP3	该退货政策的退货时限很长	
	RP4	该退货政策让我觉得非常方便	

9.3.2.3　产品类别与产品价值的操控

通过阅读相关文献，并参考我国网络零售畅销产品分布数据，我们分别选取了 14 种具有代表性的搜寻品和体验品，共计 28 种。然后我们招募了 110 名在校大学生，采用 Krishnan 和 Hartline(2001)的方法进行问卷调查。研究结果显示，就搜寻品而言，排在前五位的依次为书籍、双肩包、智能手机、移动电源、笔记本电脑；就体验品而言，排在前五位的依次为香水、水果、电脑椅、服装、蓝牙耳机。但考虑到实验对象为在校大学生，他们购买香水、电脑椅的经验可能相对缺乏，因此我们将这两种商品排除在外；又考虑到水果比较特殊，一般不存在退货问题，因此我们也将其排除在外，最终我们选取的体验品为服装和蓝牙耳机。为了避免价格差异对产品类别的调节作用产生影响，我们选择了和这两款产品价格相近的搜寻品，分别为双肩包和智能手机。具体的产品价值操控方式如表 9.4 所示。

表 9.4　产品价值的操控方式

	搜寻品	体验品	价格/元
高价值	智能手机	蓝牙耳机	2298
低价值	双肩包	牛仔裤	159

9.3.2.4　产品涉入度的测量

基于 Zaichkowsky(1994)开发的 RPII 量表,借鉴潮道馨(2012)以及申琦(2014)的研究,并结合实验的情景,将产品涉入度的测项调整为 4 个,并以 Likert 七级量表对其进行测量(1 代表非常同意,7 代表非常不同意)。具体的量表题项如表 9.5 所示。

表 9.5　产品涉入度的测量方式

变量	序号	问题	来源
产品涉入度	ID1	该产品对我而言是非常重要的	Zaichkowsky(1994);潮道馨(2012);申琦(2014)
	ID2	购买该产品让我感到非常大的乐趣	
	ID3	购买该产品前我会收集很多相关的信息	
	ID4	买错该产品时我会觉得有很大损失	

9.3.2.5　感知质量的测量

感知质量是指消费者个人对产品的功能、安全性和耐用性等的主观评价,与消费者的个人认知密切相关。关于感知质量的测量已经形成了比较成熟的量表,目前较为通用的是 Dodds 等(1991)开发的量表,本书基于该量表,借鉴徐康锋(2010)的研究,用 4 个题项来测量,采用的是 Likert 七级量表(1 代表非常同意,7 代表非常不同意)。具体的量表题项如表 9.6 所示。

表 9.6　感知质量的测量方式

变量	序号	问题	来源
感知质量	PQ1	我觉得该产品是值得信赖的	Dodds 等(1991);徐康锋(2014)
	PQ2	我觉得该产品在同等价位中可能是高质量的	
	PQ3	我觉得该产品的性能很好	
	PQ4	我觉得该产品是持久耐用的	

9.3.2.6　感知风险的测量

感知风险的产生是由于消费者的购买活动产生的结果是他自己所不能精确预算的,而这个结果可能并不令人满意,这时消费者会产生感知风险(潘煜 等,2010)。研究者普遍将感知风险分为财务风险、性能风险、身体风险、社会风险、心理风险和时间风险 6 个维度,我们重点关注的是其中的财务风险和性能风险。这是因为,这两个维度和消费者的购买决策行为最为相关,且 Agarwal 和 Teas(2001)认为财务风险和性能风险可以有效解释感知风险的整体方差。

关于感知风险的测量,已经形成了较为成熟的量表。我们在 Zhang 等(2017)的基础上,借鉴 Suwelack 等(2011)的研究,用 5 个题项来测量感知风险,采用 Likert 七级量表对其进行测量(1 代表非常同意,7 代表非常不同意)。具体的量表题项如表 9.7 所示。

表 9.7　感知风险的测量

变量	序号	问题	来源
感知风险	PR1	就产品性能而言,购买该产品存在很大的风险	Zhang 等(2017);Suwelack 等(2011)
	PR2	该产品存在质量问题	
	PR3	该产品比竞争品差	
	PR4	该产品没有期望的那么好	
	PR5	就财务开支而言,购买该产品存在很大的风险	

9.3.2.7　溢价支付意愿的测量

关于溢价支付意愿的测量,已有多名学者从不同的视角开发了较为成熟的量表,而其中 Netemeyer 等(2004)开发的量表更偏向于产品溢价,这和我们的研究是一致的。因此我们基于该量表,借鉴 Suwelack 等(2011)的研究,用 3 个题项来测量感知风险,采用 Likert 七级量表对其进行测量(1 代表非常同意,7 代表非常不同意)。具体的量表题项如表 9.8 所示。

表 9.8　溢价支付意愿的测量

变量	序号	问题	来源
溢价支付意愿	WT1	在同类店铺中,我愿意向这家店支付稍微高一点的价格	Netemeyer 等(2004);Suwelack 等(2011)
	WT2	我更喜欢在这家店购物,即使其他店铺价格稍微低一点	
	WT3	零售商将产品价格稍微提高一些时,我愿意继续购买该产品	

9.3.3　预实验

为了检验变量的操控和测量是否有效,在正式实验前我们进行了预实验。预实验通过国内某大型调查网站进行,设置好问卷后将问卷地址链接到微信朋友圈招募被试。为提高受访者的配合度,每位参与者将有机会抽取价格不等的微信红包。预实验共收到 80 份有效问卷,每个实验组各有 10 个被试。样本数据的信度分析、效度分析及操控检验的详细结果如下。

9.3.3.1　信度分析

信度分析包括内部一致性信度分析和组合信度分析,使用 SPSS22.0 与 AMOS22.0 软件对样本数据进行信度分析。结果显示,整个问卷的 Cronbach's α 为 0.776,大于 0.7,说明整个问卷的可靠性和稳定性很好。如表 9.9 所示,感知退货政策宽松度的 Cronbach's α 为 0.927,感知质量的 Cronbach's α 为 0.914,感知风险的 Cronbach's α 为 0.912,产品涉入度的 Cronbach's α 为 0.919,溢价支付意愿的 Cronbach's α 为 0.910,均高于 0.7,说明每个构念都具有较好的内部一致性。

从表 9.9 可以看出，感知退货政策宽松度的组合信度（CR）为 0.928，感知质量的组合信度（CR）为 0.915，感知风险的组合信度（CR）为 0.915，产品涉入度的组合信度（CR）为 0.920，溢价支付意愿的组合信度（CR）为 0.914，均高于 0.7，说明每个构念都具有较好的组合信度。

表 9.9　验证性因子分析

构念	题项	模型参数估计值			收敛效度			
		UNSTD	S.E.	t 值	STD	SMC	CR	AVE
感知退货政策宽松度（Cronbach's α=0.927）	RP1	1			0.884	0.781	0.928	0.764
	RP2	0.975	0.082	11.871	0.912	0.832		
	RP3	0.899	0.097	9.237	0.801	0.642		
	RP4	1.051	0.092	11.403	0.894	0.799		
感知质量（Cronbach's α=0.914）	PQ1	1			0.790	0.624	0.915	0.729
	PQ2	1.027	0.118	8.742	0.871	0.759		
	PQ3	1.102	0.119	9.23	0.911	0.83		
	PQ4	1.061	0.127	8.327	0.839	0.704		
感知风险（Cronbach's α=0.912）	PR1	1			0.773	0.598	0.915	0.683
	PR2	1.172	0.135	8.67	0.884	0.781		
	PR3	1.218	0.134	9.09	0.921	0.848		
	PR4	1.115	0.144	7.74	0.807	0.651		
	FR1	1.028	0.149	6.9	0.734	0.539		
产品涉入度（Cronbach's α=0.919）	ID1	1			0.732	0.536	0.920	0.743
	ID2	1.242	0.165	7.523	0.835	0.697		
	ID3	1.307	0.157	8.341	0.921	0.848		
	ID4	1.394	0.164	8.513	0.943	0.889		
溢价支付意愿（Cronbach's α=0.910）	WT1	1			0.936	0.876	0.914	0.781
	WT2	0.96	0.084	11.428	0.872	0.76		
	WT3	1.058	0.099	10.646	0.841	0.707		

9.3.3.2　效度分析

构念的效度主要通过收敛效度和区别效度来评价。本章对构念效度的分析主要是通过对验证性因子的分析来完成的，使用的统计软件为 AMOS22.0。如表 9.9 所示，所有题项的标准因子载荷（STD）均在 0.73~0.95 之间，大于 0.5，说明收敛效度较好。如表 9.9 所示，感知退货政策宽松度的平均提炼方差（AVE）为 0.764，感知质量的平均提炼方差（AVE）为 0.729，感知风险的平均提炼方差（AVE）为 0.683，产品涉入度的平均提炼方差（AVE）为 0.743，溢价支付意愿的平均提炼方差（AVE）为 0.781，均高于 0.5，且各构念的 AVE 的平方根均大于相应行列中的相关系数（表 9.10），说明测量模型具有充分的区别效度。

表 9.10　相关系数矩阵

	感知退货政策	感知质量	感知风险	产品涉入度	溢价支付意愿
感知退货政策	0.874				
感知质量	0.309**	0.854			
感知风险	-0.264*	-0.470**	0.826		
产品涉入度	0.097	0.184	0.180	0.862	
溢价支付意愿	0.464**	0.421**	-0.308**	0.152	0.884
均值	4.94	4.256	3.892	4.356	3.910
标准差	1.530	1.030	1.346	1.492	1.270

说明：对角线上的数字是 AVE 的平方根，其余数字是潜变量之间的相关系数。

9.3.3.3　操控检验

为了检验实验对退货政策和产品涉入度这两个变量的操控是否成功，本书采用独立样本 t 检验法依次检验自变量退货政策宽松度和调节变量产品涉入度的操控是否成功。

1. 退货政策宽松度的操控检验

通过比较被试对于退货政策的感知宽松度来检验我们对退货政策类型程度的操控是否成功。如表 9.11 所示，退货政策宽松度的方差方程的 Levene 检验结果显示，$F=0.272$，Sig.$=0.987>0.05$，表明两个实验组的方差齐性检验无显著差异，方差具有齐性，因此需要看 t 检验的首行数据。数据显示，$t=-5.776$，$df=78$，2-Tail Sig.$= 0.000<0.01$，这表明两个实验组的样本均值有显著差异，符合实验预期所呈现的不同退货政策宽松度。如表 9.12 所示，在提供宽松退货政策组的被试对于退货政策的评价显著高于提供严格退货组的被试对于退货政策的评价（$M_{宽松}=5.680$，$M_{严格}=4.000$）。因此，本书对退货政策宽松程度的操控是成功的。

表 9.11　预实验退货政策宽松程度的 t 检验

退货政策宽松程度	方差方程的 Levene 检验		均值方程的 t 检验		
	F	Sig.	t	df	2-Tail Sig.
假设方差相等	0.272	0.987	-5.776	78	0.000
假设方差不相等			-5.764	72.660	0.000

表 9.12　预实验感知退货政策宽松程度的描述性统计

	均值	标准差	均值的标准误
$M_{严格}$	4.000	1.300	0.220
$M_{宽松}$	5.680	1.280	0.191

2. 产品涉入度的操控检验

我们对测量产品涉入度的 4 个问项求平均，将其转化为一个变量，通过变量的均值将被试分为高产品涉入度组和低产品涉入度组。如表 9.13 所示，产品涉入度的方差方程的 Levene 检验结果显示，F=1.933，Sig.= 0.168＞0.05，表明两个实验组的方差齐性检验无显著差异，方差具有齐性，因此需要看 t 检验的首行数据。数据显示，t=-12.999，df=78，2-Tail Sig.= 0.000＜0.01，这表明两个实验组的样本均值有显著差异，符合实验预期所呈现的不同产品涉入程度。如表 9.14 所示，在高涉入度组的被试的得分显著高于低涉入度组的被试得分（$M_{高涉入度}$=5.466，$M_{低涉入度}$=3.000）。因此，本章对产品涉入度的操控是成功的。

表 9.13　预实验产品涉入度的 t 检验

产品涉入度	方差方程的 Levene 检验		均值方程的 t 检验		
	F	Sig.	t	df	2-Tail Sig.
假设方差相等	1.933	0.168	-12.999	78	0.000
假设方差不相等			-12.730	66.989	0.000

表 9.14　预实验产品涉入度的描述性统计

	均值	标准差	均值的标准误
$M_{高涉入度}$	5.466	0.937	0.156
$M_{低涉入度}$	3.000	0.760	0.115

9.4　数　据　分　析

9.4.1　样本数据分析

本次实验共招募 576 名网友参与，剔除不合格的问卷（过去半年内没有购物经历的问卷；作答时间小于 80 秒的问卷；答案全部相同的问卷），共得到有效问卷 421 份，其中严格退货政策情形有 211 份，宽松退货政策情形有 210 份。8 个实验组的分布详情如表 9.15 所示。

表 9.15　各个实验组样本分布详情

产品价值			退货政策宽松度	
			严格	宽松
产品类别	搜寻品	高价值	实验组 1：54 人	实验组 2：52 人
		低价值	实验组 3：50 人	实验组 4：47 人
	体验品	高价值	实验组 5：53 人	实验组 6：54 人
		低价值	实验组 7：54 人	实验组 8：57 人

表 9.16 描述的是正式实验的人口统计特征，就性别分布而言，男性被试共计 162 人，占比约为 38.48%；女性被试 259 人，占比约为 61.52%。就年龄分布而言，20 岁以下的被试 7 人，占比约为 1.66%；21～25 岁的被试最多，为 299 人，占比约为 71.02%；26～30

岁的被试 93 人，占比约为 22.09%；31～45 岁的被试 17 人，占比约为 4.04%；45 岁以上的被试 5 人，占比约为 1.19%。就学历层次分布而言，学历为大专及以下的被试 36 人，占比约为 8.55%；学历为大学本科的被试 178 人，占比约为 42.28%；学历为硕士研究生的被试 201 人，占比约 47.74%；学历为博士研究生的被试 6 人，占比约 1.43%。就被试的网络购物行为特征而言，过去半年购物次数为 1～5 次的有 78 人，占比约为 18.53%；过去半年购物次数为 6～10 次的有 93 人，占比约为 22.09%；过去半年购物 10 次以上的人数最多，为 250 人，占比约为 59.38%。

表 9.16　实验样本人口统计特征描述

项目	样本分布	样本数/个	频率/%	累计频率/%	Pearson 卡方检验/Fisher 的精确检验
性别	男	162	38.48	38.48	0.227
	女	259	61.52	100	
年龄	20 岁以下	7	1.66	1.66	0.373
	21～25 岁	299	71.02	72.68	
	26～30 岁	93	22.09	94.77	
	31～45 岁	17	4.04	98.81	
	45 岁以上	5	1.19	100	
学历	大专及以下	36	8.55	8.55	0.174
	大学本科	178	42.28	50.83	
	硕士研究生	201	47.74	98.57	
	博士研究生	6	1.43	100	
过去半年购物次数	1～5 次	78	18.53	18.53	0.432
	6～10 次	93	22.09	40.62	
	10 次以上	250	59.38	100	

此外，为了检验各实验组之间的人口统计学特征是否有显著的差异，我们进行了卡方检验。其中，对于符合卡方分布的人口统计特征我们用 Pearson 卡方检验值进行检验(性别和过去半年购物次数)，对于不符合卡方分布的人口统计特征(年龄和学历)，我们用确切概率计算法 Fisher 的精确检验值进行检验。结果表明 8 个实验组的 4 个人口统计学特征均没有显著差异。具体的样本特征及各组人口统计学特征显著性差异检验见表 9.16。

9.4.2　信度分析

信度(reliability)，是指测验结果的一致性、稳定性及可靠性。信度分析是数据分析中不可或缺的重要环节，它包括内部一致性信度和组合信度。学术界一般用 Cronbach's α 系数来检验内部一致性信度，通过验证性因子分析来检验组合信度(CR)。一般认为，0.7 为 Cronbach's α 系数和组合信度的最低可接收值；当 Cronbach's α 系数和组合信度值在 0.7～0.8 时，信度较好；当 Cronbach's α 系数和组合信度在 0.8～0.9 时，信度非常好。

本章使用 SPSS22.0 软件来计算 Cronbach's α 系数，用 AMOS22.0 软件进行验证性因子分析，以检验组合信度。结果显示，整个问卷的 Cronbach's α 为 0.804，大于 0.7，说明整个问卷的可靠性和稳定性很好。如表 9.17 所示，感知退货政策宽松度的 Cronbach's α 为 0.891，感知质量的 Cronbach's α 为 0.911，感知风险的 Cronbach's α 为 0.887，产品涉入度的 Cronbach's α 为 0.910，溢价支付意愿的 Cronbach's α 为 0.874，均高于 0.7，说明每个构念都具有较好的内部一致性。

表 9.17　验证性因子分析

| 构念 | 题项 | 模型参数估计值 | | | 收敛效度 | | | |
		UNSTD	S.E.	t 值	STD	SMC	CR	AVE
感知退货政策宽松度 （Cronbach's α=0.891）	RP1	1			0.904	0.817		
	RP2	0.977	0.04	24.396	0.867	0.752	0.896	0.686
	RP3	0.817	0.05	16.281	0.680	0.462		
	RP4	1.01	0.043	23.337	0.845	0.714		
感知质量 （Cronbach's α=0.911）	PQ1	1			0.812	0.659		
	PQ2	1.005	0.05	20.292	0.851	0.724	0.913	0.724
	PQ3	1.02	0.047	21.581	0.890	0.792		
	PQ4	1.014	0.05	20.217	0.849	0.721		
感知风险 （Cronbach's α=0.887）	PR1	1			0.742	0.551		
	PR2	1.138	0.065	17.641	0.863	0.745		
	PR3	1.12	0.063	17.768	0.869	0.755	0.889	0.619
	PR4	1.076	0.065	16.422	0.805	0.648		
	FR1	0.819	0.065	12.652	0.630	0.397		
产品涉入度 （Cronbach's α=0.910）	ID1	1			0.753	0.567		
	ID2	1.075	0.06	17.783	0.838	0.702	0.910	0.719
	ID3	1.162	0.06	19.263	0.903	0.815		
	ID4	1.181	0.062	18.97	0.889	0.79		
溢价支付意愿 （Cronbach's α=0.874）	WT1	1			0.863	0.745		
	WT2	0.92	0.046	19.877	0.826	0.682	0.875	0.700
	WT3	0.982	0.05	19.692	0.820	0.672		

从表 9.17 可以看出，感知退货政策宽松度的组合信度（CR）为 0.896，感知质量的组合信度（CR）为 0.913，感知风险的组合信度（CR）为 0.889，产品涉入度的组合信度（CR）为 0.910，溢价支付意愿的组合信度（CR）为 0.875，均高于 0.7，说明每个构念都具有较好的组合信度。

9.4.3　效度分析

效度（validity），也称为有效性，是指量表能够准确测量出其所要测量的事物的程度。构念的效度主要通过收敛效度和区别效度来评价。

本章采用近年来较为流行的验证性因子的分析来完成对构念效度的检验,使用的统计软件为 AMOS22.0。如表 9.17 所示,所有题项的标准因子载荷(STD)均为 0.63~0.95,大于0.5,说明收敛效度较好。如表 9.17 所示,感知退货政策宽松度的平均提炼方差(AVE)为0.686,感知质量的平均提炼方差(AVE)为 0.724,感知风险的平均提炼方差(AVE)为 0.619,产品涉入度的平均提炼方差(AVE)为 0.719,溢价支付意愿的平均提炼方差(AVE)为 0.700,均高于 0.5,且各构念的 AVE 的平方根均大于相应行列中的相关系数(表 9.18),说明测量模型具有充分的区别效度。

表 9.18　相关系数矩阵

	退货政策	感知退货政策宽松度	感知质量	感知风险	产品涉入度	产品类别	溢价支付意愿
退货政策	—						
感知退货政策宽松度	0.649**	0.828					
感知质量	0.302**	0.377**	0.851				
感知风险	-0.236**	-0.229**	-0.377**	0.787			
产品涉入度	0.034	0.129*	0.304**	0.054	0.848		
产品类别	-0.021	-0.025	-0.052	0.088	-0.018	—	
溢价支付意愿	0.411**	0.476**	0.625**	-0.282**	0.292**	-0.041	0.837
均值	0.500	4.887	4.150	4.130	4.206	0.48	3.939
标准差	0.501	1.513	1.230	1.279	1.490	0.500	1.309

9.4.4　相关分析

双变量相关分析是指对两个变量之间是否存在某种依存关系,以及这种关系的方向和程度进行分析的一种统计方法。Pearson 相关系数法是学术界普遍认可的一种相关分析方法,本书采用这种方法。Pearson 相关系数的取值为-1~1;系数大于 0 表示两个变量正相关;系数小于 0 表明两个变量负相关;系数等于 0 表明变量之间不存在线性关系;系数等于 1 或-1 表示完全正相关或完全负相关。一般认为,Pearson 相关系数的绝对值越大,两个变量间的相关性就越强。

由表 9.18 可知,感知退货政策宽松度、感知质量、感知风险以及溢价支付意愿这三个变量间的 Pearson 相关系数分别为 0.649、0.302、-0.236、0.411,表明感知退货政策宽松度与这三个变量之间存在显著的相关关系。感知质量与感知风险、产品涉入度、溢价支付意愿这三个变量间的 Pearson 相关系数分别为-0.377、0.304、0.625,表明感知质量与这三个变量之间存在相关关系。感知风险与溢价支付意愿之间的 Pearson 相关系数为-0.282,表明这两者之间存在相关关系。

9.4.5　操控检验

为了检验实验对退货政策和产品涉入度这两个变量的操控是否成功,本书采用独立样本 t 检验法依次检验自变量退货政策宽松度和调节变量产品涉入度的操控是否成功。

1. 退货政策宽松度的操控检验

通过比较被试对于退货政策的感知宽松度来检验我们对退货政策类型程度的操控是否成功。如表 9.19 所示，退货政策宽松度的方差方程的 Levene 检验结果显示，$F=4.263$，Sig.$=0.040<0.05$，表明两个实验组的方差齐性检验有显著差异，方差不具有齐性，因此需要看 t 检验的第 2 行数据。数据显示，$t=-17.483$，$df=411.975$，2-Tail Sig.$=0.000<0.01$，这表明两个实验组的样本均值有显著差异，符合实验预期所呈现的不同退货政策宽松度。如表 9.20 所示，在提供宽松退货政策组的被试对于退货政策的评价显著高于提供严格退货组的被试对于退货政策的评价（$M_{宽松}=5.870$，$M_{严格}=3.908$）。因此，本书对退货政策宽松程度的操控是成功的。

表 9.19　退货政策宽松程度的 t 检验

退货政策宽松程度	方差方程的 Levene 检验		均值方程的 t 检验		
	F	Sig.	t	df	2-Tail Sig.
假设方差相等	4.263	0.040	−17.478	419	0.000
假设方差不相等			−17.483	411.975	0.000

表 9.20　感知退货政策宽松程度的描述性统计

	均值	标准差	均值的标准误
$M_{严格}$	3.908	1.227	0.084
$M_{宽松}$	5.870	1.071	0.074

2. 产品涉入度的操控检验

我们对测量产品涉入度的 4 个问项求平均，将其转化为一个变量，通过变量的均值将被试分为高产品涉入度组和低产品涉入度组，其中高产品涉入度组 219 人，低产品涉入度组 202 人。如表 9.21 表所示，产品涉入度的方差方程的 Levene 检验结果显示，$F=11.440$，Sig.$=0.001<0.05$，表明两个实验组的方差齐性检验存在显著差异，方差不具有齐性，因此需要看 t 检验的第 2 行数据。数据显示，$t=-28.449$，$df=389.575$，2-Tail Sig.$=0.000<0.01$，这表明两个实验组的样本均值有显著差异，符合实验预期所呈现的不同产品涉入程度。如表 9.22 所示，在高涉入度组的被试的得分显著高于低涉入度组的被试得分（$M_{高涉入度}=5.369$，$M_{低涉入度}=2.944$）。因此，本书对退货政策宽松程度的操控是成功的。

表 9.21　产品涉入度的 t 检验

产品涉入度	方差方程的 Levene 检验		均值方程的 t 检验		
	F	Sig.	t	df	2-Tail Sig.
假设方差相等	11.440	0.001	−28.675	419	0.000
假设方差不相等			−28.449	389.575	0.000

表 9.22　产品涉入度的描述性统计

	均值	标准差	均值的标准误
$M_{低涉入度}$	2.944	0.951	0.067
$M_{高涉入度}$	5.369	0.780	0.053

9.4.6　假设检验

9.4.6.1　主效应检验

为了检验自变量退货政策宽松程度对感知质量、感知风险的主效应，本书使用单因素方差分析，将感知质量和感知风险作为因变量输入，将退货政策宽松程度作为固定因子输入。

1. 退货政策宽松度对感知质量的主效应检验

由表 9.23 可知，退货政策宽松程度对感知质量的主效应显著[$F_{(1,419)}$=42.155，P=0.000<0.001]，其中 $M_{严格}$=3.809，$M_{宽松}$=4.492。也就是说，当退货政策宽松时，消费者对退货政策的感知质量显著高于退货政策严格时的感知质量。换言之，与网络零售商严格的退货政策相比，在宽松的退货政策下消费者的感知公平更高。故而，假设 H1 得到验证。

表 9.23　退货政策对感知质量和感知风险影响的均值比较与方差分析

变量	分组	N	均值	标准差	标准误差	F	P
感知质量	严格	211	3.809	1.023	0.070	42.155	0.000
	宽松	210	4.492	1.131	0.078		
感知风险	严格	211	4.430	1.211	0.083	24.703	0.000
	宽松	210	3.828	1.277	0.088		

2. 退货政策宽松度对感知风险的主效应检验

由表 9.23 可知，退货政策宽松程度对感知风险的主效应显著[$F_{(1,419)}$=24.703，P=0.000<0.001]，其中 $M_{严格}$=4.430，$M_{宽松}$=3.828。也就是说，当退货政策宽松时，消费者对退货政策的感知风险显著低于退货政策严格时的感知风险。换言之，与网络零售商严格的退货政策相比，在宽松的退货政策下消费者的感知风险更低。故而，假设 H2 得到验证。

9.4.6.2　调节效应检验

当自变量和调节变量为类别变量时，一般使用多因素方差分析模型进行调节效应检验。本章中的退货政策宽松程度(自变量)和产品类别(调节变量)都是类别变量，因此，在检验产品类别对退货政策宽松程度与溢价支付意愿之间关系的调节效应时可直接使用多因素方差分析进行检验。

当自变量为类别变量，调节变量为连续变量时，可采用多层回归直接进行检验，也可以将调节变量转换为类别变量，采用多因素方差分析进行检验。为了保持对称性，本章选择多因素方差分析法检验产品涉入度（连续变量）对退货政策宽松程度与溢价支付意愿之间关系的调节效应。

1. 产品类别对退货政策宽松度与感知质量之间关系的调节效应

以感知质量为因变量，退货政策宽松度（1 代表严格，2 代表宽松）和产品类别（1 代表体验品，2 代表搜寻品）为自变量进行多因素方差分析。如表 9.24 所示，退货政策宽松度的主效应显著 $[F(1,417)=41.463$，$P=0.000 < 0.001]$，产品类别的主效应不显著 $[F(1,417)=1.029, P=0.311 > 0.05]$，退货政策与产品类别的交互效应显著 $[F(1,417)=16.475, P=0.000 < 0.01]$。如表 9.25 和图 9.4 所示，当产品为体验品时，$M_{宽松}=4.7387$，$M_{严格}=3.6542$，差异值为 1.0845，此时两组被试的感知质量有显著差异 $[F(1,216)=64.044, P=0.000 < 0.01]$；当产品为搜寻品时，$M_{宽松}=4.2146$，$M_{严格}=3.9688$，差异值为 0.2458，此时两组被试的感知质量不存在显著差异 $[F(1,201)=2.451，P=0.119 > 0.05]$。所以，当产品为体验品时，退货政策宽松度对消费者感知质量的影响更大。这表明，产品类别对退货政策宽松度与感知质量之间的关系起到调节作用，假设 H3a 得到验证。

表 9.24　产品类别对感知质量调节作用的主体间效应检验

源	III 型平方和	df	均方	F	P
校正模型	68.606	3	22.869	20.394	0.000
截距	7217.400	1	7217.400	6436.511	0.000
退货政策	46.493	1	46.493	41.463	0.000
产品类别	1.153	1	1.153	1.029	0.311
退货政策和产品类别	18.474	1	18.474	16.475	0.000
误差	467.591	417	1.121		
总计	7785.625	421			
校正的总计	536.197	420			

表 9.25　产品类型对感知质量调节作用的均值比较与方差分析

	分组	N	均值	标准差	标准误	F	P
体验品	严格退货政策	107	3.6542	0.78356	0.07575		
	宽松退货政策	111	4.7387	1.17182	0.11122	64.044	0.000
	总数	218	4.2064	1.13635	0.07696		
搜寻品	严格退货政策	104	3.9688	1.20410	0.11807		
	宽松退货政策	99	4.2146	1.02084	0.10260	2.451	0.119
	总数	203	4.0887	1.12252	0.07879		

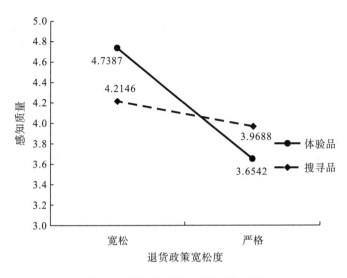

图 9.4　产品类别差异下的感知质量

2. 产品类别对退货政策宽松度与感知风险之间关系的调节效应

如表 9.26 所示，以感知风险为因变量，退货政策宽松度和产品类别为自变量的多因素方差分析表明，退货政策宽松度的主效应显著[$F_{(1,417)}=23.863$，$P=0.000<0.001$]，产品类别的主效应不显著[$F_{(1,417)}=3.240$，$P=0.073>0.05$]，退货政策宽松度与产品类别的交互效应显著[$F_{(1,417)}=15.679$，$P=0.000<0.001$]。如表 9.27 和图 9.5 所示，当产品为体验品时，$M_{宽松}=3.5045$，$M_{严格}=4.5570$，差异值为 1.0525，此时两组被试的感知风险有显著差异[$F_{(1,216)}=45.839$，$P=0.000<0.001$]；当产品为搜寻品时，$M_{宽松}=4.1899$，$M_{严格}=4.3000$，差异值为 0.1101，此时两组被试的感知风险没有显著差异[$F_{(1,201)}=0.368$，$P=0.545>0.05$]。这说明，当产品为体验品时，退货政策宽松度对消费者感知风险的影响更大。因此，产品类别对退货政策宽松度与感知风险之间的关系起到调节作用，假设 H3b 得到验证。

表 9.26　产品类别对感知风险调节作用的主体间效应检验

源	III 型平方和	df	均方	F	P
校正模型	66.299	3	22.100	14.854	0.000
截距	7195.709	1	7195.709	4836.419	0.000
退货政策	35.503	1	35.503	23.863	0.000
产品类别	4.820	1	4.820	3.240	0.073
退货政策和产品类别	23.328	1	23.328	15.679	0.000
误差	620.420	417	1.488		
总计	7866.600	421			
校正的总计	686.719	420			

表 9.27　产品类别对感知风险调节作用的均值比较与方差分析

	分组	N	均值	标准差	标准误	F	P
体验品	严格退货政策	107	4.5570	1.11762	0.10804		
	宽松退货政策	111	3.5045	1.17546	0.11157	45.839	0.000
	总数	218	4.0211	1.26043	0.08537		
搜寻品	严格退货政策	104	4.3000	1.29225	0.12672		
	宽松退货政策	99	4.1899	1.29374	0.13003	0.368	0.545
	总数	203	4.2463	1.29095	0.09061		

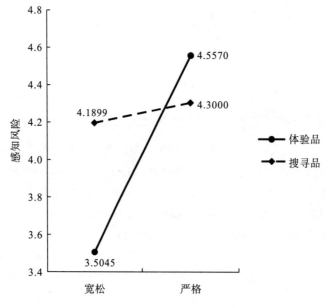

图 9.5　产品类别差异下的感知风险

3. 产品涉入度对退货政策宽松度与感知质量之间关系的调节效应

由于产品涉入度为连续变量，我们先将产品涉入度，按分数高于 73% 及低于 27% 的标准将样本区分为高/低两组（共保留 236 个样本），同样使用多因素方差分析模型进行检验。如表 9.28 所示，以感知质量为因变量，退货政策宽松度和产品涉入度为自变量的多因素方差分析表明，退货政策宽松度的主效应显著[$F_{(1,232)}$=23.589，P=0.000＜0.001]，产品涉入度的主效应显著[$F_{(1,232)}$=37.455，P=0.000＜0.001]，退货政策宽松度与产品涉入度的交互效应显著[$F_{(1,232)}$=12.378，P=0.000＜0.001]。如表 9.29 和图 9.6 所示，当顾客为高涉入度时，$M_{宽松}$=5.1509，$M_{严格}$=3.9500，差异值为 1.2009，此时两组被试的感知质量有显著差异[$F_{(1,116)}$=28.848，P=0.000＜0.001]；当顾客为低涉入度时，$M_{宽松}$=3.7689，$M_{严格}$=3.5769，差异值为 0.1920，此时两组被试的感知质量没有显著差异[$F_{(1,116)}$=1.142，P=0.287＞0.05]。即当顾客为高涉入度时，退货政策宽松度对消费者感知质量的影响更大。因此，假设 H4a 得到验证。

表 9.28 产品涉入度对感知质量调节作用的主体间效应检验

源	III 型平方和	df	均方	F	P
校正模型	83.463	3	27.821	23.173	0.000
截距	3948.540	1	3948.540	3288.809	0.000
退货政策	28.321	1	28.321	23.589	0.000
产品涉入度	44.968	1	44.968	37.455	0.000
退货政策和产品涉入度	14.861	1	14.861	12.378	0.001
误差	278.539	232	1.201		
总计	4283.375	236			
校正的总计	362.002	235			

表 9.29 产品涉入度对感知质量的均值比较与方差分析

分组		N	均值	标准差	标准误	F	P
低涉入度	严格退货政策	65	3.5769	0.94572	0.11730		
	宽松退货政策	53	3.7689	0.99982	0.13734	1.142	0.287
	总数	118	3.6631	0.97093	0.08938		
高涉入度	严格退货政策	65	3.9500	1.26800	0.15728		
	宽松退货政策	53	5.1509	1.13016	0.15524	28.848	0.000
	总数	118	4.4894	1.34426	0.12375		

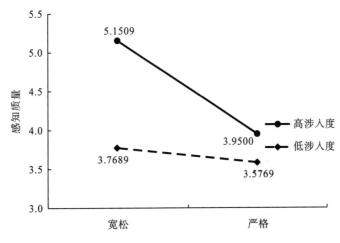

图 9.6 产品涉入度差异下的感知质量

4. 产品涉入度对退货政策宽松度与感知风险之间关系的调节效应

如表 9.30 所示,以感知风险为因变量,退货政策宽松度和产品涉入度为自变量的多因素方差分析表明,退货政策宽松度的主效应显著[$F_{(1,232)}=12.847$,$P=0.000<0.001$],产品涉入度的主效应不显著[$F_{(1,232)}=1.127$,$P=0.289>0.05$],退货政策与产品涉入度的交互效应不显著[$F_{(1,232)}=1.522$,$P=0.219>0.05$]。如表 9.31 和图 9.7 所示,当顾客为高涉入度时，$M_{宽松}$=3.7811，$M_{严格}$=4.5969，差异值为 0.4128；当顾客为低涉入度时，$M_{宽松}$=3.7811，$M_{严格}$=4.1938，差异值为 0.4127，即产品涉入度的高低，对退货政策宽松度对消费者感知风险的影响无显著差异。因此，假设 H4b 未能得到验证。这可能有两个原因：第一，为了消除品牌对消费者的影响，我们为被试描述了一个购买陌生品牌的虚拟环境，这可能使被试普遍感到风险较高；第二，我国网络零售产品质量参差不齐，消费者普遍感到风险较高，在各类人群中并不存在明显差异。

表 9.30　产品涉入度对感知风险的主体间效应检验

源	III 型平方和	df	均方	F	P
校正模型	28.431	3	9.477	5.264	0.002
截距	3889.277	1	3889.277	2160.448	0.000
退货政策	23.127	1	23.127	12.847	0.000
产品涉入度	2.030	1	2.030	1.127	0.289
退货政策和产品涉入度	2.740	1	2.740	1.522	0.219
误差	417.651	232	1.800		
总计	4437.880	236			
校正的总计	446.082	235			

表 9.31　产品涉入度对感知风险的均值比较与方差分析

	分组	N	均值	标准差	标准误	F	P
低涉入度	严格退货政策	65	4.1938	1.38878	0.17226		
	宽松退货政策	53	3.7811	1.24608	0.17116	2.825	0.095
	总数	118	4.0085	1.33702	0.12308		
高涉入度	严格退货政策	65	4.5969	1.25971	0.15625		
	宽松退货政策	53	3.7509	1.46703	0.20151	11.354	0.001
	总数	118	4.2169	1.41532	0.13029		

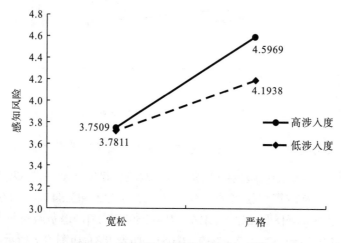

图 9.7　产品涉入度差异下的感知风险

9.4.6.3　中介效应检验

Bootstrapping 分析是目前较为流行且得到学者们广泛认同的中介检验方法(陈瑞 等, 2013)。我们运用该方法检验感知质量与感知风险的中介作用。参照 Preacher 和 Hayes(2008) 提出的多个并列的中介变量检验方法，样本量选择 5000，进行 Bootstrap 中介变量检验，结果如表 9.32 所示。根据 Preacher 和 Hayes(2008)的研究，Bootstrap 置信区间不包含 0，则对应的间接、直接或总效应存在，或 $Z>1.96$ 也说明所对应的效应存在。本书中，对于总间接效应，$Z=6.0630>1.96$，同时在 95%置信水平下，Bias-Corrected 方法置信区间为 [0.3442，0.6671]，Percentile 方法置信区间为[0.3384，0.6576]，均不包含 0 在内，说明总间接效应存在。对于感知质量的间接效应，$Z=5.1388>1.96$，同时在 95%置信水平下，Bias-Corrected 方法置信区间为[0.2421，0.5282]，Percentile 方法置信区间为[0.2344，0.5176]，均不包含 0 在内，说明感知质量的中介效应存在。对于感知风险的间接效应，$Z=3.1578>$ 1.96，同时在 95%置信水平下，Bias-Corrected 方法置信区间为[0.0608，0.2186]，Percentile 方法置信区间为[0.0555，0.2701]，均不包含 0 在内，说明感知风险的中介效应存在。对于直接效应，$Z=5.7663>1.96$，同时在 95%置信水平下，Bias-Corrected 方法置信区间为 [0.3726，0.7577]，Percentile 方法置信区间为[0.3726，0.7577]，均不包含 0 在内，说明感知风险的直接效应存在。因此，分析结果显示，感知质量和感知风险在退货政策与溢价支付意愿之间具有部分中介效应，假设 5 和假设 6 得到验证。此外，我们还注意到，感知质量的中介效应点估计值为 0.3664，解释了总间接效应的 74.70%；感知风险的中介效应点估计值为 0.1241，解释了总间接效应的 25.3%。所以，感知质量的中介效应要明显强于感知风险的中介效应。

表 9.32　中介变量检验结果

| 变数 | 点估计值 | 系数相关乘积 | | Bootstrapping | | | |
| | | | | Bias-Corrected 95% CI | | Percentile 95% CI | |
		SE	Z	Lower	Upper	Lower	Upper
				总效应			
RP→WT	1.0557	0.1145	9.2201	0.8307	1.2807	0.8307	1.2807
				间接效应			
RP→WT	0.4905	0.0809	6.0630	0.3442	0.6671	0.3384	0.6576
PQ	0.3664	0.0713	5.1388	0.2421	0.5282	0.2344	0.5176
PR	0.1241	0.0393	3.1578	0.0608	0.2186	0.0555	0.2701
				直接效应			
RP→WT	0.5651	0.0980	5.7663	0.3726	0.7577	0.3726	0.7577

注：RP 代表退货政策；WT 代表溢价支付意愿；PQ 代表感知质量；PR 代表感知风险。

9.4.6.4　假设检验结果汇总

本章旨在揭示网络购物环境下，无缺陷退货政策对消费者购前心理及行为的影响。在此基础上引入了产品类别和产品涉入度两个调节变量，检验了消费者在面对不同产品类别（体验品和搜索品）与拥有不同产品涉入度（高涉入度和低涉入度）时，在这一心理过程和行为倾向上的差异，以期更加全面地解释消费者的购买决策行为。对于本书提出的 8 个假设，有 7 个假设得到验证，仅有 1 个假设没有得到验证，如表 9.33 所示。

表 9.33　假设检验结果汇总

假设	假设内容	检验结果
H1	与网络零售商严格的退货政策相比，在宽松的退货政策下消费者的感知质量更高	成立
H2	与网络零售商严格的退货政策相比，在宽松的退货政策下消费者的感知风险更低	成立
H3a	与搜寻品相比，购买体验品时，退货政策对消费者感知质量的影响更强	成立
H3b	与搜寻品相比，购买体验品时，退货政策对消费者感知风险的影响更强	成立
H4a	与低产品涉入度消费者相比，退货政策对高产品涉入度消费者感知质量的影响更强	成立
H4b	与低产品涉入度消费者相比，退货政策对高产品涉入度消费者感知风险的影响更强	不成立
H5	感知质量在退货政策宽松程度和消费者溢价支付意愿之间起中介作用	成立
H6	感知风险在退货政策宽松程度和消费者溢价支付意愿之间起中介作用	成立

9.5　研　究　结　论

基于各项假设，可得到以下结论。①退货政策的宽松程度影响消费者的购前心理。与严格的退货政策相比，当面对宽松的退货政策时，消费者会产生更高的感知质量和更低的感知风险。退货政策通过感知质量和感知风险影响消费者的溢价支付意愿，且退货政策越宽松，消费者的溢价支付意愿越高；②退货政策宽松度对消费者购前心理和行为的影响，在不同的产品类别上存在差异。与搜寻品相比，退货政策宽松度对体验品的感知质量、感知风险的影响都更强；③消费者在产品涉入度方面存在个体差异，当面对陌生的品牌时，与那些低涉入度的消费者相比，退货政策宽松度对高涉入度消费者的感知质量更强，但退货政策宽松度对感知风险的影响在这两类人群中却没有显著差异。这可能有两个原因：①为了消除品牌对消费者的影响，我们为被试描述了一个购买陌生品牌的虚拟环境，这可能使被试普遍感到风险较高；②我国网络零售产品质量参差不齐，消费者普遍感到风险较高，在各类人群中并不存在明显差异。

第10章 跨境网络零售商无缺陷退货政策对消费者购买意愿的影响

随着消费结构的优化及消费品质的升级，跨境网购已成为消费者选购商品的一个重要途径。跨境网购在保障产品品质、丰富产品种类、提供高性价比产品的同时，其决策和体验相分离带来的网购风险，也在跨境背景下进一步放大，往往存在着产品支付、物流运输、售后维权等方面的风险。售后问题仍然是消费者期待改善的关键性问题。

本章结合跨境电商运营特点，研究了跨境电商无缺陷退货政策对消费者购买意愿的影响，基于信号理论、线索利用理论、光环效应理论，选取产品发货地（国内和国外）以及产品溯源码（提供和不提供）作为调节变量，建立跨境网购背景下退货政策宽松度对消费者购买意愿影响的研究模型。采用2（退货政策：宽松，严格）×2（产品发货地：国内，国外）×2（产品溯源码：提供，不提供）的实验设计，设计了8个实验情景，对模型进行检验。探讨产品发货地和溯源码对退货政策、消费者感知质量、感知风险的调节作用。研究结果进一步补充和完善了无缺陷退货政策对消费者行为影响的研究，有助于跨境网络零售商理解无缺陷退货政策对消费者心理及行为的作用机理，为跨境网络零售商制定更加合理有效的退货政策提供理论依据。

10.1 研 究 背 景

随着经济全球化的发展以及人民生活水平、消费观念的不断提升，越来越多的消费者通过电子商务零售企业购买产品。我国政府也出台了一系列政策，鼓励国内跨境电商发展。2018年6月6日，中国海关总署发布《2018年7月1日起香港CEPA①项下新增零关税货物原产地标准表》，内地对新增的4项香港原产商品实行零关税；2018年9月30日，国务院关税税则委员会发布《关于降低部分商品进口关税的公告》，降低部分商品最惠国税率，涉及1585个项目，取消39项进口商品最惠国暂定税率；2019年1月1日，我国电商领域首部综合性法律《中华人民共和国电子商务法》正式实施；2019年出台的跨境电商新政既放宽了对跨境电商进口的限制，又在规范代购方面明确了监管方向。根据艾媒咨询（iiMedia Research）发布的《2019全球跨境电商市场与发展趋势研究报告》数据显示，2018年中国跨境电商交易规模达到9.1万亿元。2018年中国海淘用户规模超1亿人，31.8%的用户海淘商品越来越多，60.1%的用户每月海淘一次，48.1%的用户月均海淘花费超千元。在消费升级的情况下，个性化、高品质消费需求凸显，海外留学、海外旅游、海外文化输入等都为新

---

① CEPA（closer economic partnership arrangement，内地与香港关于建立更紧密经贸关系的安排）。

一代海淘创造了文化环境，用户对高品质跨境电商需求逐渐增加，用户规模将持续扩大。截至 2018 年底，网易考拉、天猫国际和海囤全球分别以 27.1%、24.0%以及 13.2%的市场份额雄踞跨境电商前三，唯品国际、小红书则紧随其后。

在跨境电商背景下，由于竞争的加剧及成本的增加，不少零售商选择从产品生产地直接进行采购，开启海外直邮模式。而随着跨境政策的逐步完善，保税模式因缩短配送时间、提升用户体验等优点，逐渐得到青睐。然而，保税模式的多重环节也使得搀杂假货、尾货更加容易，交易风险加大。参差不齐的退货政策反映了跨境电商平台面临的两难境地。一方面，作为消费者接收到的质量信号，若退货政策是宽松的，会带来消费者感知质量的提升，减少消费者对跨境网购售假、丢件、货损、延时等方面的顾虑；另一方面，受制于海关政策规定，退回的商品无法重返保税仓，也无法直接进行二次销售，平台必须另建退货仓来处理退回的商品，若退货政策是宽松的，平台会承受巨大的压力，补贴关税、产品积压等也增加了零售商的成本支出。在此情景下，如何实现企业和用户的双赢，是解决跨境电商退货政策矛盾的关键。

在远程购物环境下，由于产品体验与购物决策的分离，消费者往往只能依据网站提供的信息来进行决策。许多研究发现企业可以通过退货政策来向消费者传递自身质量的信号，同时，消费者也可以根据信号来决定是否做出购买选择（Wood，2001；Biswas and Biswas，2004；Bonifield，2010；Kim and Wansink，2012）。退货政策会影响消费者购前感知、购买决策、商品评价、退货行为，而产品发货地和产品溯源码则是影响退货政策作用效果的重要调节因素。Schooler（1965）提出，相对于经济较不发达国家的产品，来自经济发达国家的产品要更受欢迎。Verlegh 和 Steenkamp（1999）发现原产地对于消费者的产品态度、感知质量和购买倾向都有显著影响；Maheswaran（1994）发现，相比于发展中国家，消费者相信发达国家更有能力制造高质量的产品。产品溯源码是消费者获取产品来源信息的一种手段，可以帮助消费者鉴别产品真实性。Dickinson 和 Bailey（2002）、Dickinson 和 Dee（2005）通过实验证实，消费者对具有可追溯性的农产品有更高的支付意愿；Enneking（2004）、Angulo 和 Gil（2007）、Loureiro 和 Umberger（2007）则考察了可追溯性标签、产品产地标签等对消费者的影响。因此，本书关注的重点在于，跨境网络零售商如何制定无缺陷退货政策，并结合产品发货地、产品溯源码等信息，提高消费者购买意愿。

10.2　模　型　构　建

10.2.1　退货政策与购买意愿

在远程购物环境下，由于产品体验与购物决策的分离，消费者往往只能依据网站提供的信息来进行决策。许多研究发现企业可以通过退货政策来向消费者传递自身质量的信号，同时，消费者也可以根据信号来决定是否做出购买选择（Wood，2001；Biswas and Biswas，2004；Bonifield，2010；Kim and Wansink，2012）。

对退货政策宽松度影响感知质量进而影响购买意愿的研究由来已久。Wood（2001）基于信号理论，提出宽松的退货政策是产品质量较高的信号，在对产品质量不确定时，消费者更愿意冒险尝试在提供积极信号的企业进行购买，因此退货政策宽松度会影响消费者的购买意愿，并且消费者更喜欢宽松的退货政策，购买意愿和退货政策宽松度之间是正向关系也得到了证明；Bonifield（2010）提出，为吸引消费者，打造自身良好形象，高质量的企业往往会制定宽松的退货政策，在消费者退货时尽量减少限制。他基于信号理论，将企业是否全额退款用来界定退货政策宽松度，通过问卷调查研究消费者对熟悉的电子商务企业退货政策宽松度的评分及其未来的购买选择，研究了退货政策宽松度对消费者感知质量，进而对购买意向的影响。研究结果表明，宽松的退货政策是企业传递高质量的一种信号方式，通常说明企业产品和服务质量比较好，退货政策宽松度和感知质量、购买意愿之间呈现正向关系；Kim 和 Wansink（2012）研究发现在商家推荐的情况下，退货政策越宽松，消费者的购买意向越高。网络商家制定的退货政策越宽松，一方面消费者的灵活性和自由度提高，另一方面商家给消费者传递了高质量等方面的信号，会刺激消费者的购买意向。

退货政策宽松度影响感知风险进而影响购买意愿的研究也具有一定的文献基础。研究表明，通过给予消费者不满意时退货的权利，能够降低消费者感知风险的水平（Phillips，1993）并提升消费者尝试新产品的意愿（Davis et al.，1995）；Heiman 等（2001）从风险减少机制出发，提出退款保证通过降低消费者的感知风险，提升了消费者购买产品的可能性；Wood（2001）认为，宽松的退货政策会给消费者传递一个信号，即他们可以获得更长的退货决策时间，并付出较少的努力就能得到全部的退款，这就降低了他们的购买风险，从而增加了购买意愿；Suwelack 等（2011）提出，宽松的退货政策将会降低消费者的感知风险及预期后悔，使消费者产生积极的情感反应，从而提升其购买意愿及溢价支付意愿；Pei 等（2014）认为，宽松的退货政策作为产品质量和卖家信誉的信号，使消费者产生能够无风险地取回退款的思考，降低消费者的感知风险，刺激其进行购买。张蓓佳（2017）提出，消费者作为理性人，具有规避风险的特征，因此会从自身的感知风险出发而做出购物选择，感知风险对消费者购买意愿会产生负面的影响。

基于以上研究，本章选择将感知质量、感知风险作为中介变量，研究退货政策宽松度对感知质量、感知风险进而对消费者购买意向的影响。

10.2.2　退货政策与感知质量

远程购物环境下，由于缺少近距离触摸、观察等直观体验，消费者往往难以评判产品质量，只能借助网站信息进行决策，造成了买家和卖家信息的不对称（李东进 等，2013）。依据信号传递理论，当买方和卖方之间存在信息不对称时，信息缺少方会借助另一方提供的信息进行判断。因此，为了与提供低质量产品的零售商区别开，提供高质量产品的零售商会向消费者发出关于商品或服务的质量信号（Wood，2001）。宽松的退货政策就是一个具有诊断性的信号，因为产品退回引发的交易成本较高，提供低质量产品的零售商无法通过假信号受益，因此防止了欺诈的发生。在跨境网购情境下，由于无法准确评估产品质量，消费者只能利用外部线索辅助决策（Miyazaki et al.，2005），此时，相比于严格的退货政策，若退货政策是宽松的，可以传递出零售商对其产品质量和产品交付的信心，会引发消费者更高的质量感知(Bonifield et al.，2010)，而严格的退货政策则会引发消费者关于零售商无能力承担产品退货风险的思考，带来更低的感知质量。因此，提出如下假设。

H1：在跨境电商背景下，相较于严格的退货政策，消费者在宽松退货政策下的感知质量更高。

10.2.3　退货政策与感知风险

随着跨境网购的兴起，消费者在享受多样化、高性价比产品的同时，也感受到比传统网购更多的购物风险。一方面，跨境物流使产品交付的时间更长、在途破损、丢件的可能性变大，另一方面支付障碍、海关清关、假货维权也成为消费者焦虑的额外因素，宽松的退货政策一是降低了消费者感知的不确定性；二是减少了消费者更改错误决策的成本，使消费者的决策更加灵活。宽松的退货政策既能降低感知风险的不确定性，又能降低感知风险的后果，是降低消费者感知风险的有效措施。因此，提出如下假设。

H2：在跨境电商背景下，相较于严格的退货政策，消费者在宽松退货政策下的感知风险更低。

10.2.4　感知质量与感知风险的中介作用

Wood(2002)和 Bonifield 等(2010)的研究表明，影响消费者购买意愿的因素有很多，退货政策是其中一个重要的因素，宽松的退货政策能够传递出企业对其产品质量和产品交付的信心，提升消费者对产品的质量感知。由此唤起消费者积极的情感反应，增加其购买意愿(Suwelack et al.，2011)。Kim 和 Wansink(2012)的研究表明，网络零售商制定的退货政策越宽松，一方面可以提高消费者的灵活性和自由度，另一方面也给消费者传递了产品质量高等方面的信号，因此越会刺激消费者的购买意向。故本书认为，在跨境电商背景下，宽松的退货政策会通过提高消费者的感知质量影响其购买意愿。

此外，感知风险作为消费者的内部感知，也会对消费者的内在行为即购买意愿产生影响。这是因为消费者作为理性人，具有规避风险的特征。Vellido 和 Meehan(2000)提出，不管是消费者的购买意愿还是购买行为，感知风险都会对其有负向作用。在网络购物环境下，宽松的退货政策会降低消费者逆转错误决策的成本，使决策可逆、灵活(Wood，2001)，让消费者对购买决策结果感觉更加可控，减低消费者的感知风险(Petersen and Kumar，2009)。因为消费者具有规避风险的本能(张蓓佳，2017)，因此相比于严格的退货政策，宽松的退货政策下消费者的感知风险更低，购买意愿更强。因此，在跨境电商背景下，宽松的退货政策会通过降低消费者感知风险影响其购买意愿。

因此，提出如下假设。

H3：感知质量在退货政策宽松度及消费者的购买意愿间起中介作用。

H4：感知风险在退货政策宽松度及消费者的购买意愿间起中介作用。

10.2.5　产品发货地的调节作用

产品来源对于消费者决策具有重要影响。研究表明,产品原产地对消费者的购前感知、购买决策、产品评价等有显著的影响(王海忠 等,2007;孙国辉和杨一翁,2012;盛亚军等,2014)。大量研究发现,因受到光环效应的影响,经济较为落后国家的消费者会对经济发达国家的产品有着更高的质量评价,这一效应也可以从消费者日益增长的跨境购买诉求中看出。

由于受到国内虚假广告、山寨产品、品牌造假等新闻的影响,当进行跨境购物时,消费者往往希望购买到原装进口的产品,此时,产品发货地作为一个有力的外部线索,会影响消费者的评价。因此,本章将产品发货地作为调节变量,纳入模型进行研究。基于目前国内跨境进口电商平台的海外直邮与保税区发货两种模式,考察国外发货和国内发货两种情况。对于同一种跨境产品,国外发货往往比国内发货更能向消费者传递海外直采的信号,激发消费者关于产品原装进口的遐想,减少消费者买到山寨产品的顾虑。相比于国内发货,国外发货时,消费者感知到的风险更低。由于风险水平提升时承诺的影响会更大(Wood,2001),因此,国内发货时,退货政策的影响更大,即在跨境电商背景下,与国外发货相比,国内发货时,退货政策对感知质量、感知风险的影响更强。因此,提出如下假设。

H5a:相较于国外发货,国内发货时,退货政策对感知质量的影响更强。

H5b:相较于国外发货,国内发货时,退货政策对感知风险的影响更强。

10.2.6　产品溯源码的调节作用

产品溯源码是消费者获取产品来源信息的一种途径,通过扫描产品包装上的二维码,消费者可以查询产品名称、原产国、进口商、进口口岸、启运地、报检日期、报检单号、报关日期等信息。当进行跨境购物时,消费者往往受到假冒伪劣产品的困扰。此时,产品溯源码将作为一个有力的质量保证线索,通过降低产品来源信息的不确定性,提升消费者的购买信心,影响消费者对产品属性的评价。因此,本章参考当前国内跨境进口电商平台的实际操作情况,将产品溯源码作为调节变量纳入模型进行研究,考察产品溯源码的提供与否对退货政策作用效果的影响。在跨境电商背景下,当零售商不提供产品溯源码时,消费者主要依靠退货政策线索来进行产品属性的判断,而当零售商提供产品溯源码时,可供消费者参考的线索变成了多线索。增加的新线索可能作为退货政策线索的替代,削弱退货政策对产品属性的影响。因此,提出如下假设。

H6a:相较于未提供产品溯源码,提供产品溯源码时,退货政策对感知质量的影响更弱。

H6b:相较于未提供产品溯源码,提供产品溯源码时,退货政策对感知风险的影响更弱。

10.2.7 研究模型

根据以上分析，本章认为，在跨境电商背景下，宽松的退货政策会提升消费者的感知质量、减少消费者的感知风险以影响其购买意愿。此影响会受到产品发货地、产品溯源码的影响。因此，本章将感知质量、感知风险作为中介变量，产品发货地、产品溯源码作为调节变量，纳入学者 Wood（2001），Bonifield（2010）、Kim 和 Wansink（2012）的模型进行研究。研究模型如图 10.1 所示。

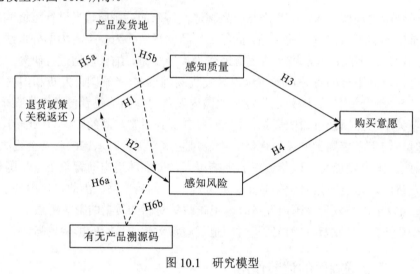

图 10.1　研究模型

10.3　研 究 设 计

10.3.1　实验设计

本章通过模拟跨境购物网站产品介绍页面以及退货政策的信息说明页面来进行实验。通过对自变量(退货政策宽松度)和 2 个调节变量(产品发货地、产品溯源码)的操控，利用多因子的实验设计。将退货政策分为两组：宽松及严格；产品发货地分为两组：国外及国内；产品溯源码分为两组：提供及不提供。因此，实验设计为 2(退货政策：宽松，严格)×2(产品发货地：国外，国内)×2(产品溯源码：提供，不提供)，共 8 个情景组，如表 10.1 所示。

表 10.1　实验设计分组

操纵变量		退货政策宽松度	
		宽松	严格
产品发货地	国内　提供溯源码	实验组 1	实验组 2
	国内　不提供溯源码	实验组 3	实验组 4
	国外　提供溯源码	实验组 5	实验组 6
	国外　不提供溯源码	实验组 7	实验组 8

10.3.1.1　实验对象

依据艾瑞咨询发布的《2018 年中国跨境进口零售电商行业发展研究报告》，跨境网购用户集中在 29～39 岁的中青年群体，占比达 56.3%；同时，《2016～2017 年度中国跨境进口电商发展报告》《2016 年中国跨境网购用户研究报告》等显示，跨境网购用户中 74.6%的用户都是大学本科及以上学历，且平均个人月收入达 11043.9 元，较整体网购用户偏高。综合以上三个方面的分析，学生及上班族是跨境网购人群中具有很强代表性的群体。在综合考虑实验成本、问卷质量等多方面因素的情况下，本书首先在微信平台进行问卷调查，主要目标是高校学生，同时，因上班族也是跨境网购消费群体的重要部分，本实验在问卷星平台定向收集样本数据，最终样本涵盖学生和上班族人群，具有一定的代表性。

10.3.1.2　实验产品

依据艾瑞咨询《2018 年中国跨境进口零售电商行业发展研究报告》，2018 年中国跨境电商用户主要购买商品列表分布中，位居前三位的商品类别分别为食品、母婴用品、美妆个护，占比分别达 55.0%、49.0%、48.3%。在希望尝试或增加购买的商品类别中，44.9%的用户表示会增加服装鞋帽·箱包的购买。由于美容彩妆、食品这两类产品的消费用户主要为女性，因此，本章选择服饰鞋靴这一类受性别特征影响不大的产品进行实验。

在服饰鞋靴产品中，运动鞋由于舒适、耐磨，消费人群范围广，且由于国外运动鞋款式较多，相比国内价格更低，往往成为海淘用户消费的热门产品。基于以上几点，本章选择运动鞋作为本次实证研究的实验产品，且为保证实验结果的准确性，本章选择了男女都适用的运动鞋。

10.3.2　变量的操控与测量

10.3.2.1　退货政策的操控

研究主要是根据退货截止时间、退货所需的努力程度、费用的返还三个维度来操控退货政策宽松度。将其同时设置为极端严格或同时设置为极端宽松来考察退货政策的作用效果。鉴于研究对象是经营主体在中国的跨境网络零售电商，且主流跨境电商平台的无缺陷退货政策在退货截止时间、退货所需的努力程度这两个维度没有显著差异，因此本章从费用的返还维度出发，主要考虑税费返还这一新因素。

在截止时间维度，按照当前主流跨境电商网站的规定，统一设置为 7 天；在努力水平维度，按照当前主流跨境电商网站的规定，统一设置为联系客服，在线填写退货申请，保持商品外包装完整，退回赠品、发票、保修卡等；在费用返还维度，严格的退货政策下，消费者不仅要承担商品寄回的运费，还需要承担实际关税费用，若退货政策是宽松的，消费者仅需承担商品寄回的运费，税费则由卖家承担。具体的操控方法如表 10.2 所示。

表 10.2　退货政策的操控方式

宽松度	维度	操控方式
严格	退货期限	从收货当天起 7 天内
	退货要求	退货前，需登录系统并联系客服，填写退货申请； 退货时，请保持商品外包装完整，将商品的内带附件、赠品、发票、保修卡等一同寄回
	退货费用	非质量问题退货 1. 不退税（即使消费者已缴纳税费）； 2. 由消费者来承担商品往返的运费； 3. 若商品提供包邮服务，仅需承担退货运费
宽松	退货期限	从收货当天起 7 天内
	退货要求	退货前，需登录系统并联系客服，填写退货申请； 退货时，请保持商品外包装完整，将商品的内带附件、赠品、发票、保修卡等一同寄回
	退货费用	非质量问题退货； 1. 退税（若消费者已缴纳税费）； 2. 由消费者来承担商品往返的运费； 3. 若商品提供包邮服务，仅需承担退货运费

10.3.2.2　感知退货政策宽松度的测量

本章参考了 Bonifield 等(2010)、Hsieh(2013)、Jeng 等(2014)的研究，设计出感知退货政策宽松度的量表，以 5 个问项来进行测量，采用 Likert 七级量表(1 表示非常同意，7 表示非常不同意，后同)。具体量表如表 10.3 所示。

表 10.3　感知退货政策宽松度的测量方式

变量	序号	问题	来源
感知退货政策宽松度	RP1	与其他零售商的退货政策相比，该退货政策非常宽松	Bonifield 等(2010)
	RP2	与其他零售商的退货政策相比，该退货政策限制很少	
	RP3	该退货政策的退货时限很长	Jeng 等(2014)
	RP4	该退货政策让我觉得非常方便	
	RP5	该退货政策收取了合理的退货费用	Hsieh(2013)

10.3.2.3　感知质量的测量

感知质量是与消费者的知觉相关的，消费者对产品耐用性、安全性和功能等的主观评价。本章关于感知质量的测量参考了 Dodds 等(1991)开发的量表，此量表后期又被 Sweeney 和 Soutar(2001)、徐康锋(2010)等众多学者加以运用。综合相关研究，本书最终决定用 5 个问项来测量感知质量，具体量表如表 10.4 所示。

表 10.4　感知质量的测量方式

变量	序号	问题	来源
感知质量	PQ1	我觉得该产品是值得信赖的	
	PQ2	我觉得该产品的做工很好	Dodds 等(1991)； Sweeney 和 Soutar(2001)
	PQ3	我觉得该产品在同等价位中可能是高质量的	
	PQ4	我觉得该产品是持久耐用的	
	PQ5	我觉得该产品的性能很好	徐康锋(2010)

10.3.2.4　感知风险的测量

感知风险是消费者对购买结果的不确定性和不利因素的感知(Dowling and Staelin，1994)，在消费者行为研究中常常被视为多维结构(Crespo et al.，2009；Mitchell and Harris，2005)。电子商务环境中，学者们普遍将感知风险分为经济风险、心理风险、社会风险、时间风险、物理风险、绩效风险、隐私风险 7 个维度。本章关于感知风险的测量，综合参考了 Suwelack 等(2011)、Chang 和 Tseng(2013)的研究，采用 5 个问项来测量感知风险。具体的量表如表 10.5 所示。

表 10.5　感知风险的测量方式

变量	序号	问题	来源
感知风险	PR1	就产品性能而言，购买该产品存在很大的风险	Suwelack 等(2011)；Chang 和 Tseng(2013)
	PR2	我对产品的运行性能毫无把握	
	PR3	我没有信心产品会按照预期运作	
	PR4	就财务费用而言，购买该产品存在很大的风险	
	PR5	我认为选择该产品在经济上是有风险的	

10.3.2.5　购买意愿的测量

基于 Pei 等(2014)以及 Jeng 等(2014)的研究，并结合电子商务网络购物所具有的独特特征，本书用 3 个问项来测量消费者的购买意愿，采用的是 Likert 七级量表。具体的量表如表 10.6 所示。

表 10.6　购买意愿的测量方式

变量	序号	问题	来源
购买意愿	PI1	我非常愿意在该网站购买产品	Pei 等(2014)；Jeng 等(2014)
	PI2	我非常可能会在该网站购买产品	
	PI3	我在该网站购买产品的概率非常高	

10.3.3　实验准备

10.3.3.1　任务情景

本章的任务情景是：某顾客最近打算海淘一双运动鞋，在某跨境电商网站进行挑选。由于本章探讨的是不同的产品发货地(国外、国内)情境下，退货政策宽松度(宽松、严格)对消费者购买意愿的影响，所以在借鉴以往研究的基础上，设计了 8 组不同的实验情景，以实验组 1 和实验组 8 为例，具体内容如附录三所示。

10.3.3.2　问卷设计

问卷包含四个部分。第一部分调查了我国网络购物用户跨境电商平台的使用情况；第二部分展现了实验情景，包含产品信息及退货政策的说明；第三部分是相关变量的测量量表，为检验本实验对退货政策宽松度的操控效果，设置了感知退货政策的宽松度测量；第四部分包含人口的基本统计信息，如被试的性别、学历、年龄等。

10.3.3.3　实验流程

实验分为两个阶段，第一阶段是研究的前测，招募 80 名被试进行预实验，每种情景发放 10 份问卷，对问卷进行信效度分析，调整存在语义模糊的问项，保证问卷结构的完整性，增加问卷的可理解性；第二阶段进行正式的实验，共吸引了 700 多名被试进行实验。

10.3.4　预实验分析

为检验变量操控及问卷设计是否得当，本章在正式实验前进行了一个小规模的预实验。首先在国内某大型问卷调研平台上传了实验情景以及各个变量问项，然后通过生成问卷链接并发布到微信朋友圈将实验情景随机分配给不同的被试。最终收到有效问卷共计 80份，其中，每个情景分别有 10 份有效问卷。对收集到的样本数据进行信效度分析及操控检验，具体分析结果如下。

10.3.4.1　信度分析

信度分析包含内部一致性信度及组合信度(CR)，其中，前者常用 Cronbach's α 系数检验，后者一般用验证性因子分析检验。当在 0.7~0.8 时，问卷信度较好；在 0.8~0.9 时，问卷信度非常好；最低可接收值为 0.7。

本章采用 SPSS22.0 和 AMOS22.0 数据分析软件对收集到的样本进行了信度检验。表 10.7 的结果显示，感知退货政策宽松度、感知质量、感知风险、购买意愿的 Cronbach's α 分别是 0.966、0.960、0.968、0.965，都在 0.7 以上，这表明各构念的内部一致性较高。相应地，各构念的组合信度(CR)分别是 0.973、0.966、0.975、0.972，均高于 0.7，这表明各构念具有较好的组合信度。

表 10.7　验证性因子分析

构念	题项	模型参数估计				收敛效度			
		UNSTD	S.E.	t	P	STD	SMC	CR	AVE
感知退货政策宽松度（Cronbach's α=0.966）	RP1	1.000				0.991	0.982	0.973	0.878
	RP2	0.770	0.038	20.144	***	0.925	0.856		
	RP3	0.790	0.033	24.058	***	0.948	0.899		
	RP4	0.623	0.030	20.842	***	0.930	0.865		
	RP5	0.530	0.032	16.430	***	0.889	0.790		
感知质量（Cronbach's α=0.960）	PQ1	1.000				0.976	0.953	0.966	0.852
	PQ2	0.796	0.045	17.744	***	0.918	0.843		
	PQ3	0.779	0.039	19.759	***	0.937	0.878		
	PQ4	0.632	0.039	16.315	***	0.901	0.812		
	PQ5	0.542	0.037	14.819	***	0.879	0.773		

续表

构念	题项	模型参数估计				收敛效度			
		UNSTD	S.E.	t	P	STD	SMC	CR	AVE
感知风险 （Cronbach's α=0.968）	PR1	1.000				0.980	0.960		
	PR2	0.839	0.037	22.702	***	0.951	0.904		
	PR3	0.799	0.038	21.280	***	0.942	0.887	0.975	0.886
	PR4	0.632	0.034	18.840	***	0.923	0.852		
	PR5	0.557	0.032	17.460	***	0.909	0.826		
购买意愿 （Cronbach's α=0.965）	PI1	1.000				0.992	0.984		
	PI2	0.814	0.035	23.259	***	0.948	0.899	0.972	0.920
	PI3	0.706	0.033	21.348	***	0.936	0.876		

10.3.4.2 效度分析

采用收敛效度及区别效度评判变量问项的效度，通过使用 AMOS22.0 软件，完成了各个变量问项的验证性因子分析。如表 10.7 所示，各个变量问项的标准因子载荷（STD）都为 0.87~0.99，大于 0.5。

同时，感知退货政策宽松度、感知质量、感知风险、购买意愿的平均提炼方差（AVE）分别是 0.878、0.852、0.886、0.920，均高于 0.5，同时，所有构念的 AVE 的平方根均要大于相应行列中的相关系数（表 10.8），表明测量模型具有足够的区别效度。

表 10.8　相关系数矩阵

	感知退货政策	感知质量	感知风险	购买意愿
感知退货政策	0.9370			
感知质量	0.321**	0.9230		
感知风险	-0.142	-0.205	0.9413	
购买意愿	0.391**	0.554***	-0.238	0.9592
均值	3.88	3.71	3.425	3.679
标准差	0.887	0.820	0.917	1.072

说明：对角线为 AVE 的平方根，其他为潜变量间的相关系数。

10.3.4.3 变量操控检验

本书为检验实验对退货政策宽松度的操控效果，选用了独立样本 t 检验法。结果如表 10.9 所示，$F=0.223$，Sig.=0.638＞0.05，表明这两个实验组（严格退货政策组、宽松退货政策组）的方差齐性检验无显著差异，方差具有齐性，因而需要看 t 检验的首行数据。数据显示，$t=2.727$，$df=78$，2-Tail Sig.=0.008＜0.01，这表明两个实验组（严格退货政策组、宽松退货政策组）的样本均值有显著差异，满足实验预期中所表现的不同的退货政策宽松度。如表 10.10 所示，随机分配到宽松退货政策组的被试对于退货政策宽松度的打分显著高于随机分配到严格退货组的被试对于退货政策宽松度的打分（$M_{宽松}=4.140$，$M_{严格}=3.620$）。因此，实验中关于退货政策宽松度的操控是较为成功的。

表 10.9　预实验退货政策宽松度的 t 检验

退货政策 宽松度	方差方程的 Levene 检验		均值方程的 t 检验		
	F	Sig.	t	df	2-Tail Sig.
假设方差相等	0.223	0.638	2.727	78	0.008
假设方差不相等			2.727	77.745	0.008

表 10.10　预实验感知退货政策宽松度的描述性统计

	均值	标准差	均值的标准误
严格退货政策	3.620	0.877	0.139
宽松退货政策	4.140	0.828	0.131

10.4　数 据 分 析

10.4.1　样本数据分析

正式实验时增加了被试人数，共招募了 737 名网友参加。在设计问卷时，通过设置一些陷阱题，确保被试正确地知悉情境中的操控条件，并通过对问卷结果的筛选，剔除一些不满足要求的问卷，如没有通过跨境电商平台购买商品的经历、作答时间小于 60 秒、答案完全一致的问卷。最终共收集到有效问卷 425 份，有效问卷率为 57.67%，其中 211 份为宽松的退货政策，214 份为严格的退货政策，8 个实验组的分布详情如表 10.11 所示。

表 10.11　各个实验组样本分布详情

操纵变量			退货政策宽松度	
			宽松	严格
产品发货地	国内	提供溯源码	实验组 1：53 人	实验组 2：54 人
		不提供溯源码	实验组 3：52 人	实验组 4：52 人
	国外	提供溯源码	实验组 5：55 人	实验组 6：55 人
		不提供溯源码	实验组 7：51 人	实验组 8：53 人

表 10.12 描述的是本次正式实验中的人口统计特征，以性别分布来看，被试中的男性共 170 人，占比为 40.00%；女性被试共 255 人，占比为 60.00%；以年龄分布来看，小于 20 岁的有 6 人，占比约为 1.41%；21～25 岁的有 41 人，占比约为 9.65%；26～30 岁的有 148 人，占比约为 34.82%；31～35 岁的有 143 人，占比约为 33.65%；35 岁以上的有 87 人，占比约为 20.47%；以学历层次分布来看，高中及以下学历的有 9 人，占比约为 2.12%；大学本科学历的有 372 人，占比约为 87.53%；硕士学历的有 42 人，占比约为 9.88%；博士学历的有 2 人，占比约为 0.47%。

表 10.12　实验样本人口统计特征描述

项目	样本分布	样本数/个	频率/%
性别	男	170	40.00
	女	255	60.00
年龄	20 岁以下	6	1.41
	21～25 岁	41	9.65
	26～30 岁	148	34.82
	31～35 岁	143	33.65
	35 岁以上	87	20.47
学历	高中及以下	9	2.12
	大学本科	372	87.53
	硕士研究生	42	9.88
	博士研究生	2	0.47
在跨境电商平台购物次数	1～3 次	120	28.24
	4～6 次	123	28.94
	7～9 次	78	18.35
	10 次以上	104	24.47
常用的跨境电商平台	天猫国际	369	88.24
	京东全球购	281	67.53
	亚马逊海外购	213	51.76
	网易考拉海购	125	29.41
	唯品国际	125	28.24
	小红书	109	26.82
	苏宁海外购	76	18.12
	聚美极速免税店	47	11.53
	蜜芽宝贝	38	9.41
	国美	31	7.29
	其他	4	0.94
主要购买的商品类别	美容彩妆	264	64.24
	服饰鞋靴	243	58.12
	营养保健	199	47.53
	箱包配饰	163	38.12
	母婴用品	158	36.47
	数码家电	156	36.47
	家居个护	130	32.00
	环球美食	120	29.88
	其他	1	0.71

续表

项目	样本分布	样本数/个	频率/%
	501～1000 元	182	42.82
	301～500 元	150	36.47
平均每次购买的 商品金额	101～300 元	51	11.76
	1000 元以上	32	8.00
	100 元以内	5	0.94

以被试的跨境网购行为特征来看，在跨境电商平台购物次数为 1～3 次的有 120 人，占比约为 28.24%；在跨境电商平台购物次数为 4～6 次的有 123 人，占比约为 28.94%；在跨境电商平台购物达 7～9 次的有 78 人，占比约为 18.35%；在跨境电商平台购物次数为 10 次以上的人数为 104 人，占比约为 24.47%。常用的跨境电商平台中，排名前三的分别为天猫国际、京东全球购、亚马逊海外购，占比分别达到 88.24%、67.53%、51.76%。在商品品类的选择上，排名靠前的分别是美容彩妆、服饰鞋靴、营养保健，分别占到 64.24%、58.12%、47.53%。在平均每次购买商品的费用投入上，以 501～1000 元居多，占到 42.82%，其次是 301～500 元、101～300 元，分别占到 36.47%、11.76%。

10.4.2　信度分析

采用 SPSS22.0 进行信度检验，结果显示，感知退货政策宽松度、感知质量、感知风险、购买意愿的 Cronbach's α 分别是 0.854、0.870、0.841、0.770，均在 0.7 以上，表明各构念的内部一致性较高。对于组合信度的检验，本章采用验证性因子分析，通过 AMOS22.0 软件进行。从表 10.13 可以看出，各构念的组合信度（CR）分别是 0.854、0.870、0.842、0.775，均高于 0.7，表明每个构念的组合信度都较好。

表 10.13　验证性因子分析

构念	题项	模型参数估计				收敛效度			
		UNSTD	S.E.	t	P	STD	SMC	CR	AVE
感知退货政策 宽松度 （Cronbach's α=0.854）	RP1	1				0.733	0.537		
	RP2	1	0.072	13.818	***	0.717	0.514		
	RP3	0.993	0.070	14.091	***	0.732	0.536	0.854	0.539
	RP4	1.059	0.075	14.174	***	0.736	0.542		
	RP5	1.051	0.073	14.440	***	0.751	0.564		
感知质量 （Cronbach's α=0.870）	PQ1	1				0.803	0.645		
	PQ2	0.918	0.057	16.191	***	0.745	0.555		
	PQ3	0.895	0.055	16.313	***	0.750	0.563	0.870	0.573
	PQ4	0.869	0.053	16.442	***	0.755	0.570		
	PQ5	0.933	0.059	15.792	***	0.730	0.533		

续表

构念	题项	模型参数估计				收敛效度			
		UNSTD	S.E.	t	P	STD	SMC	CR	AVE
感知风险 （Cronbach's α=0.841）	PR1	1				0.695	0.483	0.842	0.516
	PR2	0.860	0.055	15.586	***	0.732	0.536		
	PR3	0.879	0.061	14.325	***	0.755	0.570		
	PR4	1.168	0.063	13.129	***	0.724	0.524		
	PR5	1.166	0.064	12.483	***	0.684	0.468		
购买意愿 （Cronbach's α=0.770）	PI1	1				0.792	0.627	0.775	0.537
	PI2	0.797	0.065	12.265	***	0.633	0.401		
	PI3	0.961	0.066	14.630	***	0.764	0.584		

10.4.3　效度分析

效度（validity）是指所要测量的变量能够通过量表的各个问项准确测量的程度。本章采用区别效度及收敛效度来进行效度分析，前者是检验各个变量之间是否能够区分出不同因素的效度，后者是检验各个变量问项是否反映了同一个变量。采用 AMOS22.0 软件，进行验证性因子分析。如表 10.13 所示，各个变量问项的标准因子载荷（STD）都大于 0.5，表明整个问卷的收敛效度较好。感知退货政策宽松度、感知质量、感知风险、购买意愿的平均提炼方差（AVE）分别是 0.539、0.573、0.516、0.537，均高于 0.5，且各构念的 AVE 的平方根均大于相应行列中的相关系数（表 10.14），表明测量模型具有足够的区别效度。

表 10.14　相关系数矩阵

	感知退货政策	感知质量	感知风险	购买意愿
感知退货政策宽松度	0.7342			
感知质量	0.598**	0.7570		
感知风险	-0.463**	-0.661**	0.7183	
购买意愿	0.667**	0.705**	-0.585**	0.7328
均值	4.73	5.29	4.75	4.91
标准差	0.752	0.766	0.651	0.849

说明：对角线上的数字是 AVE 的平方根，其余数字是潜变量之间的相关系数。

10.4.4　相关分析

本章采用了学术界较为流行的 Pearson 相关系数来探究两个变量之间的相关关系，其值为 [-1,1]，其中 1 表示两个变量完全正相关，0 表示两个变量无关，-1 表示两个变量完全负相关。

通过采用 SPSS22.0 得出分析结果：退货政策与感知质量、感知风险、购买意愿的

Pearson 相关系数值分别是 0.598、-0.463、0.667，表明在跨境商务中，退货政策与这三个变量之间确实存在显著的相关关系。感知质量与感知风险、购买意愿的 Pearson 相关系数分别为-0.661、0.705，表明感知质量与这两个变量之间存在显著的相关关系。感知风险与购买意愿的 Pearson 相关系数为-0.585，表明这两者之间存在显著的负相关关系。

10.4.5　变量操控检验

本章为检验正式实验对退货政策宽松度的操控效果，选用了独立样本 t 检验法。结果如表 10.15 所示，F=2.894，Sig.=0.090＞0.05，表明这两个实验组（严格退货政策组、宽松退货政策组）的方差齐性检验无显著差异，方差具有齐性，因此需要看 t 检验的首行数据。数据显示，t=16.919，df=423，2-Tail Sig.= 0.000＜0.01，这表明两个实验组（严格退货政策组、宽松退货政策组）的样本均值有显著差异，满足实验预期中所表现的不同的退货政策宽松度。如表 10.16 所示，随机分配到宽松退货政策组的被试对退货政策的打分显著高于随机分配到严格退货政策组的被试对退货政策的打分（$M_{宽松}$=5.21，$M_{严格}$=4.26）。因此，实验中关于退货政策宽松度的操控是较为成功的。

表 10.15　网络零售商退货政策宽松度的 t 检验

退货政策宽松度	方差方程的 Levene 检验		均值方程的 t 检验		
	F	Sig.	t	df	2-Tail Sig.
假设方差相等	2.894	0.090	16.919	423	0.000
假设方差不相等			16.945	406.033	0.000

表 10.16　消费者感知退货政策宽松度的描述性统计

	均值	标准差	均值的标准误
$M_{严格}$	4.26	0.641	0.044
$M_{宽松}$	5.21	0.514	0.035

10.4.6　假设检验

10.4.6.1　主效应检验

本章为检验退货政策宽松度对感知质量、感知风险的主效应，采用了数据统计软件 SPSS 中的单因素方差分析方法，将退货政策宽松度作为自变量输入，将感知质量与感知风险作为因变量输入。

1. 退货政策宽松度对感知质量的主效应检验

由表 10.17 可知，退货政策宽松度对消费者感知产品质量的主效应显著[$F(1,423)$= 86.106，P=0.000＜0.001]，其中 $M_{严格}$=4.98，$M_{宽松}$=5.61。可以发现，当退货政策宽松时，消费者通过退货政策所感知到的产品质量会显著高于严格退货政策时所感知到的产品质量。因此，H1 得到验证。

表 10.17 退货政策对感知质量和感知风险影响的均值比较与方差分析

变量	分组	N	均值	标准差	标准误差	F	P
感知质量	严格	214	4.98	0.751	0.051	86.106	0.000
	宽松	211	5.61	0.641	0.044		
感知风险	严格	214	4.99	0.672	0.046	69.638	0.000
	宽松	211	4.50	0.527	0.036		

2. 退货政策宽松度对感知风险的主效应检验

由表 10.17 可知，退货政策宽松度对消费者感知风险的主效应显著[$F(1,423)=69.638$，$P=0.000<0.01$]，其中 $M_{严格}=4.99$，$M_{宽松}=4.50$。可以发现，当退货政策宽松时，消费者通过退货政策所感知到的风险会显著低于设置严格退货政策时所感知到的风险。因此，H2 得到验证。

10.4.6.2 中介效应检验

中介效应的检验方法主要包括因果法、直接与间接效果法（系数差异法、系数乘积法）、信赖区间法。本章采用目前比较流行、得到广泛认同的 Bootstrapping 分析方法进行中介效应的检验。参照 Preacher 和 Hayes 给出的多个并列中介变量的检验方法，样本量选择 5000。根据相关研究，当 Bootstrap 的置信区间不包含 0 或 $Z>1.96$ 时，对应的间接、直接或总效应存在。

如表 10.18 所示，对于总效应，$Z=9.8875>1.96$，置信水平选择 95%，Bias-Corrected 方法及 Percentile 方法的置信区间分别为[0.642，0.957]、[0.643，0.958]，均不包含 0，这表明总效应是存在的。对于总的间接效应，$Z=5.3714>1.96$，置信水平选择 95%，Bias-Corrected 方法及 Percentile 方法的置信区间分别为[0.259，0.529]、[0.258，0.528]，均不包含 0，这表明总的间接效应是存在的。对于直接效应，$Z=5.000>1.96$，置信水平选择 95%，Bias-Corrected 方法及 Percentile 方法的置信区间分别为[0.255，0.585]、[0.253，0.581]，均不包含 0，这表明直接效应是存在的，因此本章为部分中介。

表 10.18 中介检验结果

变数	点估计值	系数相关乘积		Bootstrapping			
				Bias-Corrected95% CI		Percentile95% CI	
		SE	Z	Lower	Upper	Lower	Upper
			总效应				
RP→PI	0.791	0.080	9.8875	0.642	0.957	0.643	0.958
			间接效应				
RP→PQ	0.376	0.070	5.3714	0.259	0.529	0.258	0.528
			直接效应				
RP→PR	0.415	0.083	5.000	0.255	0.585	0.253	0.581

注：RP 表示退货政策；PI 表示购买意愿；PQ 表示感知质量；PR 表示感知风险。

采用 Mackinnon 方法，置信水平选择 95%，计算出的感知质量的置信区间为[0.151，0.414]，不包含 0 在内，证明感知质量是具有中介效应的。同理，通过 Mackinnon 方法，计算出感知风险的 95%的置信区间为[0.034，0.203]，不包含 0 在内，证明感知风险也是存在中介效应的。因此，感知质量及感知风险是在退货政策和购买意愿之间起到部分中介作用，H3 和 H4 得到验证。同时，可以发现感知质量中介效应的点估计值为 0.269，解释了总间接效应的 71.54%；感知风险中介效应的点估计值为 0.107，解释了总间接效应的 28.46%。所以，感知质量的中介效应要强于感知风险的中介效应。

10.4.6.3　调节效应检验

多因素方差分析法常常被用于检验自变量及调节变量同是类别变量的调节效应。本章中的自变量(退货政策宽松度)和调节变量(产品发货地、有无产品溯源码)都是类别变量，因此，在检验调节变量对自变量与因变量之间关系的调节效应时可直接使用多因素方差分析模型进行检验。

1. *产品发货地对退货政策宽松度与消费者感知质量之间关系的调节效应*

本章将感知质量作为因变量，退货政策宽松度(1 代表宽松，2 代表严格)和产品发货地(1 代表国内，2 代表国外)作为自变量来进行多因素的方差分析。分析结果如表 10.19 所示，退货政策宽松度的主效应显著[$F(1,421)=94.268$，$P=0.000<0.001$]，产品发货地的主效应显著 [$F(1,421)=33.548$，$P=0.000<0.001$]，退货政策与产品发货地的交互效应显著 [$F(1,421)=5.532$，$P=0.000<0.001$]，因此，在跨境电商背景下，产品发货地(国内、国外)的确对退货政策宽松度和消费者感知质量之间的关系起到调节作用。如表 10.20 和图 10.2 所示，当产品发货地为国内时，$M_{宽松}=5.499$，$M_{严格}=4.715$，差异值为 0.784，此时这两组被试的感知产品质量存在显著的差异[$F(1,209)=0.138$，$P=0.000<0.01$]；当产品发货地为国外时，$M_{宽松}=5.723$，$M_{严格}=5.244$，差异值为 0.479，此时这两组被试的感知产品质量存在显著的差异[$F(1,212)=5.634$，$P=0.000<0.01$]。但在网络零售商宽松与严格的退货政策下，产品发货地为国内时的差异值要大于产品发货地为国外时的差异值(0.784＞0.479)。这说明，与国外发货相比，国内发货时，退货政策宽松度对消费者感知质量的影响更强，故 H5a 得证。

表 10.19　产品发货地对感知质量调节作用的主体间效应检验

源	III 型平方和	df	均方	F	P
校正模型	59.679	3	19.893	44.322	0.000
截距	11915.872	1	11915.872	26548.651	0.000
COUN	15.057	1	15.057	33.548	0.000
POL	42.310	1	42.310	94.268	0.000
COUN * POL	2.483	1	2.483	5.532	0.019
误差	188.958	421	0.449		
总计	12162.520	425			
校正的总计	248.638	424			

注：POL 表示网络零售商退货政策宽松度；COUN 表示产品发货地类型(国内、国外)。

表 10.20　产品发货地对感知质量调节作用的均值比较与方差分析

分组		N	均值	标准差	标准误	F	P
国内	严格退货政策	106	4.715	0.680	0.065		
	宽松退货政策	105	5.499	0.681	0.065	0.138	0.000
	总数	211					
国外	严格退货政策	108	5.244	0.728	0.064		
	宽松退货政策	106	5.723	0.581	0.065	5.634	0.000
	总数	214					

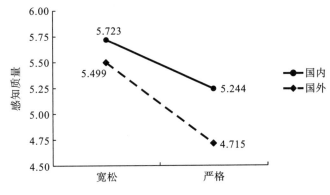

图 10.2　产品发货地差异下的感知质量

2. 产品发货地对退货政策宽松度与消费者感知风险之间关系的调节效应

如表 10.21 所示，本章将感知风险作为因变量，退货政策宽松度（1 代表宽松，2 代表严格）和产品发货地（1 代表国内，2 代表国外）作为自变量进行多因素方差分析，分析结果表明，退货政策宽松度的主效应显著 $[F_{(1,421)}=83.432，P=0.000<0.001]$，产品发货地的主效应显著 $[F_{(1,421)}=62.906，P=0.000<0.001]$，退货政策与产品发货地的交互效应显著 $[F_{(1,421)}=17.193，P=0.000<0.001]$，因此，在跨境电商背景下，产品发货地（国内、国外）对退货政策宽松度与消费者感知风险之间的关系起到调节作用。

表 10.21　产品发货地对感知风险调节作用的主体间效应检验

源	III 型平方和	df	均方	F	Sig.
校正模型	50.247	3	16.749	54.379	0.000
截距	9571.582	1	9571.582	31076.403	0.000
COUN	19.375	1	19.375	62.906	0.000
POL	25.697	1	25.697	83.432	0.000
COUN * POL	5.296	1	5.296	17.193	0.000
误差	129.669	421	0.308		
总计	9752.360	425			
校正的总计	179.915	424			

注：POL 表示网络零售商退货政策宽松度；COUN 表示产品发货地类型（国内、国外）。

如表 10.22 和图 10.3 所示，当产品发货地为国内时，$M_{宽松}$=4.602，$M_{严格}$=5.317，差异值为 0.715，此时这两组被试的感知风险存在显著的差异[$F(1,209)$=0.004，P=0.000＜0.01]；当产品发货地为国外时，$M_{宽松}$=4.398，$M_{严格}$=4.667，差异值为 0.269，此时这两组被试的感知风险存在显著的差异[$F(1,212)$=3.332，P=0.001＜0.01]。但在网络零售商宽松与严格的退货政策下，产品发货地为国内时的差异值要大于产品发货地为国外时的差异值（0.715＞0.269）。这说明，与国外发货相比，国内发货时，退货政策宽松度对消费者感知风险的影响更强。故 H5b 得证。

表 10.22　产品发货地对感知风险调节作用的均值比较与方差分析

分组		N	均值	标准差	标准误	F	P
国内	严格退货政策	106	5.317	0.518	0.054		
	宽松退货政策	105	4.602	0.503	0.054	0.004	0.000
	总数	211					
国外	严格退货政策	108	4.667	0.651	0.053		
	宽松退货政策	106	4.398	0.533	0.054	3.332	0.001
	总数	214					

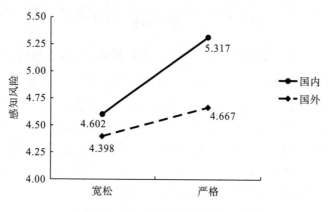

图 10.3　产品发货地差异下的感知风险

3. 产品溯源码对退货政策宽松度与消费者感知质量之间关系的调节效应

本章将消费者感知质量作为因变量，退货政策宽松度（1 代表宽松，2 代表严格）和产品溯源码（1 代表提供，2 代表不提供）作为自变量进行多因素方差分析。分析结果如表 10.23 所示，退货政策宽松度的主效应显著[$F(1,421)$=93.262，P=0.000＜0.001]，产品溯源码的主效应显著[$F(1,421)$=30.310，P=0.000＜0.001]，退货政策与产品溯源码的交互效应显著[$F(1,421)$=4.122，P=0.043＜0.05]，因此，在跨境电商背景下，产品溯源码（提供、不提供）对退货政策宽松度与消费者感知质量之间的关系起到调节作用。

表 10.23　产品溯源码对感知质量调节作用的主体间效应检验

源	III 型平方和	df	均方	F	P
校正模型	57.739	3	19.246	42.445	0.000
截距	11901.441	1	11901.441	26246.966	0.000
CODE	42.289	1	42.289	93.262	0.000
POL	13.744	1	13.744	30.310	0.000
CODE * POL	1.869	1	1.869	4.122	0.043
误差	190.899	421	0.453		
总计	12162.520	425			
校正的总计	248.638	424			

注：POL 表示网络零售商退货政策宽松度；CODE 表示产品溯源码类型(提供、不提供)。

如表 10.24 和图 10.4 所示，当提供产品溯源码时，$M_{宽松}$=5.722，$M_{严格}$=5.224，差异值为 0.498，此时这两组被试的感知质量存在显著的差异$[F_{(1,215)}=0.001，P=0.000<0.01]$；当不提供产品溯源码时，$M_{宽松}$=5.495，$M_{严格}$=4.731，差异值为 0.764，此时这两组被试的感知质量存在显著的差异$[F_{(1,206)}=7.512，P=0.000<0.01]$。但在网络零售商宽松与严格的退货政策下，不提供产品溯源码时的差异值要大于提供溯源码时的差异值(0.764＞0.498)。这说明，相较于提供溯源码的情景，不提供溯源码时，退货政策宽松度对消费者感知质量的影响更强。故 H6a 得证。

表 10.24　产品溯源码对感知质量调节作用的均值比较与方差分析

	分组	N	均值	标准差	标准误	F	P
提供	严格退货政策	109	5.224	0.634	0.064		
	宽松退货政策	108	5.722	0.632	0.065	0.001	0.000
	总数	217					
不提供	严格退货政策	105	4.731	0.783	0.066		
	宽松退货政策	103	5.495	0.633	0.066	7.512	0.000
	总数	208					

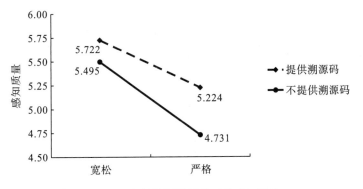

图 10.4　产品溯源码差异下的感知质量

4. 产品溯源码对退货政策宽松度与消费者感知风险之间关系的调节效应

本章将感知风险作为因变量，退货政策宽松度(1 代表宽松，2 代表严格)和产品溯源码(1 代表提供，2 代表不提供)作为自变量进行多因素方差分析。分析结果如表 10.25 所示，退货政策宽松度的主效应显著$[F(1,421)=71.870，P=0.000<0.001]$，产品溯源码的主效应显著 $[F(1,421)=7.842，P=0.005<0.001]$，退货政策与产品溯源码的交互效应显著 $[F(1,421)=4.128，P=0.042<0.001]$，因此，在跨境电商背景下，产品溯源码(提供、不提供)对退货政策宽松度与消费者感知风险之间的关系起到调节作用。

表 10.25　产品溯源码对感知风险调节作用的主体间效应检验

源	III 型平方和	df	均方	F	Sig.
校正模型	29.731	3	9.910	27.781	0.000
截距	9566.979	1	9566.979	26818.444	0.000
CODE	2.797	1	2.797	7.842	0.005
POL	25.638	1	25.638	71.870	0.000
CODE * POL	1.472	1	1.472	4.128	0.043
误差	150.184	421	0.357		
总计	9752.360	425			
校正的总计	179.915	424			

注：POL 表示网络零售商退货政策宽松度；CODE 表示产品溯源码类型(提供、不提供)。

如表 10.26 和图 10.5 所示，当提供产品溯源码时，$M_{宽松}=4.478$，$M_{严格}=4.851$，差异值为 0.373，此时这两组被试的感知风险存在显著的差异$[F(1,215)=1.053，P=0.000<0.01]$；当不提供产品溯源码时，$M_{宽松}=4.522$，$M_{严格}=5.131$，差异值为 0.609，此时这两组被试的感知风险存在显著的差异$[F(1,206)=10.751，P=0.000<0.01]$。但在网络零售商宽松与严格的退货政策下，不提供产品溯源码时的差异值要大于提供溯源码时的差异值(0.609>0.373)。这说明，相较于提供溯源码的情景，不提供溯源码时，退货政策宽松度对消费者感知风险的影响更强。故 H6b 得证。

表 10.26　产品溯源码对感知风险调节作用的均值比较与方差分析

分组		N	均值	标准差	标准误	F	显著性
提供	严格退货政策	109	4.851	0.570	0.057		
	宽松退货政策	108	4.478	0.566	0.057	1.053	0.000
	总数	217					
不提供	严格退货政策	105	5.131	0.739	0.058		
	宽松退货政策	103	4.522	0.485	0.059	10.751	0.000
	总数	208					

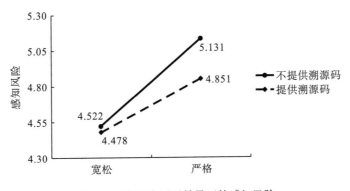

图 10.5　产品溯源码差异下的感知风险

　　为探讨跨境网购背景下，无缺陷的退货政策对消费者购前心理及购买行为的影响，本章引入了产品发货地和产品溯源码两个调节变量，探讨消费者在面对产品发货地（国内和国外）与产品溯源码（提供和不提供）不同情况时的差异。提出的 8 个假设全部得到验证，如表 10.27 所示。

表 10.27　假设检验结果汇总

假设	假设内容	检验结果
H1	在跨境电商背景下，相较于严格的退货政策，消费者在宽松退货政策下的感知质量更高	成立
H2	在跨境电商背景下，相较于严格的退货政策，消费者在宽松退货政策下的感知风险更低	成立
H3	感知质量在退货政策宽松度及消费者的购买意愿间起中介作用	成立
H4	感知风险在退货政策宽松度及消费者的购买意愿间起中介作用	成立
H5a	相较于国外发货，国内发货时，退货政策对感知质量的影响更强	成立
H5b	相较于国外发货，国内发货时，退货政策对感知风险的影响更强	成立
H6a	相较于未提供产品溯源码，提供产品溯源码时，退货政策对感知质量的影响更弱	成立
H6b	相较于未提供产品溯源码，提供产品溯源码时，退货政策对感知风险的影响更弱	成立

10.5　研　究　结　论

　　根据上述分析，我们得出如下结论：①网络零售商退货政策的宽松度会影响消费者购买前的心理，相较于严格退货政策，退货政策宽松时，会引发消费者更高的感知质量及更低的感知风险，导致更高的购买意愿。②在产品发货地存在差异时，退货政策宽松度的作用效果也有所不同。相较于发货地在国外，发货地在国内时，退货政策宽松度对感知质量及感知风险的作用效果都更强。③当面对未提供溯源码的产品时，与面对的产品有溯源码的消费者相比，退货政策宽松度对前者的感知质量及感知风险的作用效果更强。④感知质量与感知风险在退货政策宽松度与消费者的购买意愿间起到中介作用。

第 11 章　社交网络零售商无缺陷退货政策对消费者购买意愿的影响

随着社交化网络普及水平的不断提升，社交网络成为网络零售商开展营销活动的新手段，社交商务应运而生。社交商务中增加了传统电商所没有的社交化元素，丰富了消费者与商家和其他消费者之间的互动性。但是社交商务也存在着与传统电子商务相似的地方，即存在消费者的购物决策与消费体验相分离的特征，退货问题仍然是消费者们关注的重点问题。

本章在回顾国内外相关文献研究的基础上，基于信号理论、公平理论、关系强弱理论以及动机拥挤理论，选取感知质量和感知公平作为中介变量，选取网络社交类型(商家推荐和朋友分享)作为调节变量，构建了在不同网络社交化情境下网络零售商退货政策宽松度对消费者购买意愿和在线评价意愿的概念模型。本章采用了 2(退货政策：宽松，严格)×2(社交类型：商家推荐，朋友分享)的实验设计，构建了 4 个不同的实验情景，对构建的模型进行了检验，同时通过使用数据统计软件 SPSS21.0 和 AMOS22.0 对获得的实验数据进行处理，得出结论。

11.1　研　究　背　景

全球社交网络用户规模持续增加。随着互联网的普及，以及移动网络的发展，人们越来越青睐于社交网络，从国外的 Facebook 和 Twitter，到国内的 QQ、微信、微博等，社交网络成了人们生活中不可分割的一部分。据 eMarketer 统计显示，2017 年全球有 1/3 的人正在使用社交网络，总数达到 24.8 亿人。全球参与社交网络人数总体趋势在稳步增加。

中国社交商务商户规模快速增长。网络零售商们将社交网络与电子商务相结合，让电子商务增加了社交的元素，社交商务应运而生。据艾瑞咨询《2019 年中国社交电商行业研究报告》显示，2018 年中国社交电商行业规模已经达到 6268.5 亿元，同比增长 255.8%。2018 年主流电商平台活跃商户数量已达 1200 万左右。据中国产业信息《2019 年上半年中国社交电商行业优势、社交电商特点及市场前景发展分析》报道，2018 年中国网络购物交易规模达到 8.0 万亿元。

社交商务(social e-commerce)，又称为社会化电子商务，对于社交商务的定义并不统一。Liang 和 Turban(2011)认为社交商务是利用 Web2.0 应用和社交媒体来促进网络用户间的互动从而支持消费者获取服务和商品的；Huang 和 Benyoucef(2013)认为社交商务是基于互联网的商务应用，其支持社交互动和用户生成内容，帮助用户做出购买决策；Hajli 和 Sims(2015)认为社交商务是电子商务的一股新泉，主要包含社交因素，消费者们有权在社交媒体上，如网络社区、论坛上发布评论和建议。本章认为社交商务从字面意思上看，就是指社交+电商的一种结合，消费者通过参考其他消费者的建议和意见来优化自己的购物决策，而且还可以引发消费者更多的购买需求欲望，从而增加企业的销售额。

社交商务在中国是一个新兴的网购方式，它将社交元素与电子商务相结合，为商家与消费者、消费者与消费者之间提供了一个互动的平台，这在很大程度上减少了因产品信息不对称而造成的影响，但也会因购物决策与消费体验分离而增加消费者体验和鉴别产品的难度，交易纠纷引起的退货问题在所难免。随着社交化社交商务的快速发展，退货政策并不完善，投诉问题接踵而来，退货政策仍然是零售商需要关注的焦点。虽然无缺陷退货服务对于消费者来说是一个福音，但同时也使网络零售商处于两难境地。一方面，宽松的退货政策作为质量信号，能增加消费者的感知质量，增加消费者的满意度；另一方面，宽松的退货政策由于逆向物流、重新包装、损耗等增加了零售商的成本支出，会减少网络零售商的利润。因此，如何实现消费者和网络零售商的双赢，是解决退货政策这一矛盾的关键。

本章的创新点在于研究社交商务中主要存在的商家推荐和朋友分享这两种社交方式，并对这两种社交方式中的退货政策对消费者的购买决策和行为意愿的影响进行深入研究。社交商务平台可以参考本书的结论，同时根据自己的营销手段制定出相应的退货政策，既可以增加消费者的购买意愿，又可以增加消费者在社交商务平台参与在线评论的意愿，从而使社交网站中商品和评价信息能够形成一个生态闭环。因此，本章研究的重点在于，在社交商务中，无缺陷退货政策是否对消费者的购买和在线评价意愿起作用？在不同的社交化商务环境中会有什么变化？这种效应的作用机理又是如何形成的？

11.2　模　型　构　建

11.2.1　研究假设

11.2.1.1　退货政策与感知质量

社交化网络购物环境与传统电子商务购物环境有相似部分，虽然都可以一周 7 天，一天 24 小时不间断营业，给消费者带来便利性，但同样都具有购物决策与消费体验分离的特征，这使得消费者不能近距离直接检验备选产品的质量、判断是否适合自己等，从而导致买卖双方信息不对称(李东进 等，2013)。根据经济学中的信号传递理论，买卖双方拥有关于交易不同数量的相关信息，当买卖双方所获得的信息不对称时，买方会根据卖方所提供的信息进行分析判断。因此，在无法准确评估产品质量的情况下，消费者就会搜寻能够区分高质量和低质量卖家的相关信息线索，而一个有效解决此问题的方法就是卖方主动向消费者发出一个关于商品或服务的质量信号(Wood，2001)。而网络零售商的退货政策就是在网络零售环境中有效的质量信号，这是因为宽松的退货政策会产生因产品退回而引发的额外交易成本，这会让消费者认为商家敢做出这样的承诺，想必提供的产品是高质量的。而严格的退货政策会让消费者认为商家提供的产品质量较低，商家没有能力承担商品退回的风险，害怕产品被退回而引发额外的交易成本。因此，提出如下假设。

H1：在社交商务中，与网络零售商严格的退货政策相比，消费者在宽松的退货政策下的感知质量更高。

11.2.1.2　退货政策与感知公平

在社交化网络购物环境中，消费者同样会对网络零售商所提出的退货政策、商品价格和服务等是否合理或公平进行评估。而人们之所以关心公平，是因为公平可以使他们最大化地谋取私利(Lind and Tyler，1988；Tyler and Lind，1992)。消费者对公平的感知细分为结果公平、程序公平、互动公平三个维度(Wood，2001)。消费者在退货过程中感知到的努力程度、退货政策中规定的退货期限以及退款的比例都会不同程度地影响消费者对结果公平和程序公平的感知(Pei et al.，2014)。根据公平理论，消费者会通过投入与回报比是否达到内心的预期来衡量自己是否受到了公平的对待，从而形成感知公平。因此，在社交化网络购物环境下，宽松的退货政策让消费者付出较少的努力就可以撤销错误购买，消费者感知公平就会较高，反之则感知公平较低。因此，提出如下假设。

H2：在社交商务中，与网络零售商严格的退货政策相比，消费者在宽松的退货政策下的感知公平更高。

11.2.1.3　退货政策与社交类型

不同的社交类型、退货政策对消费者的作用效果也会不同。在社会化媒体中的用户包括商家和消费者，消费者之间又分为认识的人和不认识的人(冯娇和姚忠，2015)，产生的主要社会活动就有商家推荐、消费者评论和朋友分享(Cao and Jiang，2012)。基于关系强弱理论，消费者与商家的关系最弱，与朋友的关系最强，因此本章选取了最弱关系的商家推荐和最强关系的朋友分享这两个社交类型进行研究。弱关系商家虽然可以提供大量多样的商品信息(Granovetter，1973)，但信息质量并不高且过量的信息会增加人类信息处理过程第一阶段的负担，反而导致消费者态度消极；而强关系朋友分享的信息通常是有价值、有兴趣、可信的高质量商品信息(Kim and Park，2013；Chang and Chuang，2011)。因此，相比于强关系产生的信息，消费者接收到的弱关系商家的信息质量较低，感知到的产品质量也会较低。同时商家会从自身利益出发进行商品推荐(Li et al.，2010)。所以，在网络购物环境中，与朋友分享的产品相比，消费者购买商家推荐的产品风险会更大。当风险水平增加时，退货政策对消费者的影响也会更强(Wood，2001)。因此，与朋友分享的商品相比，消费者在购买商家推荐的商品时，网络零售商提供的退货政策对消费者感知到的产品质量影响作用就会更强；同时网络零售商退货政策也确保了整个交易的公平性，对消费者感知到的公平影响作用也会更强。因此，提出如下假设。

H3：与朋友分享的产品相比，在购买商家推荐的产品时，退货政策对消费者感知质量的影响更强。

H4：与朋友分享的产品相比，在购买商家推荐的产品时，退货政策对消费者感知公平的影响更强。

11.2.1.4　感知质量与感知公平的中介作用

国内外学者研究了在传统电子商务环境下，网络零售商所提供的宽松退货政策可以增加消费者的感知质量和感知公平,从而增加消费者的购买意愿。Wood(2001)认为宽松的退货政策会传递给消费者商品质量高的信号,从而影响消费者的购买决策。同时 Kuo 和 Wu(2012)也检验了在网络购物环境中感知公平对消费者的行为意愿依然有直接作用。其中,感知公平会显著影响购买决策(Greenberg,1993;Brockner and Wiesenfeld,1996;Beugré,1998;Cropanzano and Folger,1998)。社交商务具有与传统电子商务相似的特点,即消费者的购买决策与消费体验相分离的特征。所以本书推测,在社交商务环境中,消费者通过网络零售商退货政策的感知质量、感知公平仍会积极影响其购买意愿。因此,提出如下假设。

H5:感知质量在退货政策宽松程度和消费者购买意愿之间起中介作用。

H6:感知公平在退货政策宽松程度和消费者购买意愿之间起中介作用。

本章假设退货政策能够通过影响消费者的感知质量和感知公平,从而增加消费者的在线评价意愿。运用动机拥挤理论,帮助我们理解了在不同的情境下,个体之外的外部干涉可能会强化或削弱个体的内部动机,即产生挤入效应和挤出效应(Frey,1997)。当个体的行为受到认可时,挤入效应使得个体内部动机增强;相反,则挤出效应发生作用,内部动机被削弱(Frey and Jegen,2001)。在社交商务中,当消费者享受到卖家提供的优质商品或服务,或让消费者感觉被公平对待时,挤入效应发挥作用。因此,消费者的内部动机就会被强化,消费者会试图通过积极的在线评价来影响卖家以获得愉悦感(邵兵家 等,2010a,2010b,2010c)。所以,当消费者感知质量和感知公平越高,对购后积极评价意愿的影响就越强。因此,提出如下假设。

H7:感知质量在退货政策宽松度和消费者在线评论意愿之间起中介作用。

H8:感知公平在退货政策宽松度和消费者在线评论意愿之间起中介作用。

11.2.2 模型构建

根据以上分析,本书构建了无缺陷退货政策对消费者购买意愿影响和在线评价意愿影响的实证理论模型(图 11.1)。

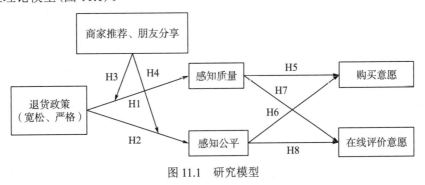

图 11.1 研究模型

11.3 研 究 设 计

11.3.1 实验设计与流程

本章主要探讨社交商务环境下,无缺陷退货政策对消费者感知和行为的影响作用,本章通过模拟社交化网络购物情景，并让被试在模拟前仔细阅读该产品介绍页面以及相关退货政策页面，将自己代入购物情境中。本章采用了多因子实验设计，通过对 1 个自变量(退货政策宽松度)和 1 个调节变量(社交类型)的操控，共设置了 4 个情景实验组。其中，退货政策宽松度分为宽松和严格两组；社交类型分为商家推荐和朋友分享两组。所以本书研究的实验组设计为 2(退货政策：宽松，严格)×2(社交类型：商家推荐，朋友分享)，共有 4 个不同的实验情景，如表 11.1 所示。

表 11.1　实验设计分组

操纵变量		退货政策宽松程度	
		严格	宽松
社交类型	商家推荐	实验组 1	实验组 2
	朋友分享	实验组 3	实验组 4

11.3.1.1　实验对象

据 2019 年 2 月中国互联网信息中心(CNNIC)发布的《第 39 次中国互联网络发展状况统计报告》显示：截至 2018 年 12 月，我国网民仍以 10～39 岁群体为主，占整体的 67.8%；其中 20～29 岁年龄段的网民占比最高，达 26.8%。同时据《2016 淘宝大数据分析报告》显示，28 岁以下的用户占淘宝网总用户的比例超过一半。其中 80 后群体不仅在人数上而且在消费金额上都占比较高；90 后人群尽管消费金额不高，但人数上却已经是绝对的消费主力。综合以上考虑，本次试验通过问卷星设计问卷，并在微信平台传播，主要目标人群采用 20～29 岁年龄段，其中不仅包括学生，还包括上班族人群，样本人群具有一定的代表性。

11.3.1.2　实验产品

随着网络零售行业的蓬勃发展，网购用户对商品的需求日趋广泛，网购市场为了满足消费者的需求，网络零售商品的种类也在不断地扩充和发展。据中国产业信息网数据显示，2017 年 1～12 月，我国服装行业实际完成投资 4976.79 亿元，同比增长 4.10%。2018 年我国规模以上服装产量为 287.81 亿件，线上购买服饰已成为一种主流趋势。

此外，随着人们生活水平的不断提高，健康意识也越来越强烈，运动健身观念也越来越普及，运动鞋作为运动的基础条件，需求也在不断提升，市场规模也在不断扩大。据艾瑞咨询发布的《2015 年中国女性数字时尚用户白皮书》显示，运动休闲类商品由于其舒适性，消费几乎全民化，购买率更是高达 95.5%，且由于穿着舒适、耐磨，年购买率达 10 次以上的消费者居多。基于以上几点，本章选择运动鞋作为本次实证研究的实验产品，且为保证实验结果的准确性，选择了一双男女都能穿的运动鞋。

11.3.2　实验准备

11.3.2.1　实验材料

本章的任务情境是：您最近准备网购一双运动鞋，于是便到某社交化购物网站进行挑选。由于本章主要探讨的是在不同的社交推荐类型(商家推荐、朋友分享)的情境下，网络零售商退货政策的宽松程度(宽松、严格)对消费者购买意愿和在线评价意愿的影响，所以在借鉴以往研究的基础上，设计了 4 组不同的实验材料，以实验组 1 和实验组 4 为例，具体内容如图 11.2～图 11.5 所示。

实验组 1：商家推荐、严格退货政策

您最近打算健身，准备网购一双运动鞋，于是您便到某社交化购物网站进行挑选。这时您发现了一款运动鞋，网站页面显示如下(图 11.2)。

图 11.2　实验产品示例 1

当您点击图片进入商品页面时，您注意到了这样一句话："在购买之前请先阅读我们的退货政策"。网站页面显示如下(图 11.3)。

退货期限：
自收货之日起7天
退货要求：
1）请联系客服或登录退货系统，填写您的退货原因及联系方式，否则无法为您办理退货。
2）保持鞋底**干净，鞋面无折痕**。
3）退货时，请务必填写退货登记卡，并将商品内带附件、赠品、发票等随同商品一起寄回。
邮费：
非质量问题退货，需由消费者承担商品发出与退回费用。

图 11.3　严格退货政策描述

实验组 4：朋友分享、宽松退货政策

您最近打算健身，准备网购一双运动鞋，于是您便到某社交化购物网站进行挑选。这时您发现了款运动鞋，网站页面显示如下(图 11.4)。

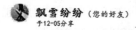

图 11.4　实验产品示例 2

当您点击图片进入商品页面时，您注意到了这样一句话："在购买之前请先阅读我们的退货政策"。网页页面显示如下(图 11.5)。

退货政策：
自收货之日起30天
退货要求：
1）如果您对所购买的商品有任何不满意，无须联系客服，可以在线直接办理无条件退货。
2）商品无论是否有明显穿着痕迹，都可以办理无条件退货。
3）退货时，尽量将商品的内带附件、赠品、保修卡、说明书、发票等随同商品一起退回。
邮费：
我们将承担商品发出与返回的运费。

图 11.5　宽松退货政策描述

11.3.2.2　问卷设计

本章的问卷分为三个部分。第一部分为实验材料，其中包括实验的任务情景(商家推荐和朋友分享)和产品的退货政策说明(严格和宽松)。第二部分主要测量了五个量表：感知退货政策宽松度、感知质量、感知公平、社交类型、消费者购买意愿以及消费者在线评价意愿。其中，感知退货政策宽松度主要是为了校验实验问卷对退货政策的操控是否有效。第三部分主要是测量的被试个人基本信息，包括性别、年龄、学历、过去半年的购物次数，以及过去半年内在购物网站上购买产品后参与在线评论的情况等(附录四)。

11.3.2.3　实验流程

实验流程分为两个阶段，第一阶段是预实验，每个情景各发放 10 份问卷，共收集有效问卷 40 份，并对问卷的信度和效度进行了分析。同时通过对一些问项的调整，提高了部分问项的信度和效度；第二阶段是正式实验，一共招募了 218 名被试进行正式研究。

11.3.3　变量的操控与测量

11.3.3.1　退货政策的操控

退货政策由三个维度构成，即退货的截止时间、消费者的努力程度以及费用的返还比例。根据这三个维度的不同要求，可以将退货政策分为严格的退货政策和宽松的退货政策(Fornell and Wernerfelt，1987)。因此，本章对退货政策这个自变量的操控在参考了 Jeng 等(2014)的操控方法的基础上，主要通过退货截止时间、退货要求(努力程度)、退货费用三个维度来进行操控。但因本章为了突显操控效果，将退货政策的三个维度同时设置为极端严格或同时设置为极端宽松，如就截止时间而言，本章将严格的退货政策设置为 7 天，而宽松的退货政策设置为 30 天；就退货要求(努力程度)而言，本章将严格的退货政策定义为需联系客服、填写退货登记卡(订单号、退货原因、联系方式)、退回赠品、发票、保修卡等需要消费者耗费时间、精力等的行为，而将宽松的退货政策定义为可以直接在线办理退货，无须其他额外行为；就退货费用而言，本章认为严格的退货政策是指消费者不仅需要自己承担退回商品的运输费用，而且还需承担商家寄出商品的运费，而宽松的退货政策则是由卖家自行承担商品寄送和退回的运费等费用。为了使实验更为直观，选取了两个极端的退货政策情景，即退货政策的三个维度全都严格或全都宽松。具体的操控方法如表 11.2 所示。

表 11.2　退货政策的操控方式

宽松程度	维度	操控方式
严格	退货期限	自收货之日起 7 日内
	退货要求	退货前，请联系客服或登录退货系统，填写您的订单号、退货原因及联系方式，否则将无法为您进行退货办理。退货时，请务必填写退货登记卡，并将商品的内带附件、保修卡、赠品、发票等随同商品一同寄回
	退货费用	非质量问题退货，需由消费者承担商品发出与退回费用
宽松	退货期限	自收货之日起 30 天内
	退货要求	如果您有任何不满意，都可在线直接办理退货，无须联系客服
	退货费用	商家承担商品发出与退回的费用

11.3.3.2　感知退货政策宽松度的测量

本章采用了 Bonifield 等(2010)对感知退货政策宽松度所开发的量表，该量表后期又被 Hsieh(2013)和 Jeng 等(2014)加以运用。基于该量表，用 4 个问项对"退货政策宽松度"进行了测量，本章采用的是 Likert 的七级量表(1 代表非常同意，7 代表非常不同意)。具体的量表问项如表11.3所示。

表11.3　感知退货政策宽松程度的测量方式

变量	序号	问题	来源
感知退货政策宽松度	RP1	与其他零售商的退货政策相比,该退货政策非常宽松	Jeng 等(2014); Bonifield 等(2010)
	RP2	与其他零售商的退货政策相比,该退货政策限制很少	
	RP3	该退货政策的退货时限很长	
	RP4	该退货政策让我觉得非常方便	

11.3.3.3　感知质量的测量

Dodds 等(1991)认为感知质量是指消费者个人对产品的功能、安全性和耐用性等的主观评价,与消费者的个人认知密切相关。因此采用 Dodds 等(1991)开发的比较成熟的量表,同时又基于该量表借鉴了徐康锋(2014)对感知质量的研究,最终确定采用4个问项来测量感知质量这个变量。本章采用的是 Likert 七级量表(1 代表非常同意,7 代表非常不同意)。具体的量表问项如表11.4所示。

表11.4　感知质量的测量方式

变量	序号	问题	来源
感知质量	PQ1	我觉得该产品是高质量的	Dodds 和 Grewal(1991); 徐康锋(2014)
	PQ2	我觉得该产品是值得信赖的	
	PQ3	我觉得该产品的性能很好	
	PQ4	我觉得该产品是持久耐用的	

11.3.3.4　感知公平的测量

本章通过对感知公平相关文献的分析,对退货政策的感知公平定义为消费者对购物网站的退货政策是否合理的评价。本章在 Kukar-Kinney 等(2007)和 Pei 等(2014)的研究基础上,并结合了电子商务购物网站退货政策的特征,采用其中已有量表的3个对退货政策感知公平的问项,并对这3个问项做出了适当修改。本章采用的是 Likert 七级量表(1 代表非常同意,7 代表非常不同意)。具体的量表问项如表11.5所示。

表11.5　对退货政策感知公平的测量方式

变量	序号	问题	来源
感知公平	PF1	我觉得该退货政策非常公平	Kukar-Kinney 等(2007); Pei 等(2014)
	PF2	我能接受该退货政策的相关规定	
	PF3	该退货政策让我觉得非常满意	

11.3.3.5　购买意愿的测量

购买意愿是指消费者是否购买某一产品的主观意愿。本章基于 Bonifield 等(2010)、Pei 等(2014)以及 Jeng 等(2014)的研究,同时结合了电子商务网络购物所具有的独特特征,将消费者网上购买意愿的问项设置为 3 个。本章采用的是 Likert 七级量表（1 代表非常同意，7 代表非常不同意）。具体的量表问项如表 11.6 所示。

表 11.6　购买意愿的测量方式

变量	序号	问题	来源
购买意愿	PI1	我非常愿意在该网站购买产品	Bonifield 等（2010）；Pei 等（2014）；Jeng 等（2014）
	PI2	我非常可能会在该网站购买产品	
	PI3	我在该网站购买产品的概率非常高	

11.3.3.6　在线评价意愿的测量

在线评价意愿是指消费者在网站平台中发表自我观点的主观意愿。本章基于 Tong 等（2007）的研究，并结合社交商务中消费者参与社交的因素特点，将消费者在线评价意愿的问项设置为 3 个。本章采用的是 Likert 七级量表（1 代表非常同意，7 代表非常不同意）。具体的量表问项如表 11.7 所示。

表 11.7　对退货政策在线评价意愿的测量方式

变量	序号	问题	来源
在线评价意愿	MI1	我愿意在该购物网站对购买的产品进行评价	Tong 等（2007）
	MI2	我有可能对我所购买的产品进行在线评价	
	MI3	我在该网站进行在线评价的可能性非常高	

11.3.4　预实验

为了检验变量的操控是否有效以及问卷的设计是否合理，在正式实验之前设计了一个小规模的预实验。预实验的收集方法和流程与正式试验保持完全相同，均选用了国内某知名的网络问卷调研平台，这是因为该平台可以将试验情景随机分配给不同的被试，从而达到更准确的调研结果。首先在该网络问卷调研平台中上传事先准备好的实验情景以及各个变量的问项，生成问卷链接后，通过网络社交平台进行被试招募。为鼓励被试积极认真地完成问卷，所有被试在完成问卷后可以随机抽取红包一个。本次预实验共收集到有效问卷共 40 份，其中每个情景分别有 10 份有效问卷。对收集到的这 40 个样本数据进行了信效度分析以及操控检验，具体的数据分析结果如下。

11.3.4.1　信度分析

信度分析不仅包括内部一致性信度，还包括组合信度，使用 SPSS21.0 和 AMOS21.0 数据分析软件对收集到的样本进行信度分析，如表 11.8 所示，感知退货政策宽松程度的 Cronbach's α 为 0.900，感知质量的 Cronbach's α 为 0.925，感知公平的 Cronbach's α 为 0.844，购买意愿的 Cronbach's α 为 0.927，在线评价意愿的 Cronbach's α 为 0.950。所有构念的 Cronbach's α 都在 0.786 以上，均大于 0.7，这说明每个构念的内部一致性都较高。

感知退货政策宽松度的组合信度（CR）为 0.9030，感知质量的组合信度（CR）为 0.9265，感知公平的组合信度(CR)为 0.8485,购买意愿的组合信度(CR)为 0.9278,在线评价意愿的组合信度(CR)为 0.9045,均高于 0.7,这说明每个构念都具有较好的组合信度。

表 11.8　验证性因子分析

构念	序号	问项	因子载荷	CR	AVE
感知退货政策宽松程度 Cronbach's α=0.900	RP1	该退货政策非常宽松	0.746		
	RP2	该退货政策限制非常少	0.982	0.9030	0.7019
	RP3	该退货政策的退货时限长	0.790		
	RP4	该退货政策让我觉得非常方便	0.814		
感知质量 Cronbach's α=0.925	PQ1	我觉得该产品是高质量的	0.937		
	PQ2	我觉得该产品是值得信赖的	0.728	0.9265	0.7609
	PQ3	我觉得该产品的性能很好	0.943		
	PQ4	我觉得该产品是持久耐用的	0.864		
感知公平 Cronbach's α=0.844	PF1	我觉得该退货政策非常公平	0.764		
	PF2	我能接受该退货政策的相关规定	0.911	0.8485	0.6532
	PF3	该退货政策让我觉得非常满意	0.739		
购买意愿 Cronbach's α=0.927	PI1	我非常愿意在该网站购买产品	0.909		
	PI2	我非常可能会在该网站购买产品	0.844	0.9278	0.8112
	PI3	我在该网站购买产品的概率非常高	0.946		
在线评价意愿 Cronbach's α=0.950	VI1	我愿意在该购物网站对购买的产品进行评价	0.829		
	VI2	我有可能对我所购买的产品进行在线评价	0.996	0.9045	0.7615
	VI3	我在该购物网站进行评论的概率非常高	0.778		

11.3.4.2　效度分析

变量问项的效度主要是通过收敛效度和区别效度来评价是否满足。使用 AMOS22.0 统计软件完成各个变量问项的验证性因子分析,从而完成对构念效度的检验。分析结果如表 11.8 所示,各个变量问项的标准因子载荷(STD)均大于 0.5。

同时,感知退货政策宽松度的平均提炼方差(AVE)为 0.7019,感知质量的平均提炼方差(AVE)为 0.7609,感知公平的平均提炼方差(AVE)为 0.6532,购买意愿的平均提炼方差(AVE)为 0.8112,在线评价意愿的平均提炼方差(AVE)为 0.7615,均大于 0.5。所有构念的 AVE 的平方根均大于相应行列中的相关系数(表 11.9),这说明测量模型基本上是具有充分区别效度的。

表 11.9　相关系数矩阵

	感知退货政策	感知质量	感知公平	购买意愿	在线评价意愿
感知退货政策	0.8378				
感知质量	0.731**	0.8723			
感知公平	0.728**	0.680**	0.8082		
购买意愿	0.702**	0.803**	0.541**	0.901	

续表

	感知退货政策	感知质量	感知公平	购买意愿	在线评价意愿
在线评价意愿	0.540^{**}	0.677^{**}	0.554^{**}	0.779^{**}	0.8726
均值	4.72	4.68	4.89	4.81	4.84
标准差	1.444	1.189	1.186	1.271	1.380

说明：对角线上的数字是 AVE 的平方根，其余数字是潜变量之间的相关系数。

11.3.4.3　变量操控检验

本章为了检验实验问卷中是否对退货政策这个变量操控成功，采用了独立样本 t 检验法检验了退货政策宽松度这个自变量是否操控成功。如表 11.10 所示，退货政策宽松度的方差方程中 Levene 检验结果显示：$F=1.674$，Sig.$=0.203>0.05$，分析结果表明这两个实验组(严格退货政策组、宽松退货政策组)的方差齐性检验无显著差异，方差具有齐性，因此需要看 t 检验的首行数据。分析结果数据显示：$t=-3.154$，$df=38$，2-Tail Sig.$= 0.003<0.01$，这表明两个实验组(严格退货政策组、宽松退货政策组)的样本均值有显著差异，满足实验预期中所表现的不同退货政策宽松度。如表 11.11 所示，随机分配到宽松退货政策组的被试对于退货政策宽松度的打分显著高于随机分配到严格退货组的被试对于退货政策宽松度的打分($M_{宽松}=5.463$，$M_{严格}=4.075$)。因此，本章认为本次对退货政策宽松程度的操控是成功的。

表 11.10　预实验退货政策宽松程度的 t 检验

退货政策宽松程度	方差方程的 Levene 检验		均值方程的 t 检验		
	F	Sig.	t	df	2-Tail Sig.
假设方差相等	1.674	0.203	-3.154	38	0.003
假设方差不相等			-3.154	35.904	0.003

表 11.11　预实验感知退货政策宽松程度的描述性统计

	均值	标准差	均值的标准误
严格退货政策	4.075	1.212	0.271
宽松退货政策	5.463	1.550	0.346

11.4　数　据　分　析

11.4.1.1　主效应检验

本章为了检验自变量退货政策宽松程度对感知质量、感知公平的主效应，采用了数据统计软件 SPSS 中单因素方差分析方法，将退货政策宽松程度作为自变量输入，将感知质量和感知公平作为因变量输出。

1. 退货政策宽松程度对感知质量的主效应检验

分析结果整理如表 11.12 所示，网络零售商的退货政策宽松程度对消费者感知产品质量的主效应显著[$F(1,216)=29.454$，$P=0.000<0.001$]，其中 $M_{严格}=4.291$，$M_{宽松}=5.163$。换句话说，当网络零售商设置宽松的退货政策时，消费者通过退货政策所感知到的产品质量会显著高于设置严格退货政策时所感知到的产品质量。因此，与网络零售商严格的退货政策相比，在宽松的退货政策下消费者的感知产品质量更高。故假设 H1 得到验证。

2. 退货政策宽松程度对感知公平的主效应检验

分析结果整理如表 11.12 所示，网络零售商的退货政策宽松程度对消费者感知交易公平的主效应显著[$F(1,216)=72.962$，$P=0.000<0.001$]，其中 $M_{严格}=4.251$，$M_{宽松}=5.574$。换句话说，当网络零售商设置宽松的退货政策时，消费者通过退货政策所感知到的交易公平性会显著高于设置严格退货政策时所感知到的交易公平性。因此，与网络零售商严格的退货政策相比，在宽松的退货政策下消费者的感知公平更高。故假设 H2 得到验证。

表 11.12　退货政策对感知质量和感知风险影响的均值比较与方差分析

变量	分组	N	均值	标准差	标准误差	F	显著性
感知质量	严格	117	4.291	1.235	0.114	29.454	0.000
	宽松	101	5.163	1.122	0.112		
感知公平	严格	117	4.251	1.221	0.113	72.962	0.000
	宽松	101	5.574	1.040	0.104		

11.4.1.2　调节效应检验

本章采用了数据统计软件 SPSS 中多因素方差分析模型进行调节效应检验，这是因为本章模型中的自变量(网络零售商退货政策宽松度)和调节变量(社交化商务中的社交类型：商家推荐、朋友分享)都为类别变量。因此，在检验社交类型对退货政策宽松程度与消费者购买意愿、在线评价意愿之间关系的调节效应时直接使用了多因素方差分析进行检验。

1. 社交类型对网络零售商退货政策宽松程度与消费者感知质量之间关系的调节效应检验

本章以消费者感知质量为因变量，网络零售商退货政策宽松度(1 代表严格，2 代表宽松)和社交类型(1 代表商家推荐，2 代表朋友分享)为自变量来进行多因素方差分析。分析结果整理如表 11.13 所示，网络零售商退货政策宽松程度的主效应显著[$F(1,214)=97.539$，$P=0.000<0.001$]，社交类型的主效应显著[$F(1,214)=484.954$，$P=0.000<0.001$]，退货政策与社交类型的交互效应显著[$F(1,214)=4.625$，$P=0.033<0.05$]。因此，在社交商务中，社交类型(商家推荐、朋友分享)的确对网络零售商退货政策宽松度与消费者感知质量之间的关系起到调节作用。

表 11.13 社交类型对感知质量调节作用的主体间效应检验

源	III 型平方和	df	均方	F	P
校正模型	253.242[a]	3	84.414	198.845	0.000
截距	4743.429	1	4743.429	11173.609	0.000
SJ	205.873	1	205.873	484.954	0.000
TH	41.407	1	41.407	97.539	0.000
SJ * TH	1.963	1	1.963	4.625	0.033
误差	90.847	214	0.425		
总计	5149.375	218			
校正的总计	344.089	217			

注：TH 表示网络零售商退货政策宽松度；SJ 表示社交类型（商家推荐、朋友分享）。

如表 11.14 和图 11.6 所示，当消费者购买商家推荐的产品时，$M_{宽松}$=4.2396，$M_{严格}$=3.1741，差异值为 1.0655，此时这两组被试对感知产品质量有显著差异[$F(1,102)$=48.186，P=0.000＜0.01]；当消费者购买朋友分享的产品时，$M_{宽松}$=6.0000，$M_{严格}$=5.3156，差异值为 0.6844，此时这两组被试的感知质量存在显著差异[$F(1,112)$=51.775，P=0.000＜0.01]。但在网络零售商宽松与严格的退货政策下，消费者购买商家推荐产品的差异值要大于购买朋友分享产品的差异值（1.0655＞0.6844）。这就说明了，与购买朋友分享的产品相比，消费者购买商家推荐的产品时，退货政策宽松度对消费者感知质量的影响会更强。故假设 H3 得到验证。

表 11.14 社交类型对感知质量调节作用的均值比较与方差分析

分组		N	均值	标准差	标准误	F	P
商家推荐	严格退货政策	56	3.1741	0.74456	0.0995	48.186	0.000
	宽松退货政策	48	4.2396	0.82022	0.1184		
	总数	104	3.6659	0.94227	0.0924		
朋友分享	严格退货政策	61	5.3156	0.45621	0.05841	51.775	0.000
	宽松退货政策	53	6.0000	0.55902	0.07679		
	总数	114	5.6338	0.60982	0.05711		

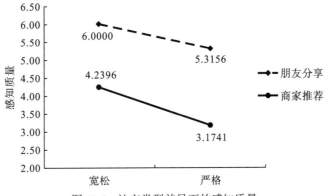

图 11.6 社交类型差异下的感知质量

2. 社交类型对网络零售商退货政策宽松程度与消费者感知公平之间关系的调节效应检验

本章以消费者感知公平为因变量，网络零售商退货政策宽松度(1 代表严格，2 代表宽松)和社交类型(1 代表商家推荐，2 代表朋友分享)为自变量来进行多因素方差分析。

分析结果整理如表 11.15 所示，网络零售商退货政策宽松程度的主效应显著$[F(1,214)=209.914，P=0.000＜0.001]$，社交类型的主效应显著$[F(1,214)=394.789，P=0.000＜0.001]$，退货政策宽松度与社交类型的交互效应显著$[F(1,214)=3.921，P=0.049＜0.05]$。因此，社交类型对退货政策宽松度与感知公平之间的关系起到调节作用。

表 11.15　社交类型对感知公平调节作用的主体间效应检验

源	III 型平方和	df	均方	F	P
校正模型	279.156	3	93.052	205.464	0.000
截距	5133.142	1	5133.142	11334.243	0.000
SJ	178.795	1	178.795	394.789	0.000
TH	95.068	1	95.068	209.914	0.000
SJ * TH	1.776	1	1.776	3.921	0.049
误差	96.918	214	0.453		
总计	5533.444	218			
校正的总计	376.074	217			

注：TH 表示退货政策宽松度；SJ 表示社交类型(商家推荐、朋友分享)。

如表 11.16 和图 11.7 所示，当消费者购买商家推荐的产品时，$M_{宽松}=4.7153$，$M_{严格}=3.2083$，差异值为 1.5070，此时这两组被试的感知公平有显著差异$[F(1,102)=87.596，P=0.000＜0.001]$；当消费者购买朋友分享的产品时，$M_{宽松}=6.3522$，$M_{严格}=5.2077$，差异值为 1.1445，此时这两组被试的感知公平有显著差异$[F(1,112)=145.624，P=0.000＜0.001]$。可以看出，在网络零售商宽松与严格的退货政策下，消费者购买商家推荐产品的差异值要大于购买朋友分享产品的差异值(1.5070＞1.1445)。这就说明了，与购买朋友分享的产品相比，消费者购买商家推荐的产品时，退货政策宽松度对消费者感知公平的影响会更强。故假设 H4 得到验证。

表 11.16　社交类型对感知公平调节作用的均值比较与方差分析

分组		N	均值	标准差	标准误	F	P
商家推荐	严格退货政策	56	3.2083	0.8957	0.11969		
	宽松退货政策	48	4.7153	0.7179	0.10361	87.596	0.000
	总数	104	3.9038	1.1106	0.10890		
朋友分享	严格退货政策	61	5.2077	0.4479	0.05735		
	宽松退货政策	53	6.3522	0.5639	0.07746	145.624	0.000
	总数	114	5.7398	0.7626	0.07143		

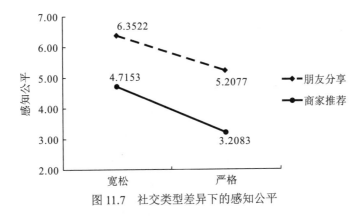

图 11.7　社交类型差异下的感知公平

11.4.1.3　回归分析

本章已对各个变量间关系进行了双变量相关性分析，从分析结果可以初步断定：消费者通过网络零售商退货政策的宽松度感知到的产品质量和感知到的交易公平与其购买意愿、在线评价意愿之间存在显著的正相关关系。于是，本章采用了多元回归分析方法来做进一步验证。以消费者通过网络零售商退货政策的宽松度感知到的产品质量和感知到的交易公平为自变量，以消费者的购买意愿和在线评价意愿为因变量，多元回归分析的结果整理如表 11.17、表 11.18 所示。

表 11.17　感知质量、感知公平对购买意愿的回归结果

模型	非标准化系数		标准化系数	t	P	共线性统计量	
	B	标准误差	Beta			容差	VIF
常量	1.035	0.207		5.005	0.000		
感知质量	0.362	0.064	0.373	5.677	0.000	0.401	2.493
感知公平	0.433	0.061	0.467	7.096	0.000	0.401	2.493

注：①因变量：消费者购买意愿。②R^2=0.627，调整 R^2=0.623，F=180.667，P=0.000＜0.001。

表 11.18　感知质量、感知公平对在线评价意愿的回归结果

模型	非标准化系数		标准化系数	t	P	共线性统计量	
	B	标准误差	Beta			容差	VIF
常量	0.873	0.226		3.871	0.000		
感知质量	0.400	0.070	0.395	5.755	0.000	0.401	2.493
感知公平	0.411	0.067	0.423	6.172	0.000	0.401	2.493

注：①因变量：在线积极评价意愿。②R^2=0.594，调整 R^2=0.590，F=157.317，P=0.000＜0.001。

1. 感知质量、感知公平对消费者购买意愿的回归分析

从回归分析结果可知，共线性统计量中的 VIF 值为 2.493，远小于 10，这说明多重共线性的问题不存在。在多元回归分析模型中 Durbin-Watson 值为 1.881，接近于 2，这说明误差项的自相关问题也不存在。

调整后的 R^2 为 0.623，这说明消费者通过网络零售商退货政策，所感知到的产品质量以及感知到的交易公平性可以解释其购买意愿中 62.3%的变化，拟合优度较好，且 P=0.000 ＜0.001，这说明了该模型回归效果显著。

消费者感知质量、感知公平对其购买意愿的多元回归标准化系数值分别为 0.373 和 0.467，P 分别为 0.000 和 0.000，均小于 0.05，这说明了消费者通过网络零售商退货政策的宽松度感知到的产品质量以及感知到的交易公平对其购买意愿均有显著的正向影响作用。

2. 感知质量、感知公平对消费者在线评价意愿的回归分析

从回归分析结果可知，共线性统计量中的 VIF 值为 2.493，远小于 10，这说明多重共线性的问题不存在。在多元回归分析模型中 Durbin-Watson 值为 1.853，接近 2，这说明误差项的自相关问题也不存在。

调整后的 R^2 为 0.590，这说明消费者通过网络零售商退货政策所感知到的产品质量以及感知到的交易公平可以解释其在线评价意愿中 59%的变化，拟合优度较好，且 P=0.000 ＜0.001，这说明了该模型回归效果显著。

消费者感知质量、感知公平对在线评价意愿的回归标准化系数值分别为 0.395 和 0.423，P 分别为 0.000 和 0.000，均小于 0.05，这说明了消费者通过网络零售商退货政策宽松度感知到的产品质量以及感知到的交易公平对其在线评价意愿均有显著的正向影响作用。

11.4.1.4　中介效应检验

Bootstrapping 分析是目前较为流行且得到学者们广泛认同的中介检验方法(陈瑞 等，2013)。我们运用该方法检验感知质量与感知风险的中介作用。参照 Preacher 和 Hayes 提出的多个并列的中介变量检验方法，样本量选择 5000，进行 Bootstrap 中介变量检验。根据 Preacher 等的研究，Bootstrap 置信区间不包含 0，则对应的间接、直接或总效应存在，或 Z＞1.96 也说明所对应的效应存在。

1. 感知质量、感知公平对退货政策和购买意愿的中介效应检验

在本章中，数据分析结果如表 11.19 所示，对于总间接效应，Z=7.744＞1.96，同时在 95%置信水平下，Bias-Corrected 方法置信区间为[0.461，0.769]，Percentile 方法置信区间为[0.459，0.768]，均不包含 0 在内，说明总间接效应存在。对于感知质量的间接效应，Z=4.841＞1.96，同时在 95%置信水平下，Bias-Corrected 方法置信区间为[0.193，0.442]，Percentile 方法置信区间为[0.192，0.440]，均不包含 0 在内，说明感知质量的中介效应存在。对于感知公平的间接效应，Z=11.728＞1.96，同时在 95%置信水平下，Bias-Corrected 方法置信区间为[0.802，1.125]，Percentile 方法置信区间[0.800，1.120]，均不包含 0 在内，说明感知公平的中介效应存在。对于直接效应，Z=1.608＜1.96，同时在 95%置信水平下，Bias-Corrected 方法置信区间为[-0.041，0.363]，Percentile 方法置信区间为[-0.041，0.363]，均包含 0 在内，说明退货政策对购买意愿之间不存在直接效应。因此，分析结果显示，感知质量和感知公平在退货政策与购买意愿之间具有完全中介效应，假设 5 和假设 6 得到验证。

表 11.19　感知质量、感知公平对退货政策和购买意愿的中介检验结果

变数	点估计值	系数相关乘积		Bootstrapping			
				Bias-Corrected95% CI		Percentile95% CI	
		SE	Z	Lower	Upper	Lower	Upper
总效应							
RP→PI	0.604	0.078	7.744	0.461	0.769	0.459	0.768
间接效应							
RP→PI	0.439	0.098	4.908	0.266	0.652	0.263	0.648
PQ	0.305	0.063	4.841	0.193	0.442	0.192	0.440
PF	0.950	0.081	11.728	0.802	1.125	0.800	1.120
直接效应							
RP→PI	0.164	0.102	1.608	−0.041	0.362	−0.041	0.363

注：RP 代表退货政策；PI 代表购买意愿；PQ 代表感知质量；PF 代表感知公平。

2. 感知质量、感知公平对退货政策和在线评价意愿的中介效应检验

数据分析结果如表 11.20 所示，对于总间接效应，$Z=3.645>1.96$，同时在 95%置信水平下，Bias-Corrected 方法置信区间为[0.211，0.628]，Percentile 方法置信区间为[0.205，0.616]，均不包含 0 在内，说明总间接效应存在。对于感知质量的间接效应，$Z=4.887>1.96$，同时在 95%置信水平下，Bias-Corrected 方法置信区间为[0.196，0.434]，Percentile 方法置信区间为[0.192，0.432]，均不包含 0 在内，说明感知质量的中介效应存在。对于感知公平的间接效应，$Z=12.272>1.96$，同时在 95%置信水平下，Bias-Corrected 方法置信区间为[0.798，1.121]，Percentile 方法置信区间为[0.796，1.115]，均不包含 0 在内，说明感知公平的中介效应存在。对于直接效应，$Z=-0.112<1.96$，同时在 95%置信水平下，Bias-Corrected 方法置信区间为[−0.240，0.214]，Percentile 方法置信区间为[−0.240，0.216]，均包含 0 在内，说明退货政策对购买意愿之间不存在直接效应。因此，分析结果显示，感知质量和感知公平在退货政策与在线评价意愿之间具有完全中介效应，假设 7 和假设 8 得到验证。

表 11.20　感知质量、感知公平对退货政策和在线评价意愿的中介检验结果

变数	点估计值	系数相关乘积		Bootstrapping			
				Bias-Corrected95% CI		Percentile95% CI	
		SE	Z	Lower	Upper	Lower	Upper
总效应							
RP→VI	0.377	0.076	4.961	0.239	0.544	0.237	0.541
间接效应							
RP→VI	0.390	0.107	3.645	0.211	0.628	0.205	0.616
PQ	0.303	0.062	4.887	0.196	0.434	0.192	0.432
PF	0.944	0.081	12.272	0.798	1.121	0.796	1.115
直接效应							
RP→VI	−0.013	0.116	−0.112	−0.240	0.214	−0.240	0.216

注：RP 代表退货政策；VI 代表在线评价意愿；PQ 代表感知质量；PF 代表感知公平。

本章提出的 8 个假设均得到了有效的验证，如表 11.21 所示。

表 11.21　假设检验结果汇总

假设	假设内容	检验结果
H1	在社交商务中，与网络零售商严格的退货政策相比，消费者在宽松的退货政策下的感知质量更高	成立
H2	在社交商务中，与网络零售商严格的退货政策相比，消费者在宽松的退货政策下的感知公平更高	成立
H3	与朋友分享相比，在购买商家推荐的产品时，退货政策对消费者感知质量的影响更强	成立
H4	与朋友分享相比，在购买商家推荐的产品时，退货政策对消费者感知公平的影响更强	成立
H5	感知质量在退货政策宽松程度和消费者购买意愿之间起中介作用	成立
H6	感知公平在退货政策宽松程度和消费者购买意愿之间起中介作用	成立
H7	感知质量在退货政策宽松程度和消费者在线评论意愿之间起中介作用	成立
H8	感知公平在退货政策宽松程度和消费者在线评论意愿之间起中介作用	成立

11.5　研　究　结　论

本章旨在揭示社交商务环境下，网络零售商制定的宽松或严格的退货政策对消费者的购买意愿和购后在线评论意愿的影响。本章将消费者在社交商务中的信息获取源分为商家推荐和朋友分享这两种形式，基于信号理论、公平理论、关系强弱理论以及动机拥挤理论，检验了消费者在面对不同的信息获取渠道时，网络零售商退货政策对消费者在行为上的不同影响，以期帮助网络零售商在社交化网站中更好地理解消费者的购买行为和在线评论行为。研究结论如下。①在社交商务中，网络零售商退货政策的宽松度可以影响消费者的购前心理。与严格的退货政策相比，消费者面对宽松的退货政策时会产生更高的感知质量和感知公平。消费者通过退货政策感知质量和感知公平，从而影响消费者的购买意愿和在线评价意愿，且退货政策越宽松，消费者的购买意愿和在线评价意愿越高。②在社交商务中不同的社交类型，网络零售商的退货政策宽松度对消费者购前心理和行为上产生的影响也会存在差异。与朋友分享的商品相比，退货政策对商家推荐的商品影响作用更强。③基于信号理论、公平理论解释了网络零售商退货政策对消费者感知质量和感知公平作用的原理，关系强弱理论、动机拥挤理论则解释了在社交商务中退货政策对消费者购买意愿和在线评价意愿的影响。

第 12 章 网络零售商无缺陷退货政策 对消费者退货可能性的影响

网络购物迅速发展，由于购物决策与消费体验分离的特征，实际产品与消费者期望或者商家描述不相符是常见的问题，由此引发的退货问题也越来越引起关注。过高的退货率会增加零售商、制造商的运营成本，甚至导致盈利能力低下。降低由高退货率带来的负面影响主要有两种方式，即增加购买率和降低退货率。宽松的退货政策可能会增加消费者的购买意愿，但也可能使消费者滥用退货政策，产生非道德退货，从而增加退货率。所以，网络零售商无缺陷退货政策不仅影响消费者的购买行为，也同样影响消费者的退货行为。前文从提高购买率的角度，探讨了网络零售商无缺陷退货政策宽松度对消费者购买意愿的影响。本章基于信号理论和禀赋效应，从增加购买率和降低退货率的角度，深入分析了退货政策的三个维度(截止时间、努力水平、费用返还)对消费者感知质量、感知可信度、购买意向和退货可能性的影响，并且考虑了消费者个人风险偏好的调节作用。将消费者个人风险偏好作为调节变量，采用 2(截止时间：宽松，严格)×2(努力水平：宽松，严格)×2(费用返还：宽松，严格)的实验设计，构造了 8 个不同的实验情景。

12.1 研 究 背 景

随着网络用户购买习惯的日益养成以及网络购物环境的日渐改善，我国网络零售业得到了迅速发展。但是由于网络购物决策与消费体验分离的特征，消费者无法在交易前面对面地触摸体验商品，增大了交易风险，从而产生了大量的退货问题，这严重制约了网络零售的快速发展。在传统的店铺中，服装类商品的退货率高达 35%，3C 类电子产品的退货率也达到了 11%～20%，而对于网络零售商，产品退货率还将更高(Su，2009)。高退货率不仅会增加网络零售商的成本支出，还会给零售商的库存管理、资金周转等造成严重的影响。减少由于退货率高所带来的负面影响有两种方式，第一种方式就是吸引更多的消费者，增加购买率，提高整个购买的基数；第二种方式就是制定科学合理的退货政策，消除消费者不理性不道德的退货，直接降低退货率。

国家工商总局于 2014 年 2 月发布了《网络交易管理办法》，其中第十六条规定，网络商品经营者销售商品，除规定或消费者在购买时确认不能退货的商品外，消费者有权自收到商品之日起七日内退货，且无须说明理由。2015 年 3 月 15 日起，国家工商总局公布《侵害消费者权益行为处罚办法》规定，"已拆封"不得作为拒绝退货理由，故意拒绝或拖延退货的商家最高将受到 50 万元处罚。新规定的实施一方面更好地保障了消费者的合法权益，另一方面也可能会带来更多的非理性或不道德退货。网络零售商为了提升自身竞争力，也在不断探索制定符合自身实际状况的退货政策，以提高购买率，降低退货率，减少社会资源的浪费。国内现有网络零售商在激烈的竞争环境下，提出了各式各样的退货政策，如乐蜂网的 45 天无理由退货、国美在线的 30 天无理由退货、聚美优品针对化妆品的 30 天无理由退货等、淘宝 7 天无理由退货等。各个网络零售商针对退货期限、退货条件、退货流程以及运费等方面也都根据自身条件做出了不同的规定，用来吸引消费者购买和抑制不理性不道德退货。因此，系统研究无缺陷退货政策及其对消费者的影响机理，对于网络零售商制定科学合理并具有竞争力的退货政策具有重要的指导意义。

目前，基于中国国情、整合退货政策各个维度及其不同水平，实证研究退货政策对消费者行为影响的文献还很少。姜宏等(2012)、王湘红和王曦(2009)、李东进等(2013)研究了消费者个性特征对退货政策作用效果的影响。国外学者的研究相对更多，Wachter 等(2012)研究发现消费者道德信仰和人生哲学差异性导致其对购买行为的不同认识、态度和反映；并将退货行为分为非道德退货行为、渴望退货行为和不情愿退货行为三种。非道德退货行为产生的原因主要有机会主义(Chu et al.，1998)、冲动性消费(Bonifield et al.，2010)以及宽松的退货政策(Davis et al.，1998)。宽松的退货政策会使消费者滥用退货政策，产生非道德退货，从而增加退货率。学者们也研究了如何改进退货政策以抑制消费者的退货行为和倾向。Posselt 等(2008)和 Su(2009)在对退货政策三个维度进行区分的前提下，提出退货努力水平越高，感知努力水平就会增加，退货率降低。Janakiraman 和 Ordóñez(2012)在此研究基础上首次运用解释水平理论，通过实验研究探讨了退货截止时间和退货努力水平对退货倾向的影响。但只是从退货政策三个维度中的其中一个或者两个维度来研究对消费者行为的影响，或者是从宽松和严格这两个角度去研究，还未有文献对退货政策这三个维度对消费者行为的影响机理进行综合研究。整合退货政策各个维度的研究不仅可以全面地探索不同组合的退货政策对消费者行为的影响，还可以深入洞察各个维度对消费者行为的不同影响，对网络零售商制定科学的有针对性的退货政策具有重要意义。本章不仅拓宽了现有的网络零售商退货政策研究，还为零售商制定退货政策提供科学合理的指导，具有重要的意义。

12.2　模　型　构　建

12.2.1　退货政策宽松度和购买意向

退货政策是影响消费者购买行为的重要因素，大多数学者认为宽松的退货政策作为商品质量和卖家信誉的信号特征，能够提高消费者的感知质量，促进消费者购买。一个宽松的退货政策会向消费者传递质量更高的信号，进而影响消费者的购买意向(Wood，2001；Constantinides，2004；Mukhopadhyay and Setaputra，2007)。此外，消费者更喜欢宽松的退货政策，因为宽松的退货政策降低了他们改变失败决策的成本，增加了他们决策的可逆性和灵活性(Wood，2001)。因此，宽松的退货政策会给消费者传递一个信号，即他们可以获得更长的退货决策时间，并付出较少的努力就能得到全部的退款，这就降低了他们的购买风险，从而增加了购买意向。基于此，提出如下假设。

H1：相对于严格的退货政策，宽松的退货政策可以提高消费者的感知质量。

H2：通过提高感知质量，宽松的退货政策可以提高消费者的购买意向。

对退货政策的感知可信度是反映消费者认为退货政策可以信赖的程度的一种指标。本章认为一个宽松的退货政策比一个严格的退货政策更具有可信度。可以用说服知识模型来解释。说服知识模型认为，消费者会随着时间的推移，主动形成一套关于商业信息是如何发出、为何发出以及何时发出的个人化知识体系。当消费者意识到所接收到的信息是具有说服性的，他们所拥有的说服知识就会被激活。这些说服知识就会使消费者意识到该信息的目的是为了说服他们采取某项行动。此时，消费者就会产生抗拒心理，做出反抗性的回应(Friestad and Wright，1994)。本章用说服知识模型解释退货政策是如何影响消费者行为的。

假设零售商提供一个严格的退货政策，那么消费者可能会想到，如果商品不符合自己的要求，他们将不能或者不容易退货。进而会质疑零售商——既然提供了退货政策，为什么要如此严格地限制，是否别有用心？这就降低了退货政策的说服力，导致退货政策产生较低的感知可信度。相反，假设零售商提供一个相对宽松的退货政策，将导致自身承担较昂贵的退货成本，并且表明他们愿意承担可能的交易失败风险和解决问题的决心，是对自身商品和服务自信的一种表现。此时消费者就很少会怀疑零售商别有用心，退货政策的说服力也相应提升。因此，宽松的退货政策对消费者来说更有说服力，会产生较高的退货政策感知可信度。而 Jeng 等(2014)的研究也表明零售商的退款保证越严格，消费者对退款保证的感知可信度就越低。基于此，提出如下假设。

H3：相对于严格的退货政策，宽松的退货政策可以提高消费者感知可信度。

由于网络购物环境存在很高的不确定性，所以信任变得至关重要。由于网络购物环境存在虚拟性、交易双方弱关联性等特点，消费者的感知可信度是决定网购意向能否达成的重要因素。Jain 和 Posavac(2001)认为，消费者对广告营销的可信度越高，他们对产品做出评价就越积极。同样地，如果消费者相信零售商会按照退货政策所规定内容去执行，那么他们就会对零售商产生一个积极的情感回应，这样就会相应地增加他们的购买意向。基于此，提出如下假设。

H4：通过提高感知可信度，宽松的退货政策可以提高消费者购买意向。

12.2.2　退货政策宽松度和退货可能性

Wood(2001)利用禀赋效应阐述了退货政策的宽松度对远程购物消费者退货决策过程的影响，通过实验方法论证了远程购物环境下宽松退货政策的质量信号作用。研究发现，宽松的退货政策不仅能在购前阶段提高商品的感知质量，同样也可以提高购后阶段的感知质量，从而降低消费者退货可能性。购买商品后消费者获得商品的所有权，随着持有时间的增长，他们对商品的感知质量进一步提高，即禀赋效应。禀赋效应可以降低消费者退货可能性。同时宽松的退货政策相对严格的退货政策提供更长的退货截止时间，这意味着更长的所有权周期，从而可以提高禀赋效应(Janakiraman and Ordóñez，2012；Wang，2009；

Wood，2001），提高感知质量，降低消费者退货可能性。所以，宽松的退货政策可以通过禀赋效应提高感知质量，从而降低退货可能性。基于此，提出如下假设。

H5：通过提高感知质量，宽松的退货政策可以降低消费者退货可能性。

12.2.3　消费者个人风险偏好的调节作用

消费者的个人特征很可能会影响消费者对退货政策的感知质量和感知可信度。风险偏好是消费者一种典型的个人特征，不同的消费者的个人风险偏好具有明显的差异。风险偏好可以理解为在风险决策时，个人偏好的一种体现。由此将消费者的风险偏好分为：保守型、中间型、风险型。保守型的消费者厌恶风险，倾向于稳定保险的决策，风险型的消费者为了追求高收益则具有较高的风险容忍度。保守型和风险型的消费者对风险的态度截然不同，面对相同的退货政策时，很可能会做出不同的决策。宽松的退货政策是产品质量和卖家信誉的信号传递，可以有效地降低消费者的感知风险，并且宽松的退货政策可以降低消费者错误决策的更改成本，使消费者的决策更具灵活性，降低错误决策的负面效应，更符合保守型消费者厌恶风险、追求稳定保险决策的特征。并且，宽松的退货政策作为市场信号，传递产品的市场地位和质量水平等信息，能够使保守型消费者降低感知风险，同时为其提供更多保障。所以，本章认为相对于风险型的消费者，保守型的消费者面对宽松的退货政策，会对退货政策有更高的信任度，并且对商品有更高的感知质量。消费者个人风险偏好对退货政策和感知质量、感知可信度之间的关系起调节作用。基于此，提出如下假设。

H6：消费者个人风险偏好对退货政策与感知质量之间的关系起调节作用。

H7：消费者个人风险偏好对退货政策与感知可信度之间的关系起调节作用。

12.2.4　退货政策三个维度的不同影响

Wood（2001）和 Suwelack 等（2011）用信号理论和消费者风险理论解释了宽松的费用返还政策或者退款保证和消费者购买的关系，Janakiraman 和 Ordóñez（2012）用解释水平理论研究了退货政策截止时间和消费者购买的关系。退货政策的三个维度对购买意向的影响机理各不相同，尽管退货政策的三个维度都对购买有一定的影响，但是退货政策的三个维度对购买的影响并不是一致的，所以分别研究退货政策各个维度对消费者购买意向的影响是必要的。

Wood（2001）研究表明，更长的退货截止期限可以提高禀赋效应，从而大大增加消费者对商品评价的可能。宽松的截止时间意味着更长的所有权周期，可以提高禀赋效应，从而降低退货可能性。但是宽松费用返还政策和努力水平政策也可能增加退货，例如，如果消费者对购买后交易成本敏感，那么宽松退货政策带来的低交易成本会导致退货率增加（Davis et al.，1998）。基于此，提出如下假设。

H8：退货政策特征的三个维度对购买意向有不同影响。

H9：退货政策特征的三个维度对退货可能性有不同影响。

根据以上分析，本章构建了网络零售商无缺陷退货政策对消费者购买意向和退货可能性的影响的理论模型，如图 12.1 所示。

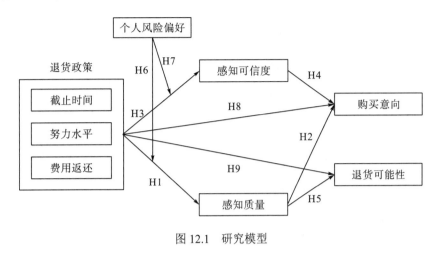

图 12.1　研究模型

12.3　研究设计

12.3.1　实验设计

本章采用情景模拟的实验方法，其中退货政策通过问卷情景进行操控，退货政策(自变量)为组间设计，而消费者个人风险偏好通过让被试在问卷最后部分回答风险偏好问题进行测量，因此实验为 2(截止时间：宽松，严格)×2(努力水平：宽松，严格)×2(费用返还：宽松，严格)，共有 8 个实验组。

研究通过某大型调查网站进行，利用该网站提供的问卷设计技术，将被试随机分组，每组被试将进入不同的页面，每个页面除了呈现的情景略有差异外，其他条件完全一致。首先，情景描述了顾客在网上购时物浏览到目标商品(运动鞋)，考虑是否要购买的情景，我们又向顾客提供了该零售商的退货政策，我们从退货截止时间、努力水平、费用返还三个维度来区分退货政策的严格和宽松。浏览完情景后，被试被要求融入情景依次填写退货政策宽松度、感知可信度、感知质量、购买意向、退货可能性量表。最后，问卷测量了被试的性别、年龄段、学历、过去半年的购物次数、退货经历等人口统计变量以及测试消费者个人风险偏好的问题。实验组设计以及退货政策三个维度操控如表 12.1 和表 12.2 所示。

表 12.1　实验设计

实验组		1	2	3	4	5	6	7	8
退货政策特征	截止时间	宽松	严格	宽松	宽松	宽松	严格	严格	严格
	努力水平	宽松	宽松	严格	宽松	严格	严格	宽松	严格
	费用返还	宽松	宽松	宽松	严格	严格	宽松	严格	严格

表 12.2　退货政策的操控方式

退货政策维度	宽松程度		操控方式
截止时间	宽松	较长的截止时间	商品签收后 30 天内，在不影响二次销售的情况下，不满意可办理退货
	严格	较短的截止时间	商品签收后 7 天内，在不影响二次销售的情况下，不满意可办理退货
努力水平	宽松	低努力水平	退货时，买家可直接在线申请退货，无须填写退货登记卡，只要商品无损坏均可退货，拆封后可退，标签损坏可退，赠品丢失可退
	严格	高努力水平	退货时，需填写退货登记卡并保证包装完整，将商品的内带附件、标签、说明书、保修单、发票或赠品等同商品一起退回，否则退货将不予办理
费用返还	宽松	高退款保证	收到退货商品后，商家将全额退款，并承担商品发出与返回的运费
	严格	限制性退款保证	收到退货商品后，商家将全额退款，但是需要您自行承担商品发出与返回的运费

12.3.2　实验对象

根据中国互联网信息中心(CNNIC)发布的《第 44 次中国互联网络发展状况统计报告》，截至 2019 年 6 月，我国网民年龄结构以 10～49 岁群体为主，占整体的 82.5%：其中 20～29 岁年龄段的网民占比最高，达 24.6%，10～19 岁、30～39 岁、40～49 岁群体占比分别为 16.9%、23.7%、17.3%。从网民职业结构看，网民中学生群体的占比最高，为 26.0%，其次为个体户/自由职业者，比例为 20.0%，企业/公司的管理人员和一般职员占比合计达 12.8%，这三类人群的占比相对稳定。综合以上可以看出，高校学生仍然是网购用户人群中具备很强代表性和典型性的群体。在综合考虑实验对象召集的便利性、实验成本控制、地缘优势等多方面因素的情况下，本章决定选取在校大学生作为研究被试。

12.3.3　实验产品

随着网络零售行业的蓬勃发展，网购用户对商品的需求日趋广泛，网购市场为了满足消费者的需求，网络零售商品的种类也在不断地扩充和发展。根据中国互联网信息中心(CNNIC)于 2016 年 6 月发布的《2015 年中国网络购物市场研究报告》，2015 年，中国网络零售市场最为活跃的品类为服装鞋帽，其在线消费者占整体网民的比例为 79.7%。艾瑞咨询发布的《2015 年中国女性数字时尚用户白皮书》显示，2015 年中国网络购物市场交易规模为 3.8 万亿元，服饰类占比超 20%。此外，随着人们生活水平的不断提高，健康意识也越来越强烈，运动健身观念也越来越普及，运动鞋作为运动的基础条件，需求也在不断提升，市场规模也在不断扩大。基于以上几点，本章选择运动鞋作为实验产品。

12.3.4　实验准备

12.3.4.1　实验材料

本章的任务情境是，被试最近准备网购一双运动鞋，于是便到某购物网站进行挑选。由于主要探讨的是网络零售商退货政策的宽松程度(截止时间、努力水平、费用返还)对消费者购买意愿和退货可能性的影响以及消费者个人风险偏好的调节作用，所以在借鉴以往研究的基础上，设计了 8 组不同的实验材料。8 组实验材料具体如下。

实验组 1：宽松的截止时间、宽松的努力水平、宽松的费用返还

请仔细阅读下面一段话并将自己融入下列情景中：

你最近准备网购一双运动鞋，于是你便到某购物网站进行挑选。看到一款运动鞋后，你觉得该运动鞋的款式、颜色、性能都比较符合你的要求，价格也在你所能接受的范围内，你现在要决定是否购买该款运动鞋。

在你决定购买之前请先阅读下面的退货政策：

> 商品签收后 30 天内，在不影响二次销售的情况下，不满意可办理退货；
> 退货时，买家可直接在线申请退货，无须填写退货登记卡，我们承诺只要商品无损坏均可退货，拆封后可退，标签损坏可退，赠品丢失可退；
> 收到退货商品后，商家将全额退款，并承担商品发出与返回的运费。

实验组 2：严格的截止时间、宽松的努力水平、宽松的费用返还

请仔细阅读下面一段话并将自己融入下列情景中：

你最近准备网购一双运动鞋，于是你便到某购物网站进行挑选。看到一款运动鞋后，你觉得该运动鞋的款式、颜色、性能都比较符合你的要求，价格也在你所能接受的范围内，你现在要决定是否购买该款运动鞋。

在你决定购买之前请先阅读下面的退货政策：

> 商品签收后 7 天内，在不影响二次销售的情况下，不满意可办理退货；
> 退货时，需填写退货登记卡并保证包装完整，将商品的内带附件、标签、说明书、保修单、发票或赠品等同商品一起退回，否则退货将不予办理；
> 收到退货商品后，商家将全额退款，并承担商品发出与返回的运费。

实验组 3：宽松的截止时间、严格的努力水平、宽松的费用返还

请仔细阅读下面一段话并将自己融入下列情景中：

你最近准备网购一双运动鞋，于是你便到某购物网站进行挑选。看到一款运动鞋后，你觉得该运动鞋的款式、颜色、性能都比较符合你的要求，价格也在你所能接受的范围内，你现在要决定是否购买该款运动鞋。

在你决定购买之前请先阅读下面的退货政策：

> 商品签收后 30 天内，在不影响二次销售的情况下，不满意可办理退货；
> 退货时，需填写退货登记卡并保证包装完整，将商品的内带附件、标签、说明书、保修单、发票或赠品等同商品一起退回，否则退货将不予办理；
> 收到退货商品后，商家将全额退款，并承担商品发出与返回的运费。

实验组 4：宽松的截止时间、宽松的努力水平、严格的费用返还

请仔细阅读下面一段话并将自己融入下列情景中：

你最近准备网购一双运动鞋，于是你便到某购物网站进行挑选。看到一款运动鞋后，你觉得该运动鞋的款式、颜色、性能都比较符合你的要求，价格也在你所能接受的范围内，你现在要决定是否购买该款运动鞋。

在你决定购买之前请先阅读下面的退货政策：

➤ 商品签收后 30 天内，在不影响二次销售的情况下，不满意可办理退货；

➤ 退货时，买家可直接在线申请退货，无须填写退货登记卡，我们承诺只要商品无损坏均可退货，拆封后可退，标签损坏可退，赠品丢失可退；

➤ 收到退货商品后，商家将全额退款，但是需要您自行承担商品发出与返回的运费。

实验组 5：宽松的截止时间、严格的努力水平、严格的费用返还

请仔细阅读下面一段话并将自己融入下列情景中：

你最近准备网购一双运动鞋，于是你便到某购物网站进行挑选。看到一款运动鞋后，你觉得该运动鞋的款式、颜色、性能都比较符合你的要求，价格也在你所能接受的范围内，你现在要决定是否购买该款运动鞋。

在你决定购买之前请先阅读下面的退货政策：

➤ 商品签收后 30 天内，在不影响二次销售的情况下，不满意可办理退货；

➤ 退货时，需填写退货登记卡并保证包装完整，将商品的内带附件、标签、说明书、保修单、发票或赠品等同商品一起退回，否则退货将不予办理；

➤ 收到退货商品后，商家将全额退款，但是需要您自行承担商品发出与返回的运费。

实验组 6：严格的截止时间、严格的努力水平、宽松的费用返还

请仔细阅读下面一段话并将自己融入下列情景中：

你最近准备网购一双运动鞋，于是你便到某购物网站进行挑选。看到一款运动鞋后，你觉得该运动鞋的款式、颜色、性能都比较符合你的要求，价格也在你所能接受的范围内，你现在要决定是否购买该款运动鞋。

在你决定购买之前请先阅读下面的退货政策：

➤ 商品签收后 7 天内，在不影响二次销售的情况下，不满意可办理退货；

➤ 退货时，需填写退货登记卡并保证包装完整，将商品的内带附件、标签、说明书、保修单、发票或赠品等同商品一起退回，否则退货将不予办理；

➤ 收到退货商品后，商家将全额退款，并承担商品发出与返回的运费。

实验组 7：严格的截止时间、宽松的努力水平、严格的费用返还

请仔细阅读下面一段话并将自己融入下列情景中：

你最近准备网购一双运动鞋，于是你便到某购物网站进行挑选。看到一款运动鞋后，你觉得该运动鞋的款式、颜色、性能都比较符合你的要求，价格也在你所能接受的范围内，你现在要决定是否购买该款运动鞋。

在你决定购买之前请先阅读下面的退货政策：

➢ 商品签收后 7 天内，在不影响二次销售的情况下，不满意可办理退货；

➢ 退货时，买家可直接在线申请退货，无须填写退货登记卡，我们承诺只要商品无损坏均可退货，拆封后可退，标签损坏可退，赠品丢失可退；

➢ 收到退货商品后，商家将全额退款，但是需要您自行承担商品发出与返回的运费。

实验组 8：严格的截止时间、严格的努力水平、严格的费用返还

请仔细阅读下面一段话并将自己融入下列情景中：

你最近准备网购一双运动鞋，于是你便到某购物网站进行挑选。看到一款运动鞋后，你觉得该运动鞋的款式、颜色、性能都比较符合你的要求，价格也在你所能接受的范围内，你现在要决定是否购买该款运动鞋。

在你决定购买之前请先阅读下面的退货政策：

➢ 商品签收后 7 天内，在不影响二次销售的情况下，不满意可办理退货；

➢ 退货时，需填写退货登记卡并保证包装完整，将商品的内带附件、标签、说明书、保修单、发票或赠品等同商品一起退回，否则退货将不予办理；

➢ 收到退货商品后，商家将全额退款，但是需要您自行承担商品发出与返回的运费。

12.3.4.2　问卷设计

问卷分为三个部分(附录五)。问卷的第一部分为实验材料，退货政策三个维度组合作为操控变量出现在实验材料中。第二部分为各个变量量表：退货政策宽松程度，退货政策三个维度，感知质量，感知可信度，购买意向，退货可能性。第三部分，测量被试的性别、年龄段、学历、过去半年的购物次数、退货经历等人口统计变量以及测试消费者个人风险偏好的问题。

12.3.4.3　实验流程

实验流程分为两个阶段，第一阶段是研究的前测，在实验材料、测量量表以及问卷设计完成后，在问卷发放前我们进行了一次小范围的预测试，通过反馈信息对问卷的措辞进行了一定的修改，并对问题项顺序及数目进行了调整，形成了最终问卷；第二阶段是正式实验，招募了 680 名被试进行正式研究。

12.3.5　样本选取和数据收集

实验通过网络形式实施，我们通过微信、QQ 等社交软件来招募被试。为提高受访者的配合度，每位参与者将有机会抽取价格不等的红包。共有 680 名网友参与了调查，剔除不合格的问卷(过去半年没有购物经历的问卷；作答时间小于 90 秒的问卷；答案全部或大部分相同，问题项选择有一定规律性的问卷)，共得到有效问卷 509 份。各个实验组样本分布以及样本的人口统计学特征如表 12.3 和表 12.4 所示。

表 12.3　　各个实验组样本分布详情

实验组		1	2	3	4	5	6	7	8
退货政策特征	截止时间	宽松	严格	宽松	宽松	宽松	严格	严格	严格
	努力水平	宽松	宽松	严格	宽松	严格	严格	宽松	严格
	费用返还	宽松	宽松	宽松	严格	严格	宽松	严格	严格
人数/人		64	62	62	60	70	61	66	64

表 12.4　　样本的人口统计学特征

项目	样本分布	样本数/个	频率/%
性别	男	233	45.78
	女	276	54.22
年龄	18 岁以下	2	0.39
	18~25 岁	341	66.99
	26~30 岁	136	26.72
	31~40 岁	26	5.11
	40 岁以上	4	0.79
学历	大专及以下	48	9.43
	本科	256	50.29
	硕士	194	38.11
	博士及以上	11	2.16
过去半年购物次数	1~3 次	40	7.86
	4~6 次	60	11.79
	7~9	62	12.18
	10 次及以上	347	68.17
退货经历	有	359	70.53
	没有	150	29.47

就实验样本的人口统计特征而言，从性别分布上看，男女的比例基本持平，女性被试为 276 人(约占 54.22%)，男性被试 233 人(约占 45.78%)。从年龄结构上看，18 岁以下的有 2 人，约占总人数的 0.39%；18~25 岁的被试人数最多，为 341 人，约占总人数的 66.99%；26~30 岁的有 136 人，约占总人数的 26.72%；31~40 岁的有 26 人，约占总人数的 5.11%，40 岁以上的有 4 人，约占 0.79%。从教育程度上看，被试主要为本科学历，有 256 人，约占总人数的 50.29%；硕士学历的有 194 人，约占总人数的 38.11%，博士及以上学历的有 11 人，占总人数的 2.16%。

就实验样本的网络购物行为特征而言，在过去半年内被试全部都有在网络上购物过，约 68.17% 的被试在过去半年内的网络购物次数超过了 10 次。就实验样本的退货经历特征而言，70.53% 的被试有网络购物退货经历，29.47% 的被试没有网络购物退货经历。

12.3.6　变量操控与测量

12.3.6.1　退货政策宽松程度的测量

通过对文献中关于退货政策宽松程度的测量方式进行整理与分析，并结合消费者实际网络购物环境的特征，本章将退货政策宽松程度的测项调整为 4 个，并以 Likert 七级量表（从非常不认同到非常认同，后同）对其进行测量。具体的量表问项如表 12.5 所示。

表 12.5　退货政策宽松程度的测量方式

变量	具体问项	参考文献
退货政策宽松程度	与其他购物网站的退货政策相比，该退货政策非常宽松 与其他购物网站的退货政策相比，该退货政策限制非常少 该退货政策的退货时限非常长 该退货政策让我觉得退货非常方便	Bonifield 等，2010； Jeng 等，2014； Hsieh，2013

12.3.6.2　退货政策三个维度的测量

通过对现有文献中关于退货政策三个维度的测量方式进行整理与分析，参考了 Suwelack 等（2011）的研究，并结合消费者实际网络购物环境的特征，本章将退货政策三个维度的测项设置如下，并以 Likert 七级量表对其进行测量。具体的量表问项如表 12.6 所示。

表 12.6　退货政策三个维度的测量方式

变量	具体问项	参考文献
截止时间	我觉得该退货政策截止时间短	
努力水平	我觉得该退货政策退货要求严格	Suwelack 等，2011
费用返还	我觉得该退货政策费用返还策略严格	

12.3.6.3　感知质量的测量

基于感知质量的测量项目，参考了 Brucks（2000）、徐康锋（2014）等的研究，将感知质量的测项调整为 4 个，并以 Likert 七级量表对其进行测量。具体的量表问项如表 12.7 所示。

表 12.7　感知质量的测量方式

变量	具体问项	参考文献
感知质量	我觉得该产品是值得信赖的 我觉得该产品在同等价位中可能是高质量的 我觉得该产品的性能很好 我觉得该产品是持久耐用的	徐康锋，2014； Brucks 等，2000

12.3.6.4　感知可信度的测量

基于 Son 等(2006)、Hsieh(2013)以及 Jeng 等(2014)的研究,并结合购物网站退货政策的特征,本章将对退货政策感知可信度的测项调整为 3 个,并以 Likert 七级量表对其进行测量。具体的量表问项如表 12.8 所示。

表 12.8　对退货政策感知可信度的测量方式

变量	具体问项	参考文献
感知可信度	我觉得该退货政策是非常可信的	Son 等,2006;
	我觉得该退货政策是非常可靠的	Hsieh,2013;
	我觉得该购物网站是一定会履行该退货政策的	Jeng 等,2014

12.3.6.5　消费者个人风险偏好的测量

通过对现有文献中关于退货政策三个维度的测量方式进行整理与分析,参考 Hsee 和 Weber(1997)的研究,本章对消费者个人风险偏好的测量方式设置如表 12.9 所示。

表 12.9　对消费者个人风险偏好的测量方式

变量	具体问项	参考文献
消费者个人风险偏好	假如您获得一份奖励,有两种选择,A:100%的可能性获得 1000 元;B:抛硬币,如果正面朝上,获得 2000 元,否则获得 0 元,您会选择哪一份	宫玮(2012)

12.3.6.6　购买意向的测量

本章基于 Kukar-Kinney 等(2007)、Pei 等(2014)以及 Jeng 等(2014)的研究,并结合网络购物的特征,将消费者网上购买意向的测项调整为 3 个,并以 Likert 七级量表对其进行测量。具体的量表问项如表 12.10 所示。

表 12.10　购买意向的测量方式

变量	具体问项	参考文献
购买意向	我非常愿意在该网站购买产品	Kukar-Kinney 等,2007;
	我非常可能会在该网站购买产品	Pei 等,2014;
	我在该网站购买产品的概率非常高	Jeng 等,2014

12.3.6.7　退货可能性的测量

可能性是指事物发生的概率,是包含在事物之中并预示着事物发展趋势的量化指标。退货可能性则是消费者在网络购物过程中将商品退回卖家的概率。本章基于 Jiang 和 Rosenbloom(2005)的研究,并结合网络购物的特征,将消费者网上退货可能性的测项调整为 3 个,并以 Likert 七级量表对其进行测量。具体的量表问项如表 12.11 所示。

表 12.11　退货可能性的测量方式

变量	具体问项	参考文献
退货可能性	购买该商品后，我非常想退货 购买该商品后，我非常可能会退货 购买该商品后，我退货的概率非常高	Jiang 和 Rosenbloom(2005)

12.4　数　据　分　析

12.4.1　信度和效度检验

信度，也称为可靠性，是指测量结果的一致性、可靠性或者稳定性。信度分析是数据分析中的重要环节，是不可或缺的。信度分析常用的方法主要有 4 种：复本信度法、重测信度法、分半信度法以及 α 信度系数法。

为了检验量表的信度，本章运用 SPSS 20.0 分析软件，采用学术界较为认可的 Cronbach's α 系数对量表的内部一致性进行检查。当 Cronbach's α 系数在 0.7 以上时，表明量表信度较高；当 Cronbach's α 系数为 0.5～0.7 时，则表明量表信度一般，需要进行进一步的分析。本章依次对退货政策宽松程度、感知质量、感知可信度、购买意向以及退货可能性的问项做了信度分析。

对问卷进行信度分析，剔除不合格问项后，测量整个问卷的 Cronbach's α 为 0.851，大于 0.7，说明整个问卷的可靠性和稳定性很好。结果如表 12.12 所示，所有构念的 Cronbach's α 都为 0.80～0.92，高于 0.70，信度在可接受水平内。

表 12.12　信度分析结果

变量	编号	问项	Cronbach's α
退货政策宽松度	RP1	与其他购物网站的退货政策相比，该退货政策非常宽松	0.852
	RP2	与其他购物网站的退货政策相比，该退货政策限制非常少	
	RP3	该退货政策让我觉得退货非常方便	
感知质量	PQ1	我觉得该产品在同等价位中可能是高质量的	0.896
	PQ2	我觉得该产品的性能很好	
	PQ3	我觉得该产品是持久耐用的	
感知可信度	PB1	我觉得该退货政策是非常可信的	0.893
	PB2	我觉得该退货政策是非常可靠的	
	PB3	我觉得该购物网站是一定会履行该退货政策的	
购买意向	PI1	我非常愿意在该网站购买产品	0.921
	PI2	我非常可能会在该网站购买产品	
	PI3	我在该网站购买产品的概率非常高	
退货可能性	RI1	购买该商品后，我非常想退货	0.911
	RI2	购买该商品后，我非常可能会退货	
	RI3	购买该商品后，我退货的概率非常高	

效度，也称为有效性，是指量表能够正确测量到其所要测量的事物的程度或者能力。构念效度主要通过收敛效度和区别效度来评价。本章对建构效度的检验主要是通过对验证性因子的分析来完成的，运用的统计软件为 AMOS22.0。如表 12.13 所示，所有测项的因子载荷（STD）为 0.7～0.9，都大于 0.5，且测量模型的拟合指数结果显示，χ^2=172.761，df=80，χ^2/df=2.160（小于 3），CFI=0.956（大于 0.9），GFI=0.934（大于 0.9），RMSEA=0.048（小于 0.1）这些指标说明收敛效度较高，本章数据与验证性因子分析模型的拟合度很好区别，效度用平均提炼方差（AVE）来计算。如表 12.13 所示，所有 AVE 为 0.67～0.80，均大于 0.5。因此，模型具有很好的区别效度。

表 12.13　验证性因子分析结果

变量	指标	UNTD	S.E.	t-value	P	STD	SMC	1-SMC	CR	AVE
退货政策宽松度	RP1	1.000				0.885	0.783	0.217		
	RP2	0.986	0.045	21.805	***	0.859	0.738	0.262	0.858	0.670
	RP3	0.806	0.047	17.335	***	0.700	0.490	0.51		
感知质量	PQ1	1.000				0.852	0.726	0.274		
	PQ2	1.058	0.040	26.353	***	0.931	0.867	0.133	0.898	0.747
	PQ3	0.954	0.043	22.019	***	0.805	0.648	0.352		
感知可信度	PB1	1.000				0.867	0.752	0.248		
	PB2	1.049	0.041	25.514	***	0.906	0.821	0.179	0.895	0.740
	PB3	0.991	0.045	22.062	***	0.805	0.648	0.352		
购买意向	PI1	1.000				0.896	0.803	0.197		
	PI2	1.02	0.034	29.685	***	0.908	0.824	0.176	0.922	0.798
	PI3	1.081	0.039	27.618	***	0.875	0.766	0.234		
退货可能性	RI1	1.000				0.850	0.723	0.278		
	RI2	1.092	0.042	26.149	***	0.922	0.850	0.150	0.912	0.775
	RI3	1.059	0.043	24.654	***	0.868	0.753	0.247		

12.4.2　操控检验

首先，我们检验 8 个不同的实验组在不同变量水平上是否存在显著性的差异。通过比较被试对于退货政策的感知宽松度来检验我们对退货政策类型程度的操控是否成功。方差分析结果如图 12.2 所示，提供不同退货政策情景的 8 个实验组，退货政策宽松度（M_x，x 为 1～8）的均值有明显差异：M_1=5.99，M_2=5.55，M_3=5.34，M_4=5.66，M_5=4.46，M_6=5.05，M_7=4.62，M_8=4.17；F=15.84，P=0.000<0.001。并且 M_1 最大，M_8 最小，考虑对比组，实验组 2 和实验组 7，只有费用返还操控不同，实验组 2 为宽松，实验组 7 为严格，M_2>M_7；实验组 3 和实验组 6，只有截止时间操控不同，实验组 3 为宽松，实验组 6 为严格，M_3>M_6；实验组 4 和实验组 5，只有努力水平操控不同，实验组 4 为宽松，实验组 5 为严格，M_4>M_5，说明我们在实验中对不同退货政策情景的操控是成功的。

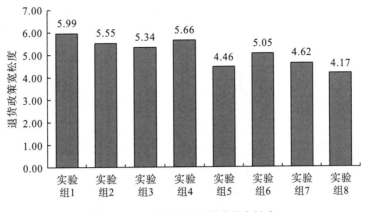

图 12.2　8 个实验组退货政策宽松度

然后我们分别检验退货政策的三个维度在不同变量水平上是否存在显著性的差异。通过比较被试对于截止时间不同类型时退货政策宽松度的感知，来检验我们对截止时间宽松和严格情景的操控是否成功，结果如图 12.3 所示。方差分析结果显示，在截止时间宽松和严格两个不同情景下，退货政策宽松程度的均值有明显差异：$M_{宽松}=5.20$，$M_{严格}=4.68$；$F=11.34$，$P=0.000<0.001$。说明我们在实验中对不同截止时间类型的操控是成功的。

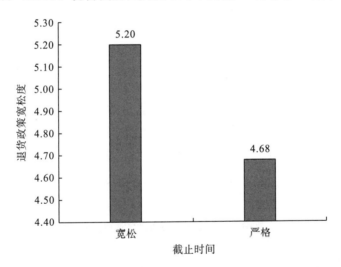

图 12.3　截止时间宽松程度差异下的退货政策宽松度

通过比较被试对于努力水平不同类型的退货政策宽松度的感知，来检验我们对截止时间宽松和严格情景的操控是否成功，结果如图 12.4 所示。方差分析结果显示，在努力水平宽松和严格两个不同情景下，退货政策宽松程度的均值有明显差异：$M_{宽松}=5.34$，$M_{严格}=4.95$；$F=23.04$，$P=0.000<0.001$。说明我们在实验中对不同努力水平的操控是成功的。

通过比较被试对于费用返还不同类型的退货政策宽松度的感知，来检验我们对截止时间宽松和严格情景的操控是否成功，结果如图 12.5 所示。方差分析结果显示，在费用返还宽松和严格两个不同情景下，退货政策宽松程度的均值有明显差异：$M_{宽松}=5.29$，$M_{严格}=4.72$；

F=9.424，P=0.000＜0.001。说明我们在实验中对不同费用返还的操控是成功的。

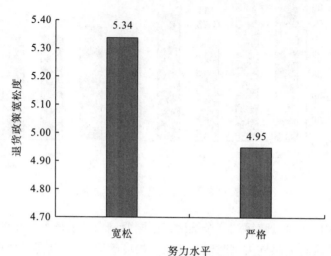

图 12.4　努力水平宽松程度差异下的退货政策宽松度

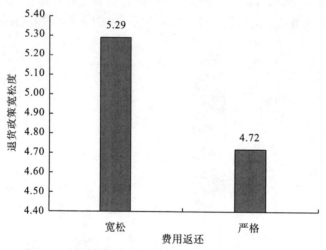

图 12.5　费用返还宽松程度差异下的退货政策宽松度

12.4.3　相关分析

双变量相关分析是指对两个变量之间的相关关系方向以及关系强弱所进行的分析。本章将采用学术界较为认可的 Pearson 相关系数来表示相关关系方向以及关系强弱。Pearson 相关系数的取值为 [-1,1]；系数大于 0 时，表明两个变量之间存在正相关关系；系数小于 0 时，表明变量之间存在负相关关系；系数等于 0，则表明变量之间不存在线性关系。一般认为，Pearson 相关系数的绝对值越大，两变量之间的相关性就越强。

本章在对量表进行信度分析、效度分析以及变量操控检验后，通过相关分析对退货政策宽松度、感知质量、感知可信度、购买意向以及退货可能性这五个变量之间的关联程度进行了验证。分析结果如表 12.14 所示。

表 12.14　测量变量的相关系数矩阵

	退货政策宽松度	感知质量	感知可信度	购买意向	退货可能性
退货政策宽松度	1				
感知质量	0.367**	1			
感知可信度	0.261**	0.353**	1		
购买意向	0.474**	0.609**	0.537**	1	
退货可能性	0.076	−0.067	−0.010	0.055	1

由表 12.14 可知，退货政策宽松程度与感知质量、感知可信度以及购买意向这三个变量间的 Pearson 相关系数分别为 0.367、0.261、0.474，表明退货政策宽松程度与这三个变量之间存在相关关系。感知质量与感知可信度、购买意向之间的相关系数分别为 0.353、0.609、−0.067，表明感知质量与感知可信度、购买意向两个变量之间存在相关关系，而与退货可能性之间的关系则不显著。感知可信度与购买意向之间的 Pearson 相关系数为 0.537，表明这两者之间存在相关关系。而感知可信度与退货可能性之间的 Pearson 相关系数为 −0.010，且不显著。

本章在通过相关分析对退货政策三个维度、购买意向以及退货可能性之间的关联程度进行了验证。分析结果如表 12.15 所示。

表 12.15　测量变量的相关系数矩阵

	努力水平	费用返还	截止时间	购买意向	退货可能性
努力水平	1				
费用返还	0.511**	1			
截止时间	0.490**	0.422**	1		
购买意向	0.341**	0.496**	0.428**	1	
退货可能性	0.133**	0.094*	0.060	0.055	1

由表 12.15 可知，努力水平与费用返还、截止时间、购买意向以及退货可能性间的 Pearson 相关系数分别为 0.511、0.490、0.341、0.133，表明努力水平与费用返还、截止时间、购买意向以及退货可能性间存在相关关系。费用返还与截止时间、购买意向以及退货可能性之间的相关系数分别为 0.422、0.496、0.094，表明费用返还与截止时间、购买意向以及退货可能性之间存在相关关系。截止时间与购买意向、退货可能性之间的 Pearson 相关系数为 0.428、0.060，表明截止时间与购买意向之间存在相关关系。而截止时间与退货可能性之间的关系则不显著。基于上述分析，本章将依次对各个假设做进一步检验。

12.4.4　假设检验

12.4.4.1　主效应检验

首先对退货政策宽松度、感知质量、感知可信度进行均值化处理，然后做回归分析。退货政策宽松度作为自变量，感知质量、感知可信度作为因变量。结果如表 12.16、表 12.17 所示，数据分析结果表明，VIF 值均小于 5，这说明多重共线性问题并不严重，未对假设检验结果构成影响。Durbin-Watson 值接近 2，说明误差项自相关的问题也被排除了。退货政策宽松度对感知质量的回归系数为 0.367，对感知可信度的回归系数为 0.261，且 $P=0.000 < 0.001$，说明退货政策宽松度对感知质量和感知可信度的影响是显著的，且为正向影响。

表 12.16　退货政策宽松度和感知质量的回归结果

模型	非标准化系数		标准化系数	t	P	共线性统计量		Durbin-Watson
	B	标准误差	Beta			容差	VIF	
常量	3.046	0.191		15.912	0.000			1.843
退货政策宽松度	0.322	0.036	0.367	8.897	0.000	1.000	1.000	

注：①因变量：感知质量。②$R^2=0.135$，调整 $R^2=0.133$，$F=79.154$，$P=0.000 < 0.001$。

表 12.17　退货政策宽松度和感知可信度的回归结果

模型	非标准化系数		标准化系数	t	P	共线性统计量		Durbin-Watson
	B	标准误差	Beta			容差	VIF	
常量	3.549	0.218		16.214	0.000			2.056
退货政策宽松度	0.251	0.041	0.261	6.084	0.000	1.000	1.000	

注：①因变量：感知可信度。②$R^2=0.068$，调整 $R^2=0.066$，$F=37.013$，$P=0.000 < 0.001$。

退货政策作为商品质量和卖家信誉的信号特征，当网络零售商的退货政策较为严格时，消费者的感知可信度也较低；随着退货政策的逐渐宽松，消费者的感知质量也随之提高，如表 12.17 所示。较为宽松的退货政策可能会增加零售商的退货成本，但这恰恰证明了采取宽松退货政策的零售商为消费者提供更好的商品和服务的实力和决心，从而获得消费者的信任；比较严格的退货政策则会造成消费者对零售商实力和态度的怀疑，从而失去消费者的信任。所以，H1 和 H3 成立。

对购买意向、感知质量和感知可信度进行均值化处理，然后做回归分析。感知质量、感知可信度作为自变量，购买意向作为因变量。数据分析结果如表 12.18 所示，VIF 值均小于 5，这说明多重共线性问题并不严重，未对假设检验结果构成影响。Durbin-Watson 值接近 2，说明误差项自相关的问题也被排除了。感知质量对购买意向的回归系数为 0.479，感知可信度对购买意向的回归系数为 0.368，且 $P=0.000<0.001$，说明感知可信度对购买意向的影响是显著的，且为正向影响。

表 12.18 感知质量和感知可信度对购买意向的回归结果

模型	非标准化系数		标准化系数	t	P	共线性统计量		Durbin-Watson
	B	标准误差	Beta			容差	VIF	
常量	0.369	0.201		1.838	0.067			
感知质量	0.535	0.038	0.479	14.115	0.000	0.875	1.142	2.063
感知可信度	0.375	0.035	0.368	10.838	0.000	0.875	1.142	

注：①因变量：购买意向。②$R^2=0.490$，调整 $R^2=0.488$，$F=242.625$，$P=0.000<0.001$。

对退货可能性和感知质量进行均值化处理，然后做回归分析。感知质量作为自变量，退货可能性作为因变量。数据分析结果如表 12.19 所示，VIF 值小于 5，这说明多重共线性问题并不严重，未对假设检验结果构成影响。Durbin-Watson 值接近 2，说明误差项自相关的问题也被排除了。$F=2.309$，$P=0.129>0.05$，感知质量对退货可能性的影响是不显著的。

表 12.19 感知质量和退货可能性的回归结果

模型	非标准化系数		标准化系数	t	P	共线性统计量		Durbin-Watson
	B	标准误差	Beta			容差	VIF	
常量	3.761	0.259		16.214	14.537			1.939
感知质量	-0.081	0.053	-0.067	6.084	0.129	1.000	1.000	

注：①因变量：退货可能性。②$R^2=0.005$，调整 $R^2=0.003$，$F=2.309$，$P=0.129>0.05$。

对退货政策宽松度和购买意向进行均值化处理，然后做回归分析。退货政策作为自变量，购买意向作为因变量。数据分析结果如表 12.20 所示，VIF 值小于 5，这说明多重共线性问题并不严重，未对假设检验结果构成影响。Durbin-Watson 值接近 2，说明误差项自相关的问题也被排除了。退货政策宽松度对购买意向的回归系数为 0.474，且 $F=147.219$，$P=0.000<0.001$，退货政策宽松度对购买意向有显著正向影响。

表 12.20 退货政策宽松度对购买意向的回归结果

模型	非标准化系数		标准化系数	t	P	共线性统计量		Durbin-Watson
	B	标准误差	Beta			容差	VIF	
常量	2.318	0.203		11.447	0.000			1.887
退货政策宽松度	0.465	0.038	0.474	12.133	0.000	1.000	1.000	

注：①因变量：购买意向。②$R^2=0.225$，调整 $R^2=0.224$，$F=147.219$，$P=0.000<0.001$。

对退货政策宽松度和退货可能性进行均值化处理，然后做回归分析。退货政策宽松度作为自变量，退货可能性作为因变量。数据分析结果如表 12.21 所示，VIF 值小于 5，这说明多重共线性问题并不严重，未对假设检验结果构成影响。Durbin-Watson 值接近 2，说明误差项自相关的问题也被排除了。$F=2.941$，$P=0.087 > 0.05$，退货政策宽松度对退货可能性的影响是不显著的。

表 12.21　退货政策宽松度对退货可能性的回归结果

模型	非标准化系数		标准化系数	t	P	共线性统计量		Durbin-Watson
	B	标准误差	Beta			容差	VIF	
常量	2.972	0.247		12.025	0.000			
退货政策宽松度	0.080	0.047	0.076	1.715	0.087	1.000	1.000	1.975

注：①因变量：退货可能性。②$R^2=0.006$，调整 $R^2=0.004$，$F=2.941$，$P=0.087 > 0.05$。

为了进一步检验退货政策三个维度对购买意向、退货可能性的主效应，本章首先使用单因素方差分析，将购买意向、退货可能性作为因变量输入，将退货政策三个维度分别作为自变量输入。

由表 12.22 可知，截止时间、努力水平、费用返还对购买意向的主效应显著，也就是说，当截止时间、努力水平、费用返还宽松时，消费者的购买意向显著高于截止时间、努力水平、费用返还严格时的购买意向。

表 12.22　均值比较与方差分析结果

退货政策三个维度		N	均值	F	P
截止时间	严格	253	4.68		
	宽松	256	4.82	18.235	0.000
	总数	509	4.75		
努力水平	严格	257	4.50		
	宽松	252	4.82	23.628	0.000
	总数	509	4.66		
费用返还	严格	260	4.42		
	宽松	249	5.05	55.246	0.000
	总数	509	4.73		

注：因变量为购买意向。

由表 12.23 可知，截止时间、努力水平、费用返还对退货可能性的主效应显著，也就是说，当截止时间宽松时，消费者的退货可能性显著低于截止时间严格时的退货可能性。当努力水平、费用返还宽松时，消费者的退货可能性显著高于努力水平、费用返还严格时的退货可能性。

表 12.23　均值比较与方差分析结果

退货政策三个维度		N	均值	F	P
截止时间	严格	253	3.45	12.274	0.000
	宽松	256	3.20		
	总数	509	3.32		
努力水平	严格	257	3.05	31.238	0.000
	宽松	252	3.50		
	总数	509	3.27		
费用返还	严格	260	3.24	11.365	0.000
	宽松	249	3.64		
	总数	509	3.44		

注：因变量为购买意向。

　　同时，本章为了更加深入检验退货政策三个维度对购买意向、退货可能性的主效应，又使用回归分析的方法进行了分析。将截止时间、努力水平和费用返还作为自变量，将购买意向和退货可能性分别作为因变量。首先，对退货政策的三个维度：截止时间、努力水平和费用返还，以及购买意向、退货可能性进行标准化处理，然后，对自变量和因变量之间的关系分别做回归分析。

　　以购买意向作为因变量，数据分析结果如表 12.24 所示，VIF 值均小于 5，这说明多重共线性问题并不严重，未对假设检验结果构成影响。Durbin-Watson 值接近 2，说明误差项自相关的问题也被排除了。截止时间、努力水平、费用返还对购买意向的回归系数分别为 0.079、0.116、0.420，且 $F=59.902$，$P=0.000<0.001$，截止时间、努力水平和费用返还对购买意向均有显著影响，且系数均为正。其中，费用返还在 0.001 水平上显著，努力水平在 0.01 水平上显著，截止时间在 0.05 水平上显著。费用返还的系数最大，其次是努力水平，截止时间的系数最小。即退货政策的截止时间、努力水平和费用返还三个维度对消费者购买意向都有显著的正向影响，但费用返还对消费者购买行为的影响最大，其次是努力水平，截止时间对消费者购买行为的影响最小。

表 12.24　退货政策三个维度对购买意向的回归结果

模型	非标准化系数		标准化系数	t	P	共线性统计量		Durbin-Watson
	B	标准误差	Beta			容差	VIF	
常量	1.739×10^{-15}	0.038		0.000	1.000			
截止时间	0.079	0.039	0.079	2.019	0.044	0.953	1.050	1.996
努力水平	0.116	0.045	0.116	2.607	0.009	0.738	1.355	
费用返还	0.420	0.044	0.420	9.292	0.000	0.715	1.398	

注：①因变量：购买意向。②$R^2=0.262$，调整 $R^2=0.258$，$F=59.902$，$P=0.000<0.001$。

　　以退货可能性作为因变量，数据分析结果如表 12.25 所示，VIF 值均小于 5，这说明多重共线性问题并不严重，未对假设检验结果构成影响。Durbin-Watson 值接近 2，说明误差项自相关的问题也被排除了。截止时间、努力水平和费用返还对退货可能性的回归系数分别为-0.381、0.125、0.112，且 F=31.335，P=0.000＜0.001，截止时间、努力水平和费用返还对退货可能性均有显著影响，其中截止时间在 0.001 水平上显著，且系数为负；努力水平在 0.01 水平上显著，系数为正；费用返还在 0.05 水平上显著，系数为正。截止时间的系数最大，其次是努力水平，费用返还的系数最小，即截止时间、努力水平和费用返还对退货可能性均有显著影响，但是截止时间的对退货可能性的影响最大，且为负向影响，努力水平和费用返还对退货可能性的影响较小，且为正向影响。

表 12.25　退货政策三个维度对退货可能性的回归结果

模型	非标准化系数		标准化系数	t	P	共线性统计量		Durbin-Watson
	B	标准误差	Beta			容差	VIF	
常量	$2.216×10^{-16}$	0.038		0.000	1.000			
截止时间	-0.381	0.042	-0.381	-9.105	0.000	0.953	1.050	1.820
努力水平	0.125	0.048	0.125	2.625	0.009	0.738	1.355	
费用返还	0.112	0.048	0.112	2.322	0.021	0.715	1.398	

注：①因变量：退货可能性。②R^2=0.157，调整 R^2=0.152，F=31.335，P=0.000＜0.001。

综合以上方差分析和回归分析的结果可知，退货政策特征的三个维度对购买意向和退货可能性均有不同影响，H8 和 H9 成立。如果目的是提高消费者购买意向，则设置较为宽松的费用返还政策更为有效；如果要降低消费者退货可能性，则设置宽松的截止时间，或者更严格的努力水平和费用返还政策。

调查问卷最后还测量了被试近半年的购物次数以及退货经历，通过比较均值，得到了一些比较有意思的发现。如图 12.6、图 12.7 所示，有退货经历的被试购买意向均值低于没有退货经历的被试，但是退货可能性均值却大于没有退货经历的被试。而网上购物次数比较少的被试感知质量均值会比较少，虽然这两个发现都不显著，但是仍然可以给我们一些启示。

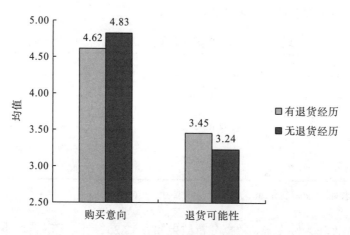

图 12.6　不同退货经历的购买意向均值和退货可能性均值

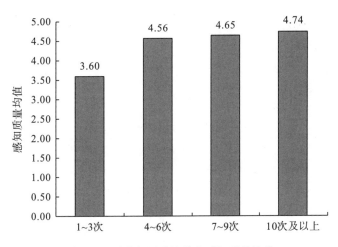

图 12.7　近半年网购次数和感知质量均值

12.4.4.2　调节效应检验

由于自变量(退货政策宽松度)为连续变量,调节变量(消费者个人风险偏好)为类别变量,因变量(感知质量、感知可信度)为连续变量,因此,我们使用非标准化系数计算。以消费者个人风险偏好为比较组、以感知质量为因变量、退货政策宽松度为自变量的回归分析表明,非标准化系数为 2.41,大于 1.96,因此,消费者个人风险偏好对退货政策宽松度和感知质量之间的关系起到调节作用,且 $\beta_{保守型}=0.410$,$\beta_{风险型}=0.049$,消费者个人风险偏好为保守型的时候,退货政策宽松度对感知质量的影响(β)更大。即消费者对风险的容忍度越高,退货政策宽松度对感知质量的正向影响越小,H6 得到验证。

以消费者个人风险偏好为比较组、以感知可信度为因变量、退货政策宽松度为自变量的回归分析表明,非标准化系数为 1.81,小于 1.96,因此,消费者个人风险偏好对退货政策宽松度和感知可信度之间的关系没有起到调节作用,H7 不成立。

12.4.4.3　中介效应检验

本章运用 Bootstrapping 分析法检验感知质量与感知可信度的中介作用。按照 Zhao 等 (2010)提出的中介分析程序,参照 Preacher 和 Hayes(2008)提出的多个并列的中介变量检验方法进行检验。

首先测试感知质量和感知可信度对购买意向的中介作用,数据结果表明,两个中介共同发挥的中介作用显著(0.3895,0.5495),区间不包含 0,作用大小为 0.2303,感知质量为 (0.0951,0.2079),感知可信度为(0493,1309),均不包含 0,中介作用显著,中介作用分别为 0.1458、0.0849,直接效应区间为(0.1712,0.2978),不包含 0,感知质量和感知可信度为退货政策宽松度和购买意向的部分中介。当网络零售商的退货政策较为严格时,感知质量和感知可信度也较低;随着退货政策的逐渐宽松,感知质量和感知可信度也随之提高。宽松的网络零售商退货政策通过提高感知质量和感知可信度,从而提高消费者的购买意向。H2 和 H4 成立。

接着测试感知质量对退货政策宽松度和退货可能性的中介作用,结果表明感知质量的中介作用不显著(−0.0893，0.006)，区间包含 0，H5 不成立。感知质量对退货政策宽松度和退货可能性之间的中介作用不显著。

对于本章提出的 9 个假设，有 2 个假设没有得到验证，其余 7 个假设都得到了验证，检验结果如表 12.26 所示。

表 12.26　假设检验结果汇总

假设	假设内容	检验结果
H1	相对于严格的退货政策，宽松的退货政策可以提高消费者感知质量	成立
H2	通过提高感知质量，宽松的退货政策可以提高消费者购买意向	成立
H3	相对于严格的退货政策，宽松的退货政策可以提高消费者感知可信度	成立
H4	通过提高感知可信度，宽松的退货政策可以提高消费者购买意向	成立
H5	通过提高感知质量，宽松的退货政策可以降低消费者退货可能性	不成立
H6	消费者个人风险偏好对退货政策与感知质量之间的关系起调节作用	成立
H7	消费者个人风险偏好对退货政策与感知可信度之间的关系起调节作用	不成立
H8	退货政策特征的三个维度对购买意向有不同影响	成立
H9	退货政策特征的三个维度对退货可能性有不同影响	成立

12.5　研 究 结 论

本章深入探讨了网络零售商无缺陷退货政策的退货截止时间、退货努力水平和退货费用返还这三个维度对购买意向和退货可能性产生的影响，从增加购买率和降低退货率两个角度提出措施来降低由高退货率产生的负面影响，并研究了消费者个人风险偏好的调节作用。研究结果如下：①相对于相对严格的退货政策，宽松的退货政策可以提高退货政策的感知质量和感知可信度，从而提高消费者的购买意向；②相对于严格的退货政策，宽松的退货政策不一定能够降低退货可能性，甚至会增加退货可能性，提高感知质量不能有效地降低消费者退货可能性；③退货政策的截止时间、努力水平、费用返还这三个维度对消费者购买意向和退货可能性的影响不同，费用返还和努力水平更大程度上影响消费者的购买意向，宽松的费用返还和努力水平政策会促进消费者的购买，截止时间更大程度上影响退货可能性，宽松的截止时间可以有效地降低消费者的退货可能性；④相对于不同的消费者风险偏好，退货政策宽松度对消费者的感知质量的影响是不同的，消费者对风险的容忍度越高，退货政策宽松度对感知质量的正向影响越小，风险偏好型消费者对退货政策宽松度与感知可信度的关系的调节作用并没有得到验证。

第13章　研究结论与展望

本书基于国内外相关研究成果及网络零售行业发展状况,对我国网络零售商无缺陷退货政策现状、跨境网络零售商无缺陷退货政策和社交网络零售商无缺陷退货政策及其影响进行了研究,剖析了网络零售商无缺陷退货政策对消费者购买行为意向、溢价支付意愿以及退货可能性的影响机理,并通过实证研究进行了检验。本章将简要总结研究结论,并对研究的局限进行阐述,并在此基础上,对未来的研究进行展望。

13.1　研　究　结　论

13.1.1　对我国网络零售商无缺陷退货政策的评价

(1)政策的整体情况较好但存在差异。这体现在不同行业类别的网络零售商,其无缺陷退货政策在退货范围、退货时限、退货努力水平、费用返还和退款处理周期五项指标的完整程度和宽松水平上存在明显差异。国内非跨境网络零售商的退货政策基本都包含五项指标内容,能基本满足消费者因为各种原因的退换货要求。虚拟零售商的退货政策比"鼠标加水泥"零售商的退货政策宽松。销售产品种类比较少,退货压力不大且有一定规模的电商企业的退货政策最宽松且最具吸引力。在跨境网络零售商领域,70%以上的跨境网络零售商都未对消费者可能面对的商品折损费做出说明,57%的跨境网络零售商尚未做出无理由退货承诺。

(2)退货范围符合国家法律法规。《中华人民共和国消费者权益保护法》规定经营者采用网络、电视、电话、邮购等方式销售商品,消费者有权自收到商品之日起七日内退货,且无须说明理由,且对不在退货范围内的商品进行了说明,如消费者定制的商品、鲜活易腐的商品、在线下载或者消费者拆封的音像制品、计算机软件等数字化商品以及交付的报纸或者期刊等。

(3)退货时限符合国家规定。目前,大部分网络零售商在退货时限上只是满足 7 天的国家法定标准要求,并没有投入太大的精力来改进或提高。其中,家居和美容行业提供了较长的退货时限,平均在 20 天以上。提供较短退货期限的是图书音像、珠宝和数码产品,平均在 8 天左右,刚刚高于国家标准。各个行业的龙头网站提供了较长的退货时限,如亚马逊中国(图书)、国美(数码)、聚美优品(美容)等都提供了 30 天的无理由退货时限。

(4)努力水平条件基本相同。提供无理由退货的商家在制定退货流程方面大同小异,大部分商家在消费者退货的时候都要求其填写退货申请表格(包括退货原因、订单资料、联系方式)以及保证商品的原包装、相关配件和赠品无损坏。对于将配送和退换货业务外包或具备自有物流体系的大型网络零售商,退换货流程简单有效,限制条件少,消费者满意度很高。而依附第三方购物平台的中小型网络零售商，支持拨打客服电话申请退货或在线自助申请退货服务的占比为80%以上，而支持上门取件退货或就近网点退货的仅占比为10%左右。

(5)退货费用基本由买家承担。在无理由退货条件下，大部分商家都要求退回商品的费用由买家自行承担，比例高达87%，只有13%的商家承诺全额退款或通过返还礼券的方式补贴运费。调查样本中有 38.6%的商家要求消费者承担来回的运费，而只有 36.7%的商家会免去初始的运费。具体到不同行业的零售商，服装、鞋袜类企业承担有关邮费的比例相对较高，数码、母婴、珠宝类商家承担邮费的比例较低。

(6)退款处理周期差别较大。网络零售商收到退回的商品后，经过检测、入库后退还费用给消费者。在此过程中，快递配送的时间受具体物流公司影响，消费者和商家无法干预，因此，处理退款的时间就变得尤为重要，它可以看出商家的服务态度和效率。退款处理周期一般有收货后15 天内完成退款、7 天内完成退款和 3 天内完成退款，各行业处理效率差距不大。

13.1.2 影响企业无缺陷退货政策设计的因素

网络零售商无缺陷退货政策由退货范围、退货时限、努力水平、费用返还和退款处理周期五个维度组成。影响企业无缺陷退货政策设计的因素包括：网络零售商规模、网络零售商运营时间、主营产品类别以及网络零售商质量。

(1)网络零售商规模。企业规模是影响网络零售商退货政策四个维度宽松水平的关键因素，对四个维度的宽松水平均有积极影响，即网络零售商企业规模越大，其退货时限越长，努力水平就越低，费用返还比例越大，退款处理周期越短。

(2)网络零售商运营时间。网络零售商运营时间与努力水平的宽松水平呈正相关，即网络零售商运营时间越长，其努力水平宽松度越高，消费者退货需要的努力程度就越低，退货更方便快捷。

(3)主营产品类别。产品类型对退货政策的退货时限和费用返还维度有显著影响，其中体验品商家比起搜寻品商家承诺的退货时限更长、返还的费用更多。

(4)网络零售商质量。网络零售商质量(服务水平和产品优劣)对退款处理周期有积极影响。即网络零售商的服务水平越高，产品优势越大，退款周期越短。

13.1.3 无缺陷退货政策对消费者行为的影响机制

基于国内电商、跨境电商、社交电商等不同研究背景，本书研究了网络零售商无缺陷退货政策对消费者行为的影响机制。

1. 无缺陷退货政策与消费者购买意愿

网络零售商的退货政策对消费者购买意愿有显著影响。在网络环境下，当零售商提供费用返还宽松和退货努力水平较低的政策时，会引发消费者更高的感知公平、感知质量以及更低的感知风险，进而促进消费者的购买意愿。其中，感知公平、感知质量和感知风险在退货政策与消费者购买意愿间起到中介作用。

退货政策对消费者购买意愿影响的强度会受到网站熟悉度、产品类别、产品发货地、产品溯源码以及不同社交类型的影响。具体而言：随着网站熟悉度的提升，退货政策宽松程度对消费者购买意愿的正向影响越大。与搜寻品相比，退货政策宽松度对体验品的感知质量、感知风险的影响都更强。在产品发货地存在差异时，相较于发货地在国外，发货地在国内时，退货政策宽松度对感知质量及感知风险的作用效果都更强。与有产品溯源码相比，当产品未提供溯源码时，退货政策宽松度对感知质量及感知风险的作用效果更强。与购买朋友分享的商品相比，购买商家推荐的商品时，退货政策对消费者的影响作用更大。

2. 无缺陷退货政策与消费者溢价支付意愿

网络零售商的退货政策对消费者溢价支付意愿有显著影响。在面对宽松的退货政策时，消费者会产生更高的感知质量和更低的感知风险，进而消费者的溢价支付意愿也会提升，即退货政策越宽松，消费者的溢价支付意愿越高。

退货政策对消费者溢价支付意愿作用的强度会受到产品涉入度的影响。消费者在产品涉入度方面存在个体差异，与那些低涉入度的消费者相比，退货政策宽松度对高涉入度消费者的感知质量更强，但退货政策宽松度对感知风险的影响在这两类人群中却没有显著差异。

3. 无缺陷退货政策与消费者退货可能性

无缺陷退货政策对消费者退货行为的影响具体表现为：退货政策的三个维度中，截止时间、努力水平和费用返还对退货可能性均有显著影响，但是截止时间对退货可能性的影响最大，且为负向影响，努力水平和费用返还对退货可能性的影响较小，且为正向影响。即提高退货政策截止时间的宽松度可以显著降低消费者退货可能性，但是提高努力水平和费用返还宽松度则会造成更高的退货可能性。

13.2　对网络零售商完善无缺陷退货政策的建议

13.2.1　重视退货政策在网络零售中的地位

退货政策是增强消费者购物意愿的重要营销工具，提高退货政策在网络零售领域地位重要的认识是十分必要的。网络购物的不确定性使得越来越多消费者在做购买决策前会考虑退货政策，在此情况下，网络零售商的退货政策会显著影响消费者的购买决策。研究结果表明，可通过提高退货政策的宽松度，来提高消费者的感知公平、感知质量等，进而促进消费者的购买意愿。

退货政策的影响作用会受到网站熟悉度的影响。随着网站熟悉度的提升，退货政策宽松度对消费者购买意愿的正向影响越大。因此，对于一个不知名的购物网站(尤其是新建的购物网站)，建议在运营初期可采用较为严格可行的退货政策，随着网站知名度的提升，再逐步提升退货政策的宽松度。此外，网站熟悉度与消费者在该网站上花费的时间精力是密切相关的。通常认为，一个购物网站的老用户比新用户在该网站上花费的时间精力要多。所以，建议购物网站可以按照用户在网站上花费的时间对用户进行评级，时间越长评级越高。购物网站给不同级别的用户提供差异化的退货政策，即评级越高，提供的退货政策越宽松。

13.2.2　基于顾客和产品差异，设计有效退货政策

网络零售商在进行退货政策设计时，需分析考虑受众及产品的差异，从而使退货政策的实施更为有效。

顾客对产品的涉入度会影响退货政策宽松度的作用效果。产品涉入度越高，退货政策对消费者的影响越强。因此网络零售商可采取技术措施跟踪消费者网页浏览痕迹，区分不同涉入度的消费者，突出不同的政策策略内容。比如，采用定向投放广告的功能，对于高涉入度消费者投放的广告，可突出宽松的退货政策这一元素；而对于低涉入度的消费者投放的广告，可将感性诉求作为中心，重点营造氛围，而退货政策仅以辅助元素出现。

产品发货地会影响跨境电商退货政策宽松度的作用效果。跨境网络零售商可以针对不同的产品发货地，制定不同的退货政策。当采用国内保税仓发货时，设置宽松的退货政策将有效降低消费者的感知风险，提升其感知质量和购买意愿。当采用海外直邮发货时，因为消费者的感知产品质量已经较高，可以适当降低退货政策的宽松度，减少零售商可能因退货而产生的成本。

是否提供产品溯源码也会影响退货政策宽松度的作用效果。当无法提供产品溯源码时，采用宽松的退货政策可以弥补这一缺陷，有效降低消费者的感知风险，并提高其感知质量和购买意愿；而当产品品类不适合采用宽松的退货政策时，也可以选择提供产品溯源码的策略弥补这一缺陷。比如，对于化妆品这种产品品类，可突出产品溯源码这一元素，营造可信氛围，而退货政策仅以辅助元素出现。

13.2.3　加强物流体系建设，提高退货效率

网络零售商应与大型物流公司建立长期合作关系或建立自己的物流配送网络。完善的物流网络对于退货政策成本的节约和效率的提高都有很大帮助，同时能简化消费者的退货程序，提高退货效率。跨境网络零售商可学习斑马海外仓的做法，在提供仓配一体化服务的同时，给予备货用户退货增值服务选择，零售商根据实际需要将退货再次包装后进行境内运输或部分转运至国内，在大大减少国际运费成本的同时，解决了卖家备货海外仓后产生退货的处理需求、加快换签再入库的处理时效。

同时为提升供应链效率，跨境网络零售商可积极开拓自己的海外仓、保税仓，建立多个仓储物流基地，设立直采中心，建立全球采购海外商品的直接通道，与品牌方直接洽谈，从货源上杜绝假货的产生，从而有效打通跨境电商的供应链不通的问题，也能够减少退货问题。

13.2.4　提升顾客网购体验，降低产品退货率

网络零售商可采取如下措施来降低退货率，提高消费者网购体验感和满意度。

①更准确地对所售商品进行展示，做好售前工作，尽可能准确地传递产品的信息(如衣服的尺码、颜色、型号)给消费者，避免不必要的退货。

②将退货政策放在网站的显著位置。无理由退货服务是网络零售商的优势之一，提供更长的无理由退货期限可以增加消费者购买的可能性。因此，将无理由退货支持服务放在显著的位置，让消费者放心地购物。

③把支持无理由退货与不支持无理由退货的商品明确标识出来，防止消费者误解，进而出现争执。

④加强质量管理，产品质量是核心。

⑤控制逆向物流成本。退货在所难免，控制回收的成本，降低损失。

加强退货管理，强化售后，提高售后的服务态度，让消费者满意地退货。

13.3　对第三方平台完善网络零售商退货政策的建议

13.3.1　规范跨境电商交易活动的监管机制

对于第三方平台而言，应完善平台内交易规则、交易安全保障、消费者权益保护、不良信息处理等管理制度。对申请入驻平台的跨境电商企业进行主体身份真实性审核，在网站公示主体身份信息和消费者评价、投诉信息，并向监管部门提供平台入驻商家等信息。与申请入驻平台的跨境电商企业签署协议，就商品质量安全主体责任、消费者权益保障等方面明确双方责任、权利和义务。建立消费者纠纷处理和消费者维权自律制度，消费者在平台内购买商品，其合法权益受到损害时，平台须积极协助消费者维护自身合法权益，并履行先行赔付责任。

13.3.2　建立商品质量安全风险防控机制

对于第三方平台，应建立商品质量安全风险防控机制，包括收发货质量管理、库内质量管控、供应商管理等。在网站醒目位置及时发布商品风险监测信息、监管部门发布的预警信息等。督促跨境电商企业加强质量安全风险防控，当商品发生质量安全问题时，敦促跨境电商企业做好商品召回、处理，并做好报告工作。对不采取主动召回处理措施的跨境电商企业，可采取暂停其跨境电商业务的处罚措施。同时建立健全网购保税进口商品质量追溯体系，追溯信息应至少涵盖国外启运地至国内消费者的完整物流轨迹，鼓励向海外发货人、商品生产商等上游溯源。对于包装费用占整个商品价值比例较高的商品要合理考量包装的价值，建议第三方平台用文字等可检索的方式提醒消费者保存外包装 7 日以上，若外包装有不合理的毁损，消费者应当承担相应的赔偿。同时电商平台可与保险公司合作，

适时向商家推出退货损失险，通过保险赔付方式减少数码、电器之类产品在退回过程中的损失，保障商家利益，减少退货纠纷。

13.3.3　建立完善退回商品检验程序

退回的商品有两种处理方式，一是直接废弃，二是重新处理再次销售。就我国现阶段国情来看，第一种方式明显不合实际，所以如何更好地再次销售成为退货产品流向的重点追求。

本书建议第三方平台设立独立或合作的鉴定机构，对消费者退回的商品按照需要进行评级检测，根据评级检测结果来确定产品是否可以再次流入市场进行销售。而对于能够进行二次销售的产品，经营者在销售该商品时必须告知消费者该商品曾被退货，同时该类产品再次销售时定价方面应给予相应的折扣，这样可以在消费者正常使用的基础上保证产品效用最大化。

13.4　对政府及相关部门完善网络零售商退货政策的建议

13.4.1　跨境电商商品退货保障机制的建立

基于我国 2019 年 1 月 1 日生效的《关于跨境电子商务零售进出口商品有关监管事宜的公告》（海关总署公告 2018 年第 194 号）第七条规定，"在跨境电子商务零售出口模式下，退回的商品按照有关规定办理有关手续。对超过保质期或有效期、商品或包装损毁、不符合我国有关监管政策等不适宜境内销售的跨境电子商务零售进口商品，以及海关责令退运的跨境电子商务零售进口商品，按照有关规定退运出境或销毁。"这意味着平台内企业必须提供退货服务，并且退货应由平台内企业委托其境内代理人或报关企业申请和办理，但退回的商品应当办理的"有关手续"是什么，目前尚未见明确规定，应更加明确化。

同时需要进一步探讨，在我国当前的国际市场环境下，跨境电商商品是否适用于《网络购买商品七日无理由退货暂行办法》。跨境电商商品生产于境外，经境内网站销售后通过网购报税进口，那么其生产环节无法适用《中华人民共和国产品质量法》，但其销售环节是否可以适用？同理，《中华人民共和国食品安全法》是否又应当部分适用于跨境电商商品？所以国家应依据现实情况，清晰标注跨境电商商品中不适合七日无理由退货的，严格规定退货和退款程序，明确退货保障制度，有效保护消费者权益。

13.4.2　健全消费者退货纠纷解决机制

在分析各种退货纠纷解决机制的利弊之后，本书建议针对不同的争议情况采取不同的解决方式。但针对无理由退货制度，本书认为可以像劳动仲裁一样引入消费仲裁前置程序，可以规定在交易双方产生退货纠纷之时，消费者可以向消费者协会或者工商部门申请调解，在调解无法解决问题的情况下可向消费仲裁机构申请仲裁。消费者也可直接跳过调解这一程序直接向消费仲裁机构申请仲裁，进而缩短退货争议解决周期，同时也减少诉讼压力，将争议尽可能迅速地消化于诉讼程序之前。

13.5 研究局限与展望

13.5.1 研究局限

本书在提出一些创新性观点的同时，还存在以下两个局限。

一是研究样本的局限。虽然我们采用了网络调查以及访谈等样本收集方式，但是调查的样本范围相对较窄。比如，在分析我国跨境网络零售商退货政策的现状时，由于跨境网络零售商的迅速发展，跨境网络零售商企业的更迭速度很快，所以尚未找到权威机构对我国现有的跨境网络零售商数量做出的精确统计，主要结合各方数据所选取的 100 个样本的代表性有限。另外，每个行业的样本数量不同也会对行业间的分析比较造成一定的影响，从而可能会对研究结论造成一定的影响甚至是偏差。

二是研究内容的局限。在建立研究框架并构建网络零售商无缺陷退货政策对消费者行为的影响机理模型时，分别考虑了多种网络消费场景下退货政策的不同维度、消费者个体差异、产品类别等影响因素。尽管其具有较好的解释能力，但是仍有其他影响因素，如文化差异等，由于研究条件水平等方面的限制，并没有将这些因素纳入研究中去。另外，在研究退货政策对消费者退货可能性的影响时，本书对退货政策宽松度仅采用了两个极端水平进行操控（即退货截止时间、退货条件、退货费用全都严格或全都宽松），而没有对退货政策的三个维度进行检验。

13.5.2 研究展望

网络零售商无缺陷退货政策对消费者行为影响研究是一项具有重要理论价值和现实意义的工作，也是一项内容广泛而又十分复杂的研究课题，针对本书存在的不足，并结合我国网络零售行业的发展趋势，未来的研究可以从以下三方面继续进行。

1. 扩大样本容量与范围

本书在研究网络零售商退货政策对消费者购买意愿及退货行为的影响模型时，所采集的数据是通过实验问卷获取的，且问卷是在假设商品并不存在任何质量问题的前提下进行的，这不仅与实际的网络购物数据存在一定的差距，并且获取的问卷数量有限。在未来的研究中，可以采用实际运营数据进行对比，验证结论的正确性。

2. 完善消费者行为模型

未来应当综合分析宽松退货政策带来的消费者机会主义行为。比如，探讨宽松的退货政策是否会导致不道德行为，以及什么样的退货政策设计可以避免这些不道德行为等问题。本书研究背景是基于东方文化背景下进行的，随着跨境电子商务的发展，探讨东西方文化的差异是否会对退货政策的作用产生影响也显得尤为必要。可通过深度剖析各影响因素的作用，完善消费者行为模型。

3. 延伸到智能商务领域

随着大数据、人工智能以及 5G 等新兴信息技术的迅速发展，对于智能商务的研究必将成为电子商务研究领域的一个崭新方向。未来的研究可以基于电子商务消费者行为的研究方法和理论模型，并结合智能电子商务的特征，提出智能商务场景下网络零售商无缺陷退货政策对消费者行为影响机理的研究模型，并进行实证检验。

参 考 文 献

艾媒咨询. 2019 年度全球跨境电商市场与发展趋势研究报告[OL].[2019-04-04]. https://www.iimedia.cn/c400/64031. html.

艾瑞咨询. 2019 年中国社交电商行业研究报告[OL].[2019-07-05]. http://report.iresearch.cn/report_pdf.aspx?id=3402.

曹瑞昌, 吴建明, 2002. 信息质量及其评价指标体系[J]. 情报探索(4): 6-9.

查先进, 陈明红, 2010. 信息资源质量评估研究[J]. 中国图书馆学报, 36(2): 46-55.

潮道馨, 2012. 消费者个体特征、产品涉入度及广告效果的关系研究[D]. 南京: 南京财经大学.

陈瑞, 郑毓煌, 刘文静, 2013. 中介效应分析: 原理、程序、Bootstrap 方法及其应用[J]. 营销科学学报, 9(4): 120-135.

陈竹青, 2016. 某零售商海外直采策略研究[D]. 北京: 北京交通大学.

董大海, 李广辉, 杨毅, 2005. 消费者网上购物感知风险构面研究[J]. 管理学报, 2(1): 55-60.

董思怡, 娄策群, 2015. 在线商品评论信息形成影响因素研究[J]. 现代情报(7): 36-39.

冯娇, 姚忠, 2015. 基于强弱关系理论的社会化商务购买意愿影响因素研究[J]. 管理评论(12): 99-109.

付晓帆, 杨海荣, 胡春, 2006. 电子商务 B2C 市场逆向物流的模式选择与管理[J]. 北京邮电大学学报: 社会科学版, 8(4): 14-18.

高琳琳, 2019. 退货政策宽松度、服务创新与消费者购买意愿——知识共享的调节作用[J]. 物流科技, 42(6): 44-48.

高兴, 徐千里, 2009. 在线商家的退货管理[J]. 物流科技(7): 22-25.

宫玮, 2012. 工程项目管理者的风险偏好影响因素研究[D]. 天津: 天津大学.

郭昕, 2014. 不同涉入度下产品属性与广告语句对消费者购买意愿的影响研究[D]. 成都: 西南财经大学.

韩兆林, 1997. 涉入理论及其在消费者行为研究中的运用[J]. 外国经济与管理(1): 11-13.

姜宏, 齐二石, 霍艳芳, 等, 2012. 基于顾客惰性行为的无理由退货策略研究[J]. 管理学报(10): 1531-1535.

金添佳, 2010. 基于制度和公平的 C2C 网站信任机制研究[D]. 杭州: 浙江大学.

金艳璐, 2016. 跨境电商就是当搬运工?除了体力活, 你还得动点脑子[J]. 创业邦(7): 72-74.

井淼, 周颖, 王方华, 2007. 网上购物感知风险的实证研究[J]. 系统管理学报, 16(2): 164-169.

李东进, 吴波, 李研, 2013. 远程购物环境下退货对购后后悔影响研究[J]. 南开管理评论, 16(5): 77-89.

李凯, 严建援, 林漳希, 2015. 信息系统领域网络精准广告研究综述[J]. 南开管理评论, 18(2): 147-160.

李明芳, 2011. 退货服务质量评价指标体系构建[J]. 河北科技大学学报(社会科学版), 4(11): 24-30.

李勇建, 许磊, 杨晓丽, 2012. 产品预售、退货策略和消费者无缺陷退货行为[J]. 南开管理评论, 15(5): 105-113.

梁建英, 李垣, 廖貅武, 2007. 信号成本与服务外包供应商信号传递关系的博弈模型[J]. 中国管理科学, 15(1): 99-105.

梁静, 2010. 销售互动中的说服效果[D]. 杭州: 浙江大学.

刘亚丽, 2006. B2C 电子商务下的退货管理运作模式[J]. 商业时代(28): 75-76.

刘银萍, 2009. 涉入度与消费者购后后悔关系之研究[D]. 成都: 西南交通大学.

鲁奇, 2014. 基于在线口碑的开放互动对服务企业绩效的影响研究[D]. 哈尔滨: 哈尔滨工业大学.

马文峰, 2000. 试析内容分析法在社科情报学中的应用[J]. 情报科学, 18(4): 346-349.

倪明, 查玉莹, 2011. 电子商务环境下退货逆向物流系统性能评价指标及实证研究[J]. 图书情报工作, 4(55): 136-139.

潘煜, 张星, 高丽, 2010. 网络零售中影响消费者购买意愿因素研究——基于信任与感知风险的分析[J]. 中国工业经济(7): 115-124.

曲洪建, 汪淼, 2019. 退货政策对服装消费者网购行为的影响[J]. 东华大学学报(自然科学版), 45(1): 142-150.

任立肖, 沙勇忠, 2005. 网络内容分析研究[J]. 情报理论与实践, 28(5): 523-526.

邵兵家, 崔文昌, 2016. 网络零售商无缺陷退货政策对溢价支付意愿的影响研究[J]. 软科学, 30(7): 104-108.

邵兵家, 鄢智敏, 鄢勇俊, 2006. B2C 电子商务中感知风险降低策略的有效性研究[J]. 软科学, 20(4): 131-135.

邵兵家, 师蕾, 王亚涛, 2010b. 网络口碑营销研究进展述评[J]. 技术经济(7): 127-129.

邵兵家, 王亚涛, 马蓉, 2010c. 我国 B2C 电子商务企业消费者政策的实证研究——基于网站服务协议的内容分析[J]. 情报杂志, 29(5): 200-203.

邵兵家, 何炜浔, 蒋飞, 2017. 网络零售商退货政策对消费者购买意愿的影响[J]. 重庆大学学报(社会科学版), 23(2): 51-59.

邵兵家, 马蓉, 张晓燕, 等, 2010a. 消费者在线产品评价参与意向影响因素的实证研究[J]. 情报杂志(12): 185-189.

申琦, 2014. 消费者感知契合度与延伸评价悖论研究[D]. 天津: 天津大学.

盛亚军, 包薇, 孙丽辉, 2014. 国外原产国效应理论研究的新进展[J]. 当代经济研究(6): 85-91.

宋永高, 水常青, 2004. 国内消费者对本国品牌的态度及其改变的可能性研究[J]. 南开管理评论, 7(2): 41-45.

孙国辉, 杨一翁, 2012. 感知质量与原产国对消费者评价的影响[J]. 商业研究(8): 8-15.

孙健, 纪建悦, 1999. 试论退货政策在实践中的应用[J]. 外国经济与管理(12): 33-36.

孙瑞英, 2005. 从定性、定量到内容分析法——图书、情报领域研究方法探讨[J]. 现代情报(1): 2-6.

孙伟, 黄培伦, 2004. 公平理论研究评述[J]. 科技管理研究(4): 102-104.

孙永波, 李霞, 2017. 网购退货后续购买行为的实证研究[J]. 企业经济(2): 149-155.

田志龙, 王瑞, 樊建锋, 等, 2011. 消费者 CSR 反应的产品类别差异及群体特征研究[J]. 南开管理评论, 14(1): 107-118, 129.

王斌, 钟帅, 聂元昆, 2015. 消费者在线评论行为的影响因素研究[J]. 中国市场(12): 84-88-92.

王锋, 张小栓, 穆维松, 等, 2009. 消费者对可追溯农产品的认知和支付意愿分析[J]. 中国农村经济(3): 68-74.

王海忠, 王晶雪, 何云, 2007. 品牌名、原产国、价格对感知质量与购买意向的暗示作用[J]. 南开管理评论, 10(6): 19-25, 32.

王林, 曲如杰, 赵杨, 2015. 基于评论信息的网购情景线索类型及其作用机制研究[J]. 管理评论, 27(4): 156-166.

王湘红, 王曦, 2009. 退货制度影响消费倾向的行为理论和调查[J]. 经济理论与经济管理(10): 48-51.

王宇灿, 袁勤俭, 2014. 消费者在线评价参与意愿影响因素研究——以体验型商品为例[J]. 现代情报(10): 166-173.

温忠麟, 张雷, 侯杰泰, 等, 2004. 中介效应检验程序及其应用[J]. 心理学报(5): 614-620.

吴波, 李东进, 2013. 远程购物消费者退货后的反应研究[J]. 当代财经(7): 67-76.

吴林海, 徐玲玲, 王晓莉, 2010. 影响消费者对可追溯食品额外价格支付意愿与支付水平的主要因素——基于 Logistic、Interval Censored 的回归分析[J]. 中国农村经济(4): 77-86.

武平, 2014. 网络购物信息环境对消费者购买意愿影响研究——基于不同产品类型[D]. 杭州: 浙江大学.

徐康锋, 2010. 网站信息环境对消费者感知质量的影响研究——基于线索理论[D]. 杭州: 浙江大学.

亿邦动力. 中国网络零售调查报告(2009)[OL]. [2019-05-04]. https://www.ebrun.com/report/2098.html.

易彬彬, 2010. 浅析电子商务中购买决策与退货政策之间的博弈[J]. 魅力中国(26): 40, 44.

易牧农, 郭季林, 2009. 品牌来源国对国内汽车购买者品牌态度的影响[J]. 经济管理(12): 94-102.

尹敬刚, 李晶, 魏登柏, 2012. 移动互联网环境下发表评论意愿的影响因素研究——一个整合模型的视角[J]. 图书情报工作(2): 135-141.

张蓓佳, 2017. 基于 SOR 理论的网络退货政策宽松度对消费者购买意愿影响机理研究[J]. 消费经济, 33(1): 83-89.

张海彤. 网络购买环境中多线索对消费者购买意愿的影响研究[D]. 杭州: 浙江大学.

张涛, 李刚, 罗美玲, 等, 2017. 考虑无缺陷退货的在线商品信息发布策略[J]. 运筹与管理, 26(3): 123-130.

赵占波, 刘博, 范宇峰, 2011. 网购消费者参与在线交易评价影响因素分析[J]. 中国市场(24): 26-34.

郑浩然, 2014. 内容分析法的国内奢侈品购物网站营销效果研究 ——以国内 22 家中文奢侈品购物网站为例[D]. 上海: 上海外国语大学.

郑秋莹, 范秀成, 2007. 网上零售业服务补救策略研究——基于公平理论和期望理论的探讨[J]. 管理评论, 19(10): 17-23.

中国产业信息. 2019 年上半年中国社交电商行业优势、社交电商特点及市场前景发展分析[OL].[2016-06-15]. https://www.chyxx.com/industry/201908/776763.html.

中国电子商务研究中心. 2014 年度中国电子商务市场数据监测报告[OL]. [2015-04-21]. http://www.100ec.cn/zt/upload_data/20150408.pdf.

中国互联网信息中心. 第 39 次中国互联网络发展状况统计报告[OL].[2017-01-22]. http://www.cac.gov.cn/2017-01/22/c_1120352022.htm.

周建利, 张爱华, 段婧, 2012. 社会关系强度对社交网络中应用接受意愿的影响研究[J]. 中国科技信息(23): 80-82.

周黎明, 邱均平, 2005. 基于网络的内容分析法[J]. 情报学报, 24(5): 594-599.

周笑屹, 2013. 网络环境下 B2C 的服务失误归因及感知公平对顾客满意影响研究[D]. 上海: 上海交通大学.

周应恒, 霍丽玥, 彭晓佳, 2004. 食品安全: 消费者态度、购买意愿及信息的影响——对南京市超市消费者的调查分析[J]. 中国农村经济, (11): 53-59, 80.

朱翊敏, 周延风, 2013. 品牌熟悉和赞助方式对消费者响应的影响[J]. 商业经济与管理, 255(1): 43-51.

庄贵军, 周南, 周连喜, 2006. 国货意识、品牌特性与消费者本土品牌偏好——一个跨行业产品的实证检验[J]. 管理世界(7): 85-94, 114.

Adams J S, 1965. Inequity in social exchange[J]. Advances in Experimental Social Psychology, 2(4): 267-299.

Agarwal S, Teas R K, 2001. Perceived value: Mediating role of perceived risk[J]. Journal of Marketing Theory and Practice, 9(4): 1-14.

Akerlof B, G A, 1978. The market for "lemons": Quality uncertainty and the market mechanism[J]. Quarterly Journal of Economics, 84(3): 488-500.

Al-Natour S, Benbasat I, 2009. The adoption and use of IT artifacts: A new interaction-centric model for the study of User-Artifact relationships[J]. Journal of The Association For Information Systems, 10(9), 661-685.

Anderson E W, 1998. Customer satisfaction and word of mouth[J]. Journal of Service Research, 1(1): 5-17.

Angulo A M, Gil J M, 2007. Risk perception and consumer willingness to pay for certified beef in Spain[J]. Food Quality and Preference, 18(8): 1106-1117.

Anselmsson J, Bondesson N V, Johansson U, 2014. Brand image and customers' willingness to pay a price premium for food brands[J]. Journal of Product & Brand Management, 23(2): 90-102.

Ashfaq M, Yun J, Waheed A, et al., 2018. Buying luxury brands online: The effect of money-back guarantee on perceived risk and purchase intention[J]. International Journal of Marketing, Communication and New Media, Special Issue, 4: 102-121.

Ba S, Pavlou P A, 2002. Evidence of the effect of trust building technology in electronic markets: Price premiums and buyer behavior[J]. MIS Quarterly, 26(3): 243-268.

Bae S, Lee T, 2011. Product type and consumers' perception of online consumer reviews[J]. Electronic Markets, 21(4): 255-266.

Bagozzi R P, Gopinath M, Nyer P U, 1999. The role of emotions in marketing[J]. Journal of the Academy of Marketing Science, 27(2): 184-206.

Baker W, Hutchinson J W, Moore D, et al., 1986. Brand familiarity and advertising: Effects on the evoked set and brand p[J]. Advances in Consumer Research, 13 (1): 637-642.

Baron R M, Kenny D A, 1986. The moderator-mediator variable distinction in social psychological research: Conceptual, strategic, and statistical considerations. Journal of Personality and Social Psychology (51): 1173-1182.

Batra R, Ahtola O T, 1991. Measuring the hedonic and utilitarian sources of consumer attitudes[J]. Marketing Letters, 2 (2): 159-170.

Bauer R A, 1960. Consumer behavior as risk taking[C]//Dynamic marketing for a changing world. Proceedings of the 43rd Conference of the American Marketing Association: 389-398.

Bauer R A, 1967. Consumer Behavior as Risk Taking, Risk Taking and Information Handling in Consumer Behavior[M]. Cambridge: Harvard University Press.

Bechwati N N, Siegal W S, 2005. The impact of the prechoice process on product returns[J]. Journal of Marketing Research, 42 (3): 358-367.

Beugré C D, 1998. Managing Fairness In Organizations[M]. Westport: Quorum.

Bies R J, Moag J S, 1986. Interactional justice: Communication criteria of fairness[J]. Research on Negotiation in Organizations, 1 (3): 43-45.

Bilkey W J, Nes E, 1982. Country-of-origin effects on product evaluations[J]. Journal of International Business Studies, 13 (1): 89-99.

Biswas A, Dutta S, Pullig C, 2006. Low price guarantees as signals of lowest price: The moderating role of perceived price dispersion[J]. Journal of Retailing, 82 (3): 245-257.

Biswas D, 2004. Economics of Information in the web economy towards a new theory[J]. Journal of Business Research, 57 (7): 724-733.

Biswas D, Biswas A, 2004. The diagnostic role of signals in the context of perceived risks in online shopping: Do signals matter more on the Web?[J]. Journal of Interactive Marketing, 18 (3): 30-45.

Blackwell R D, Miniard P W, Engel J F, 2011. Consumer Behavior[M]. Texas: Harcourt College Publishers.

Bolton L E, Alba J W, 2006. Price fairness: Good and service differences and the role of vendor costs[J]. Journal of Consumer Research, 33 (2): 258-265.

Bonifield C, Cole C, Schultz R L, 2010. Product returns on the Internet: A case of mixed signals[J]. Journal of Business Research, 63 (9-10): 1058-1065.

Boulding W, Ajay K, Richard S et al., 1993. A dynamic process model of service quality: From expectations to behavioral intentions[J]. Journal of Marketing Research, 30: 7-27

Bower A B, Maxham J G, 2012. Return shipping policies of online retailers: Normative assumptions and the Long-Term consequences of fee and free returns[J]. Journal of Marketing, 76 (5): 110-124.

Brockner J, Wiesenfeld B M, 1996. An integrative framework for explaining reactions to decisions: Interactive effects of outcomes and procedures[J]. Psychological Bulletin, 120 (2): 189-208.

Brucks M, Zeithaml V A, Naylor G, 2000. Price and brand name as indicators of quality dimensions for consumer durables[J]. Journal of the Academy of Marketing Science, 28 (3): 359-374.

Campbell M C, 1995. When attention-getting advertising tactics elicit consumer inferences of manipulative intent: The importance of balancing benefits and investments[J]. Journal of Consumer Psychology, 4 (3): 225-254.

Campbell M C, Keller K L, 2003. Brand familiarity and advertising repetition effects[J]. Journal of Consumer Research, 30 (2): 292-304.

Cao H H, Jiang J. H, 2012. The effect of perception of social functions on behavioral intentions on social e-shopping websites: A place attachment perspective[C]. Proceedings of CSWIM2012.

Chang E C, Tseng Y F, 2013. Research note: E-store image, perceived value and perceived risk[J]. Journal of Business Research, 66(7): 864-870.

Chang H H, Chuang S S, 2011. Social capital and individual motivations on knowledge sharing: Participant involvement as a moderator[J]. Information & Management, 2011, 48(1): 9-18

Chang, Yang, Hoe, 2017. The effects of consumers' value recognition on shopping satisfaction and purchasing intention: mediation effects of regulatory focus on home meal replacement[J]. Food Service Industry Journal, 13(3): 23-36.

Chaudhuri A, Holbrook M B, 2001. The chain of effects from brand trust and brand affect to brand performance: The role of brand loyalty[J]. Journal of Marketing, 65(2): 81-93.

Chen J, Chen B, 2016. Competing with customer returns policies[J]. International Journal of Production Research, 54(7): 1-15.

Chen J, Grewal R, 2013. Competing in a supply chain via full-refund and no-refund customer returns policies[J]. International Journal of Production Economics, 146(1): 246-258.

Chu W, Gerstner E, Hess J D, 1998. Managing dissatisfaction how to decrease customer opportunism by partial refunds[J]. Journal of Service Research, 1(2): 140-155.

Clemmer E C, Schneider B. Faire service, 1996. Advance in Services Marketing and Management[M]. Greenwich: JAI Press.

Connelly B L, Certo S T, Ireland R D, et al., 2011. Signaling theory: A review and assessment[J]. Journal of Management, 37(1): 39-67.

Constantinides E, 2004. Influencing the online consumer's behavior: the Web experience[J]. Internet Research, 14(2): 111-126.

Copeland M T, 1923. Relation of consumer's buying habits to marketing methods[J]. Harvard Business Review, 1: 282-289.

Cox D R, 1962. Renewal theory[J]. Encyclopedia of Statistical Sciences, 4(1): 281-302.

Crespo A H, Bosque I R D, Salmones A S, 2009. The influence of perceived risk on Internet shopping behavior: a multidimensional perspective[J]. Journal of Risk Research, 12(1): 259-277.

Cropanzano R, Folger R, 1998. Organizational Justice and Human Resource Management[M]. Thousand Oaks: Sage Publications.

Cunningham S M, 1967. The major dimensions of perceived risk[J]. Risk Taking and Information Handling in Consumer Behavior: 82-108.

Darby M R, Karni E, 1973. Free competition and the optimal amount of fraud[J]. The Journal of Law and Economics, 16(1): 67-88.

David R J, Han S K, 2004. A systematic assessment of the empirical support for transaction cost economics[J]. Strategic Management Journal, 25(1): 39-58.

Davis S, Gerstner E, Hagerty M, 1995. Money back guarantees in retailing: Matching products to consumer tastes[J]. Journal of Retailing, 71(1): 7-22.

Davis S, Hagerty M, Gerstner E, 1998. Return policies and the optimal level of "hassle" [J]. Journal of Economics and Business, 50: 445-460.

Dellarocas C, Wood C, 2008. The sound of silence in online feedback: Estimating trading risks in the presence of reporting bias[J]. Management Science, 54(3): 460-476.

Dellarocas C, Gao G, Narayan R, 2010. Are consumers more likely to contribute online reviews for hit or niche products[J]. Journal of Management Information Systems, c27(2): 127-157.

Dichter E, 1966. How word-of-mouth advertising works[J]. Harvard Business Review, 44(6): 147-160.

Dick A, Chakravarti D, Biehal G, 1990. Memory-based inferences during consumer choice[J]. Journal of Consumer Research, 17(1): 82-93.

Dickinson D L, Bailey D V, 2002. Meat traceability: Are U. S. consumers willing to pay for it[J]. Journal of Agricultural and Resource Economics, 27(2): 348-364.

Dickinson D L, Dee V B, 2005. Experimental evidence on willingness to pay for red meat traceability in the United States, Canada, the United Kingdom, and Japan[J]. Journal of Agricultural & Applied Economics, 37(3): 537-548.

Dodds W B, Monroe K B, Grewal D, 1991. Effects of price, brand, and store information on buyers' product evaluations[J]. Journal of Marketing Research, 28(3): 307-319.

Donovan R J, Rossiter J R, 1982. Store atmosphere: An environmental psychology approach[J]. Journal of Retailing, 58(1): 34-57.

Donovan R J, Rossiter J R, Marcoolyn G, et al., 1994. Store atmosphere and purchasing behavior[J]. Journal of Retailing, 70(3): 283-294.

Dou W, Nielsen U, Tan, 2002. Using corporate websites for export marketing[J]. Journal of Advertising Research, 42(5): 105-115.

Dowling, R, Staelin, 1994. A model of perceived risk and intended risk-handling activity[J]. Journal of Consumer Research, 21(6): 110-134.

Dutta S, 2011. Regret from postpurchase discovery of lower market prices: Do price refunds help[J]. Journal of Marketing, 75(12): 124-138.

Enneking U, 2004. Willingness-to-pay for safety improvements in the German meat sector: The case of the Q&S label[J]. European Review of Agricultural Economics, 31(2): 205-223.

Eric T A, Karsten H, 2009. The option value of returns: Theory and Empirical Evidence[J]. Marketing Science, 28(3): 405-423.

Eroglu S A, Machleit K A, Davis L M, 2001. Atmospheric qualities of online retailing: A conceptual model and implications[J]. Journal of Business Research, 54(2): 177-184.

Eroglu S A, Machleit K A, Davis L M, 2003. Empirical testing of a model of online store atmospherics and shopper responses[J]. Psychology and Marketing, 20(2): 139-150.

Ferguson M, Guide V D R, Souza G C, 2006. Supply chain coordination for false failure returns[J]. Manufacturing and Service Operations Management, 8(4): 376-393.

Fiore A M, Kim J, 2007. An integrative framework capturing experiential and utilitarian shopping experience[J]. International Journal of Retail & Distribution Management, 35(6): 421-442.

Fishbein M, Ajzen I, 1975. Belief, attitude, intention and behaviour: An introduction to theory and research[J]. Philosophy & Rhetoric, 41(4): 842-844.

Folger R, Cropanzano R, Timmerman T A, et al. , 1996. Elaborating procedural fairness: Justice becomes both simpler and more complex[J]. Personality and Social Psychology Bulletin, 22(5): 435-441.

Fornell C, Wernerfelt B, 1987. Defensive marketing strategy by customer complaint management: A theoretical analysis[J]. Journal of Marketing Research, 24(4): 337-346.

Frey B S, 1993. Motivation as a limit to pricing[J]. Journal of Economic Psychology, 14(4): 635-664.

Frey B S, 1997. Not Just for the Money: An Economic Theory of Personal Motivation[M]. Cheltenham: Edward Elgar Pub.

Frey B S, Jegen R, 2001. Motivation crowding theory[J]. Journal of Economic Surveys, 15(5): 589-611.

Frey B S, Stutzer A, 2014. Economic consequences of mispredicting utility[J]. Journal of Happiness Studies, 15(4): 937-956.

Friestad M, Wright P, 1994. The persuasion knowledge model: How people cope with persuasion attempts[J]. Journal of Consumer Research, 21 (1): 1-31.

Gelbrich K, Gäthke J, Hübner A, 2017. Rewarding customers who keep a product: How reinforcement affects customers' product return decision in online retailing[J]. Psychology & Marketing, 34 (9): 853-867.

Girard T, Korgaonkar P, Silverblatt R, 2003. Relationship of type of product, shopping orientations, and demographics with preference for shopping on the internet[J]. Journal of Business and Psychology, 18 (1): 101-120.

Gneezy U, Meier S, Rey-Biel P, 2011. When and why incentives (don't) work to modify behavior[J]. Journal of Economic Perspectives, 25 (4): 191-210.

Goldsmith R E, Lafferty B A, Newell S J, 2000. The impact of corporate credibility and celebrity credibility on consumer reaction to advertisements and brands[J]. Journal of Advertising, 29 (3): 43-54.

Goodman J K. Malkoc S A, 2012. Choosing here and now versus there and later: The moderating role of psychological distance on assortment size preferences[J]. Journal of Consumer Research, 39 (4): 751-768.

Granovetter M S, 1973. The strength of weak ties[J]. American Journal of Sociology, 78 (6): 1360-1380.

Greatorex M, Vincent W, 1994. Mitchell, Modelling consumer risk reduction preferences from perceived loss data[J]. Journal of Economic Psychology, 15 (4): 669-685.

Greenberg J, 1990. Organizational justice: Yesterday, today, and tomorrow[J]. Journal of Management, 16 (2): 399-432.

Greenberg J, 1993. Stealing in the name of justice: Informational and interpersonal moderators of theft reactions to underpayment inequity[J]. Organizational Behavior and Human Decision Processes, 54 (1): 81-103.

Greenberg J, Mccarty C L, 1990. The interpersonal aspects of procedural justice: A new perspective on pay fairness[J]. Labor Law Journal, 41 (8): 580-586.

Greenwald A G, Leavitt C, 1984. Audience involvement in advertising: Four levels[J]. Journal of Consumer Research, 11 (1): 581-592.

Griffith D A, Gray C C, 2002. The fallacy of the level playing field: The effect of brand familiarity and web site vividness on online consumer response[J]. Journal of Marketing Channels, 9 (3-4): 87-102.

Ha H Y, Perks H, 2005. Effects of consumer perceptions of brand experience on the web: Brand familiarity, satisfaction and brand trust[J]. Journal of Consumer Behaviour, 4 (6): 438-452.

Ha J, Jang S S, 2009. Perceived justice in service recovery and behavioral intentions: The role of relationship quality[J]. International Journal of Hospitality Management, 28 (3): 319-327.

Hajli N, Sims J, 2015. Social commerce: The transfer of power from sellers to buyers[J]. Technological Forecasting and Social Change, 94: 350-358.

Hardesty D M, Carlson J P, Bearden W O, 2002. Brand familiarity and invoice price effects on consumer evaluations: The moderating role of skepticism toward advertising[J]. Journal of Advertising, 31 (2): 2-15.

Heiman A, McWilliams B, Zilberman D, 2001. Demonstrations and money-back guarantees: market mechanisms to reduce uncertainty[J]. Journal of Business Research, 54 (1): 71-84.

Heiman A, McWilliams B, Zhao J, et al., 2002. Valuation and management of money-back guarantee options[J]. Journal of Retailing, 78 (3): 193-205.

Heiman A, David R J, McWilliams B, et al., 2014. A prospect theory approach to assessing changes in parameters of insurance contracts with an application to money-back guarantees[J]. Journal of Behavioral and Experimental Economics, 54: 105-117.

Henderson, Marlone D, 2013. When seeing the forest reduces the need for trees: the role of construal level in attraction to choice[J].

Journal of Experimental Social Psychology, 49(4): 676-683.

Herrero C A, Del Bosque R I, Garcia S S, et al., 2009. The influence of perceived risk on Internet shopping behavior: A multidimensional perspective[J]. Journal of Risk Research, 12(2): 259-277.

Hewitt M, 2008. Retailers: Time to shout about your returns policy[J]. Logistics & Transport Focus, 10(8): 58-61.

Higgins E T, 1997. Regulatory focus and strategic inclinations: promotion and prevention in decision-making[J]. Organizational Behavior and Human Decision Processes, 69(2): 117-132.

Higgins E T, 2000. Does personality provide unique explanations for behaviour? Personality as cross-person variability in general principles[J]. European Journal of Personality, 14(5): 391-406.

Hirschman E C, 1982. Ethnic variation in hedonic consumption[J]. The Journal of Social Psychology, 118(2): 225-234.

Houston M J, Rothschild M L, 1978. Conceptual and methodological perspectives on involvement, educators proceedings[J]. Research Frontiers in Marketing Dialogues and Directions: 184-187.

Hsee C K, Weber E U, 1997. A fundamental prediction error: self-others discrepancies in risk preference[J]. Journal of Experimental Psychology-General, 126(1): 45-53.

Hsieh, P L, 2013. Perceived opportunism (PO) in e-return service encounters[J]. Managing Service Quality: An International Journal, 23(2): 96-110.

Hsu H Y, Tsou H T, 2011. Understanding customer experiences in online blog environments[J]. International Journal of Information Management, 31(6): 510-523.

Hsu L F, Tapiero C S, 1987. Maintenance of an unreliable M/G/1 queue-like job shop[J]. Queueing Systems, 2(4): 333-349.

Hu K Q, Dickerson K G, 1997. Country-of-origin effect on Chinese consumers apparent perceptions of foreign-brand and Chinese-brand apparel: An experimental study[J]. Journal of the Textile Institute Proceedings & Abstracts, 88(2): 104-114.

Huang T, Ren H, Chen Y J, 2018. Consumer return policies in competitive markets: An operations perspective[J]. Naval Research Logistics, 6(65): 462-476.

Huang Z., Benyoucef M, 2013. From e-commerce to social commerce: A close look at design features[J]. Electronic Commerce Research and Applications, 12(4): 246-259.

Huppertz J W, Evans R H, 1978. An application of Equity Theory to buyer-seller exchange situations[J]. Journal of Marketing Research, 15(2): 250-260.

Jai T M, Burns L D, King N J, 2013. The effect of behavioral tracking practices on consumers'shopping evaluations and repurchase intention toward trusted online retailers[J]. Computers in Human Behavior, 29(3): 901-909.

Jain S P, Posavac S S, 2001. Prepurchase attribute verifiability, source credibility, and persuasion[J]. Journal of Consumer Psychology, 11(3): 169-180.

Janakiraman N, Ordóñez L, 2012. Effect of effort and deadlines on consumer product returns[J]. Journal of Consumer Psychology, 22(2): 260-271.

Janakiraman N, Syrdal H A, Freling R, 2016. The effect of return policy leniency on consumer purchase and return decisions: A Meta-analytic review[J]. Journal of Retailing, 92(2): 226-235.

Jeng S P, 2017. Increasing customer purchase intention through product return policies: The pivotal impacts of retailer brand familiarity and product categories[J]. Journal of Retailing and Consumer Services, 39: 182-189.

Jeng S P, Huang L S, Chou Y J, et al., 2014. Do consumers perceive money-back guarantees as believable? The effects of money-back guarantee generosity, store name familiarity, and perceived Price[J]. Service Science, 6(3): 179-189.

Jiang P, Rosenbloom B, 2005. Customer intention to return online: Price perception, attribute-level performance, and satisfaction unfolding over time[J]. European Journal of Marketing, 39(1/2): 150-174.

Kapferer J N, Laurent G, 1985. Consumer involvement profiles: A new and practical approach to consumer involvement[J]. Journal of Advertising Research, 25(6): 48-56.

Kim J, Wansink B, 2012. How retailers'recommendation and return policies alter product evaluations[J]. Journal of Retailing, 88(4): 528-541.

Kim S, Park H, 2013. Effects of various characteristics of social commerce on consumers'trust and trust performance［J］. International Journal of Information Management, 33(2): 318-332.

Kim T T, Kim W G, Kim H, 2009. The effects of perceived justice on recovery satisfaction, trust, word-of-mouth, and revisit intention in upscale hotels[J]. Tourism Management, 30(1): 51-62.

Kirmani A, 1990. The effect of perceived advertising costs on brand perceptions[J]. Journal of Consumer Research, 17(2): 160-171.

Kirmani A, Campbell M, 2009. Taking the Target's Perspective: The Persuasion Knowledge Model[M]. New York: Psychology Press.

Kirmani A, Rao A R, 2000. No pain, no gain: A critical review of the literature on signaling unobservable product quality[J]. Journal of Marketing, 64(2): 66-79.

Klein B, Leffler K B, 1981. The role of market forces in assuring contractual performance[J]. Journal of Political Economy, 89(4): 615-641.

Krishnan B C, Hartline M D, 2001. Brand equity: Is it more important in services?[J]. Journal of Services Marketing, 15(5): 328-342.

Krugman H E, 1965. The impact of television advertising: Learning without involvement[J]. Public Opinion Quarterly, 29(3): 349-356.

Kukar-Kinney M, Xia L, Monroe K B, 2007. Consumers' perceptions of the fairness of price-matching refund policies[J]. Journal of Retailing, 83(3): 325-337.

Kuo Y, Wu C, 2012. Satisfaction and post-purchase intentions with service recovery of online shopping websites: Perspectives on perceived justice and emotions[J]. International Journal of Information Management, 32(2): 127-138.

Lafferty B A, Edmondson D R, 2009. Portraying the cause instead of the brand in cause-related marketing ADS: Does it really matter?[J]. Journal of Marketing Theory and Practice, 17(2): 129-144.

Laroche M, Kim C, Zhou L, 1996. Brand familiarity and confidence as determinants of purchase intention: An empirical test in a multiple brand context[J]. Journal of Business Research, 37(2): 115-120.

Lesma V R B, Okada H, 2012. Influence of website attributes on consumer acceptance of cross-border electronic commerce[C]. International Conference on Advanced Communication Technology, (3): 19-22.

Leventhal G S, 1976. What should be done with equity theory? New approaches to the study of fairness in social relationships[J]. Social Exchange Advances in Theory and Research, 5(2): 27-52.

Leventhal G S, 1976. What should be done with equity theory? New approaches to the study of fairness in social relationships[J]. Social Exchange Advances in Theory and Research: 27-52.

Li B, Jiang Y S, 2018. Impacts of returns policy under supplier encroachment with risk-averse retailer[J]. Journal of Retailing and Consumer Services, 47: 104-115.

Li H, Fang Y, Wang Y, et al., 2015. Are all signals equal? Investigating the differential effects of online signals on the sales performance of e-marketplace sellers[J]. Information Technology and People, 28(3): 699-723.

Li Q, Wang J, Chen Y P, et al., 2010. User comments for news recommendation in forum-based social media[J]. Information Sciences, 180(24): 4929-4939.

Li Y J, Xu L, Li D H, 2013. Examining relationships between the return policy, product quality, and pricing strategy in online direct selling[J]. International Journal of Production Economics, 144(2): 451-460.

Li Z G, Fu S, Murray L W, 1998. Country and product images: The perceptions of consumers in the People's Republic of China[J]. Journal of International Consumer Marketing, 10(1): 115-137.

Liang T, Turban E, 2011. Introduction to the special issue social commerce: A research framework for social commerce[J]. International Journal of Electronic Commerce, 16(2): 5-14.

Liang T, Ho Y, Li Y, et al., 2011. What drives social commerce: The role of social support and relationship quality[J]. International Journal of Electronic Commerce, 16(2): 69-90.

Lind E A, Tyler T R, 1988. The Social Psychology of Procedural Justice[M]. New York: Plenum Press.

Lindenberg S, 2000. It takes both trust and lack of mistrust: The workings of cooperation and relational signaling in contractual relationships[J]. Journal of Management and Governance, 4(1): 11-33.

Loewenstein G, Adler D, 1995. A bias in the prediction of tastes[J]. The Economic Journal, 105(431): 929-937.

Loureiro M L, Umberger W J, 2007. A choice experiment model for beef: What US consumer responses tell us about relative preferences for food safety, country-of-origin labeling and traceability[J]. Food Policy, 32(4): 496-514.

Lusch F R, Lusch N V, 1987. Principles of Marketing[M]. Cambridge: Wadsworth Kent Publishing.

Maheswaran D, 1994. Country of origin as a stereotype: Effects of consumer expertise and attribute strength on product evaluations[J]. Journal of Consumer Research, 21(2): 354-365.

Martin B A S, Gnoth J, Strong C, 2009. Temporal construal in advertising[J]. Journal of Advertising, 38(3): 5-20.

McLure Wasko M, Faraj S, 2005. Why should I share? Examining capital and knowledge contribution in electronic networks of practice[J]. MIS Quarterly, 29(1): 35-57.

Mitchell V, Harris G, 2005. The importance of consumers' perceived risk in retail strategy[J]. European Journal of Marketing, 39(7/8): 821-837.

Mitra D, Fay S, 2010. Managing service expectations in online markets: A signaling theory of e-tailer pricing and empirical tests[J]. Journal of Retailing, 86(2): 184-199.

Mitra K, Reiss M C, Capella L M, 1999. An examination of perceived risk, information search and behavioral intentions in search, experience and credence services[J]. Journal of Services Marketing, 13(3): 208-228.

Miyazaki A D, Grewal D, Goodstein R C, 2005. The effect of multiple extrinsic cues on quality perceptions: A matter of consistency[J]. Journal of Consumer Research, 32(1): 146-153.

Mukhopadhyay S K, Setaputra R, 2007. A dynamic model for optimal design quality and return policies[J]. European Journal of Operational Research, 180(3): 1144-1154.

Mummalaneni V, 2005. An empirical investigation of Web site characteristics, consumer emotional states and on-line shopping behaviors[J]. Journal of Business Research, 58(4): 526-532.

Nagashima A, 1970. A comparison of Japanese and U. S. attitudes toward foreign products[J]. International Executive, 12(3): 7-8.

Nelson P, 1970. Information and consumer behavior[J]. Journal of Political Economy, 78(2): 311-329.

Netemeyer R G, Krishnan B, Pullig C, et al., 2004. Developing and validating measures of facets of customer-based brand equity[J]. Journal of Business Research, 57(2): 209-224.

Ng S, Stevens L, 2015. Where your unwanted Christmas gifts get a second life[N]. Wall Street Journal, (December 27).

Ofek E, Katona Z, Sarvary M, 2011. "Bricks and clicks": The impact of product returns on the strategies of multichannel retailers[J]. Marketing Science, 30(1): 42-60.

Oghazi P, Karlsson S, Hellstrm D, et al., 2018. Online purchase return policy leniency and purchase decision: Mediating role of consumer trust[J]. Journal of Retailing and Consumer Services, 41: 190-200.

Olson J C, 1972. Cue utilization in the quality perception process: A cognitive model and an empirical test doctoral dissertation[J]. American Journal of Mental Deficiency, 64(2): 341-345.

Otto S D, Payne C R, Parry B L, et al., 2005. Complimenting behavior-The complimenter's perspective[J]. Journal of Consumer Satisfaction Dissatisfaction And Complaining Behavior, 18: 1.

Park T Y, Kim S, Sung L K, 2017. Fair pay dispersion: A regulatory focus theory view[J]. Organizational Behavior & Human Decision Processes, 142: 1-11.

Pavlou P A, Dimoka A, 2006. The nature and role of feedback text comments in online marketplaces: Implications for trust building, price premiums, and seller differentiation[J]. Information Systems Research, 17(4): 392-414.

Pei Z, Paswan A, 2018. Consumers' legitimate and opportunistic product return behaviors in online shopping[J]. Journal of Electronic Commerce Research, 19(4): 301-319.

Pei Z, Paswan A, Yan R, 2014. E-tailers return policy, consumers perception of return policy fairness and purchase intention[J]. Journal of Retailing and Consumer Services, 21(3): 249-257.

Petersen J A, Kumar V, 2009. Are product returns a necessary evil? Antecedents and consequences[J]. Journal of Marketing, 73(3): 35-51.

Peterson R A, 1995. A meta-analysis of country-of-origin effects[J]. Journal of International Business Studies, 26(4): 883-900.

Petroczi A, Nepusz T, Bazso F, 2007. Measuring tie-strength in virtual social networks[J]. Connections, 27(2): 39-52.

Pettitt R G, 2001. Traceability in the food animal industry and supermarket chains[J]. Revue Scientifique Et Technique, 20(2): 584-597.

Petty R E, Cacioppo J T, 1986. Methodological Factors in the ELM[M]. New York: Springer.

Phillips O R, 1993. Negative option contracts and consumer switching costs[J]. Southern Economic Journal, 60(2): 304-315.

Porter M E, 1980. Competitive Strategy: Techniques for Analyzing Industries and Competitors[M]. New York: Free Press.

Posselt T, Gerstner E, Radic D, 2008. Rating e-tailers' money-back guarantees[J]. Journal of Service Research, 10(3): 207-219.

Preacher K J, Hayes A F, 2008. Asymptotic and resampling strategies for assessing and comparing indirect effects in multiple mediator models[J]. Behavior Research Methods, 40(3): 879-891.

Rao A R, Sieben W A, 1992. The effect of prior knowledge on price acceptability and the type of information examined[J]. Journal of Consumer Research, 19(2): 256-270.

Rao A R, Qu L, Ruekert R W, 1999. Signaling unobservable product quality through a brand ally[J]. Journal of Marketing Research, 36(2): 258-268.

Rao S S, Rabinovich E, Raju D, 2014. The role of physical distribution services as determinants of product returns in Internet retailing[J]. Journal of Operations Management, 32(6), 295-312.

Rao S S, Lee K B, Connelly B, et al., 2017. Return time leniency in online retail: A signaling theory perspective on buying outcomes[J]. Decision Sciences, 49(2): 275-305.

Reinartz W J, Kumar V, 2003. The impact of customer relationship characteristics on profitable lifetime duration[J]. Journal of

Marketing, 67(1): 77-99.

Richardson P S, Dick A S, Jain A K, 1994. Extrinsic and intrinsic cue effects on perceptions of store brand quality[J]. Journal of Marketing, 58(4): 28-36.

Romeo M S R J, 1992. Matching product catgeory and country image perceptions: A framework for managing country-of-origin effects[J]. Journal of International Business Studies, 23(3): 477-497.

Roselius T, 1971. Consumer rankings of risk reduction methods. [J]. Journal of Marketing, 35(1): 56-61.

Ross I, 1975. Perceived risk and consumer behavior: A critical review[J]. Advances in Consumer Research, 2: 1-19.

Rothschild M, Stiglitz J, 1975. Equilibrium in insurance markets: An essay on the economics of imperfect information[J]. Cambridge Books, 90(4): 257, 259－280.

Russell J A, Mehrabian A, 1974. An Approach to Environmental Psychology[M]. Cambridge: M. I. T. Press.

Schooler R D, 1965. Product bias in the central American common market[J]. Journal of Marketing Research, 2(4): 394-397.

Shang G, Ghosh B P, Galbreth M R, 2017a. Optimal retail return policies with wardrobing[J]. Production and Operations Management, 26(7): 1315-1332.

Shang G, Pekgün P, Ferguson M, et al., 2017b. How much do online consumers really value free product returns? Evidence from eBay[J]. Journal of Operations Management, 53(1): 45-62.

Shao B, Chang L, Zhang L, 2013. The effect of online return shipping insurance and regulatory focus on consumer behavior[C]. //: Proceedings of 23rd International Business Research Conference, Melbourne, Australia.

Sherif M, Cantril H, 1947. The psychology of ego-involvements: Social attitudes and identifications[J]. Psychoanalytic Review, 258(3): 162-163.

Sherman E, Mathur A, Smith R B, 1997. Store environment and consumer purchase behavior: Mediating role of consumer emotions[J]. Psychology and Marketing, 14(4): 361-378.

Shiau W, Luo M M, 2012. Factors affecting online group buying intention and satisfaction: A social exchange theory perspective[J]. Computers in Human Behavior, 28(6): 2431-2444.

Sin L Y M, Ho S C, So S L M, 2000. Research on advertising in mainland China: A review and assessment[J]. Asia Pacific Journal of Marketing & Logistics, 12(1): 37-65.

Son J, Kim S, Riggins F, et al., 2006. Consumer adoption of net-enabled infomediaries: Theoretical explanations and an empirical test[J]. Journal of the Association for Information Systems, 7(7): 473-508.

Spence M, 1973. Job market signaling[J]. Quarterly Journal of Economics, 87(3): 355-374.

Stanko M A, Bonner J M, Calantone R J, 2007. Building commitment in buyer-seller relationships: A tie strength perspective[J]. Industrial Marketing Management, 36(8): 1094-1103

Stock J, 1992. Reverse Logistics[M]. Oak Brook: Council of Logistics Management.

Stock J, Speh T, Shear H, 2002. Many happy (product) returns[J]. Harvard Business Review, 7: 16-17.

Su X, 2009. Consumer returns policies and supply chain performance[J]. Manufacturing & Service Operations Management, 11(4): 595-612.

Su X, Zhang F, 2009. On the value of commitment and availability guarantees when selling to strategic consumers[J]. Management Science, 55(5): 713-726.

Sundaram D S, Mitra K, Webster C, 1998. Word-of-mouth communications: A motivational analysis[J]. Advances in Consumer Research, 25(1): 527-531.

Suwelack T, Hogreve J, Hoyer W D, 2011. Understanding money-back guarantees: Cognitive, affective, and behavioral outcomes[J]. Journal of Retailing, 87(4): 462-478.

Sweeney J C, Soutar G N, 2001. Consumer perceived value: The development of a multiple item scale[J]. Journal of Retailing, 77(2): 203-220.

Teo T S H, Lim V K G, 2001. The effects of perceived justice on satisfaction and behavioral intentions: The case of computer purchase[J]. International Journal of Retail & Distribution Management, 29(2): 109-125.

Thibaut J, Walker L, 1975. Procedural Justice: A Psychological Analysis[M]. Hillsdale: Erlbaum.

Thorsten H T, Gwinner F, Walsh K P G, et al., 2004. Electronic word-of-mouth via consumer-opinion platforms: What motivates consumers to articulate themselves on the internet[J]. Journal of Interactive Marketing, 18(1): 38-52.

Titmuss R M, 1970. The gift relationship. From human blood to social policy[J]. Transaction, 8(3): 18-21.

Tong Y, Wang X, Teo H H, 2007. Understanding the intention of information contribution to online feedback systems from social exchangeand motivation crowding perspectives[C]. HICSS: Proceeding of the 40th Annual Hawaii International Conferenceon System Sciences. IEEE.

Trope Y, Liberman N, 2010. Construal-level theory of psychological distance[J]. Psychological Review, 117(2): 440-463.

Tumasjan A B, 2012. In the eye of the beholder: How regulatory focus and self-efficacy interact in influencing opportunity recognition[J]. Journal of Business Venturing, 27(6): 622-636.

Turley L W, Milliman R E, 2000. Atmospheric effects on shopping behavior: A review of the experimental evidence[J]. Journal of Business Research, 49(2): 193-211.

Tyler T R, Lind E A, 1992. A relational model of authority in groups[J]. Advances in Experimental Social Psychology, 25(2): 115-191.

United States Census Bureau, 2013. Computer and internet use in the United States[OL]. [2019-02-17]. http: //www. census. gov/hhes/computer/.

United States Census Bureau, 2015. U. S. Census bureau news[OL]. [2019-2-17]. http: //www. census. gov/econ/estats/.

Vaidyanathan R, Aggarwal P, 2003. Who is the fairest of them all? An attributional approach to price fairness perceptions[J]. Journal of Business Research, 56(6): 453-463.

Van Boven L, Loewenstein G, Dunning D, 2003. Mispredicting the endowment effect: Underestimation of owners' selling prices by buyer's agents[J]. Journal of Economic Behavior and Organization, 51(3): 351-365.

Van den Poel D, Leunis J, 1996. Perceived risk and rise reduction strategies in mail-order versus retail store buying[J]. The International Review of Retail Distribution and Consumer Research, 43(4): 351-371.

Vaughn R, 1980. How advertising works: A planning model[J]. Journal of Advertising Research, 20(5): 27-33.

Vellido, P L, Meehan, 2000. quantitative characterization and prediction of online purchase behavior: A latent variable approach[J]. International Journal of Electronic Commerce, 4(4): 83-104.

Verlegh P W J, Steenkamp J B E M, 1999. A review and meta-analysis of country-of-origin research. [J]. Journal of Economic Psychology, 20(5): 521-546.

Vickrey W, 1961. Counterspeculation, auctions, and competitive sealed tenders[J]. The Journal of Finance, 16(1): 8-37.

Wachter K, Vitell S J, Shelton R K, et al., 2012. Exploring consumer orientation toward returns: Unethical dimensions[J]. Business Ethics: A European Review, 21(1): 115-128.

Walsh G, Möhring M, 2017. Effectiveness of product return-prevention instruments: Empirical evidence[J]. Electronic Markets, 27 (3): 1-10.

Wang X, 2009. Retail return policy, endowment effect, and consumption propensity: An experimental study[J]. The B. E. Journal of Economic Analysis & Policy, 9 (1): 38.

Wang X, Yu C L, Wei Y J, 2012. Social media peer communication and impacts on purchase intentions: A consumer socialization framework[J]. Journal of Interactive Marketing, 26 (4): 198-208.

Wernerfelt B, 1994. Selling formats for search goods[J]. Marketing Science, 13 (3): 298-309.

White K, Macdonnell R, Dahl D W, 2011. It's the mind-set that matters: The role of construal level and message.[J]. Journal of Marketing Research, 48 (5): 472-485.

Wiesenfeld B M, Reyt J N, Brockner J, 2017. Construal level theory in organizational research[J]. Annual Review of Organizational Psychology & Organizational Behavior, 4 (1): 367-400.

Wood S L, 2001. Remote purchase environments: The influence of return policy leniency on two-stage decision processes[J]. Journal of Marketing Research, 38 (2): 157-169.

Xu L, Li Y, Govindan K, et al., 2015. Consumer returns policies with endogenous deadline and supply chain coordination[J]. European Journal of Operational Research, 242 (1): 88-99.

Yan C L, Zhou T R, zhou X, 2009. Construal level theory: From temporal distance to psychological distance[J]. Advances in Psychological Science, 17 (4): 667-677.

Yang S, Choi Y J, 2013. Do good return policies work across cultures? Effect of lenient return policies on online shopper perceptions in eastern culture[J]. Asia Marketing Journal, 15 (2): 75-97.

Yu Y, Kim H, 2019. Online retailers' return policy and prefactual thinking[J]. Journal of Fashion Marketing and Management, 23 (4): 504-518.

Zaichkowsky J L, 1985. Measuring the involvement construct[J]. Journal of Consumer Research, 12 (3): 341-352.

Zaichkowsky J L, 1994. The personal involvement inventory: Reduction, revision, and application to advertising[J]. Journal of Advertising, 23 (4): 59-70.

Zdravkovic S, 2013. Does country-of-origin matter to generation Y[J]. Young Consumers Insight and Ideas for Responsible Marketers, 14 (1): 89.

Zeithaml V A, 1988. Consumer perceptions of price, quality, and value: A means-end model and synthesis of evidence[J]. Journal of Marketing, 52 (3): 2-22.

Zeithaml V A, Berry L L, Parasuraman A, 1996. The behavioral consequences of service quality[J]. Journal of Marketing, 60 (2): 31-46.

Zhang J, 2013. Revenue maximizing with return policy when buyers have uncertain valuations[J]. International Journal of Industrial Organization, 31 (5): 452-461.

Zhang J, Li H, Yan R, et al., 2017. Examining the signaling effect of e-tailers' return policies[J]. Journal of Computer Information Systems, 57 (3): 191-200.

Zhang L, Tan W, Xu Y, et al., 2011. Dimensions of perceived risk and their influence on consumers' purchasing behavior in the overall process of B2C[J]. Lecture Notes in Electrical Engineering, 111: 1-10.

Zhao X, Lynch J G, Chen Q, 2010. Reconsidering baron and kenny: Myths and truths about mediation analysis[J]. Journal of Consumer Research, 37 (2): 197-206.

Zhi P, Paswan A, Yan R, 2014. E-tailers return policy, consumers perception of return policy fairness and purchase intention[J]. Journal of Retailing & Consumer Services, 21(3): 249-257.

Zhou W, Hinz O, 2016. Determining profit-optimizing return policies: A two-step approach on data from taobao. com[J]. Electronic Markets, 26(2): 103-114.

Zhu K, Kraemer K L, 2002. E-commerce metrics for net-enhanced organizations: Assessing the value of e-commerce to firm performance in the manufacturing sector[J]. Information Systems Research, 13(3): 275-295.

附　　录

附录一：网络零售商无缺陷退货政策对消费者购买意愿影响问卷

亲爱的女士(先生)：您好!

感谢您百忙之中参加我们的问卷调查，这份问卷将花去您 5 分钟左右的时间。此项调查的目的是了解中国网络购物消费者对网络零售商退货政策的看法。您提供的数据资料仅作我们的研究之用，问卷中的信息不会外泄。问卷中的回答无对错之分，请您根据您的真实感受和想法进行填写。

感谢您的参与! 感谢您对我们工作的支持!

请仔细阅读下面一段话并将自己融入下列情境中(四个情境随机发放)：

……

根据上述情境，并结合个人经验与看法回答以下问题。请根据您的认同程度在相应的数字上打"√"或做其他任意标记便可(数字越大表示您越认同该说法)。

题项	问题描述	1~7 为从非常不认同到非常认同						
1	我非常熟悉该购物网站	1	2	3	4	5	6	7
2	我能够经常看到关于该购物网站的广告或者宣传	1	2	3	4	5	6	7
3	我能够经常听到别人谈论该购物网站	1	2	3	4	5	6	7
4	与其他网站的退货政策相比，该退货政策非常宽松	1	2	3	4	5	6	7
5	与其他网站的退货政策相比，该退货政策限制非常少	1	2	3	4	5	6	7
6	该退货政策的退货期限非常长	1	2	3	4	5	6	7
7	该退货政策让我觉得退货非常方便	1	2	3	4	5	6	7
8	我觉得该退货政策非常公平	1	2	3	4	5	6	7
9	我完全可以接受该退货政策的相关规定	1	2	3	4	5	6	7
10	该退货政策让我觉得非常满意	1	2	3	4	5	6	7
11	我觉得该退货政策是非常可信的	1	2	3	4	5	6	7
12	我觉得该退货政策是非常可靠的	1	2	3	4	5	6	7
13	我觉得该购物网站是一定会履行该退货政策的	1	2	3	4	5	6	7
14	我非常愿意在该网站购买产品	1	2	3	4	5	6	7
15	我非常可能会在该网站购买产品	1	2	3	4	5	6	7
16	我在该网站购买产品的概率非常高	1	2	3	4	5	6	7
17	上述情境中该购物网站的退货期限是？ A.7 天无理由退货　　B.15 天无理由退货　　C.30 天无理由退货							

非常感谢您的填写，请留下您的相关信息。

1. 您的性别：

□男　　　　　　　□女

2. 您的年龄：

□20 岁及以下　　　□21～25 岁　　　□26～30 岁　　　□31 岁及以上

3. 您的学历：

□大专及以下　　　□本科　　　　　□研究生及以上

4. 过去半年内，您通过网络购买商品的次数：

□0 次　　　　　　□1～5 次　　　　□6～10 次　　　□10 次以上

本次调查到此结束，请检查一下是否有遗漏的问题，非常感谢您的支持和参与！

附录二：网络零售商无缺陷退货政策对消费者溢价支付影响问卷

A. 产品问卷

亲爱的女士(先生)：您好！

感谢您百忙之中参加我们的问卷调查，这份问卷将花去您 5 分钟左右的时间。此项调查的目的是了解中国网络购物消费者对网络零售商退货政策的看法。您提供的数据资料仅作我们的研究之用，问卷中的信息不会外泄。问卷中的回答无对错之分，请您根据您的真实感受和想法进行填写。

感谢您的参与！感谢您对我们工作的支持！

请仔细阅读下面一段话并将自己融入下列情境中(2 个产品量表随机发放)：

……

您第一次在网络上购买下列产品(服务)，或尽管您已买过很多次，但这次您想要换一个品牌购买，请在这种假设前提下回答。

1. 在购买之前，您有多大把握评估它的属性信息(外观、性能、质量、颜色、安全性等)？

产品	1～7 为从非常不可能到非常可能						
电脑	1	2	3	4	5	6	7
服装	1	2	3	4	5	6	7
书籍	1	2	3	4	5	6	7
香水/古龙水	1	2	3	4	5	6	7
数码相机	1	2	3	4	5	6	7
鞋类	1	2	3	4	5	6	7
去屑洗发水	1	2	3	4	5	6	7
双肩包	1	2	3	4	5	6	7
智能手机	1	2	3	4	5	6	7
珠宝首饰	1	2	3	4	5	6	7
洗面奶	1	2	3	4	5	6	7
洗衣机	1	2	3	4	5	6	7
移动电源	1	2	3	4	5	6	7

2. 假设您已收到购买的产品，则在收到货之后，您有多大把握评估它的属性信息(外观、性能、质量、颜色、安全性等)？

产品	1～7 为从非常不可能到非常可能						
电脑	1	2	3	4	5	6	7
服装	1	2	3	4	5	6	7
书籍	1	2	3	4	5	6	7
香水/古龙水	1	2	3	4	5	6	7
数码相机	1	2	3	4	5	6	7
鞋类	1	2	3	4	5	6	7
去屑洗发水	1	2	3	4	5	6	7
双肩包	1	2	3	4	5	6	7
智能手机	1	2	3	4	5	6	7
珠宝首饰	1	2	3	4	5	6	7
洗面奶	1	2	3	4	5	6	7
洗衣机	1	2	3	4	5	6	7
移动电源	1	2	3	4	5	6	7

非常感谢您的填写，请留下您的相关信息。

1. 您的性别：

□男　　　　　　　□女

2. 您的年龄：

□20 岁及以下　　□21～25 岁　　　□26～30 岁

□31～35 岁　　　□36 岁及以上

3. 您的学历：

□高中及以下　　　□本科　　　　　□硕士　　　　　□博士及以上

4. 过去半年内，您通过网络购买商品的次数：

□没有　　　　　□1～3 次　　　　□4～6 次

□7～9 次　　　　□10 次及以上

5. 您每次网络购物大概花费（人民币）：

□100 元及以下　　□101～200 元　　□201～300 元

□301～400 元　　□400 元以上

本次调查到此结束，请检查一下是否有遗漏的问题，非常感谢您的支持和参与！

B. 正式实验调查问卷

亲爱的女士（先生）：您好！

感谢您百忙之中参加我们的问卷调查，这份问卷将花去您 5 分钟左右的时间。此项调查的目的是了解中国网络购物消费者对网络零售商退货政策的看法。您提供的数据资料仅作我们的研究之用，问卷中的信息不会外泄。问卷中的回答无对错之分，请您根据您的真实感受和想法进行填写。

感谢您的参与！感谢您对我们工作的支持！

第 1 部分：浏览产品介绍页面

您在比较熟悉的购物网站浏览时，发现了一款无线智能手机，您对该产品很感兴趣，但您对该品牌和店铺又不太熟悉，该产品的信息如下(八种情景随机发放)：

在浏览商品时，您注意到了这样一句话："在购买之前请先阅读我们的退货政策"。产品的退货政策如下：

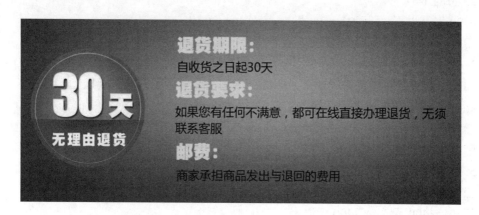

第 2 部分：填写调查问卷

根据上述情境，并结合个人经验与看法回答以下问题。请根据您的认同程度在相应的数字上打"√"或做其他任意标记便可(数字越大表示您越认同该说法)。

题项	问题描述	1～7 为从非常不认同到非常认同
1	与其他零售商的退货政策相比，该退货政策非常宽松	1　2　3　4　5　6　7
2	与其他零售商的退货政策相比，该退货政策限制非常少	1　2　3　4　5　6　7
3	该退货政策的退货时限非常长	1　2　3　4　5　6　7

题项	问题描述	1～7 为从非常不认同到非常认同						
4	该退货政策让我觉得退货非常方便	1	2	3	4	5	6	7
5	考虑到产品性能可能存在问题，我认为购买该产品会存在很大的风险	1	2	3	4	5	6	7
6	我担心该产品存在质量问题	1	2	3	4	5	6	7
7	我担心该产品比竞争品差	1	2	3	4	5	6	7
8	我担心该产品没有期望的那么好	1	2	3	4	5	6	7
9	考虑到潜在的财务开支，我认为购买该产品会存在很大的风险	1	2	3	4	5	6	7
10	我觉得该产品是值得信赖的	1	2	3	4	5	6	7
11	我觉得该产品在同等价位中可能是高质量的	1	2	3	4	5	6	7
12	我觉得该产品的性能很好	1	2	3	4	5	6	7
13	我觉得该产品是持久耐用的	1	2	3	4	5	6	7
14	在同类店铺中，我愿意向这家店支付稍微高一点的价格	1	2	3	4	5	6	7
15	我更喜欢在这家店购物，即使其他店铺价格稍微低一点	1	2	3	4	5	6	7
16	卖家将产品价格稍微提高一些时，我会继续购买该产品	1	2	3	4	5	6	7
17	我非常需要将要网购的产品	1	2	3	4	5	6	7
18	该产品对我而言是非常重要的	1	2	3	4	5	6	7
19	我对该产品非常感兴趣	1	2	3	4	5	6	7
20	购买该产品前我会收集很多相关的信息	1	2	3	4	5	6	7
21	买错该产品时我会觉得有很大损失	1	2	3	4	5	6	7

第 3 部分：填写人口统计信息

非常感谢您的填写，请留下您的相关信息。

1. 您的性别：

□男　　　　　　　□女

2. 您的年龄：

□20 岁及以下　　□21～25 岁　　□26～30 岁

□31～35 岁　　　□36 岁及以上

3. 您的学历：

□高中及以下　　□本科　　　　□硕士　　　　□博士及以上

4. 过去半年内，您通过网络购买商品的次数：

□没有　　　　　□1～3 次　　　□4～6 次

□7～9 次　　　　□10 次及以上

附录三：跨境网络零售商无缺陷退货政策对消费者购买意愿影响问卷

实验问卷

实验组 1：国内发货、提供溯源码、宽松的退货政策

亲爱的女士(先生)：您好！

感谢您参与我们的调查，这份问卷将花去您 5 分钟左右的时间。该问卷主要为调查中国网络购物消费者的跨境电商平台使用情况。您提供的问卷结果仅作我们的研究之用，相关信息不会外泄。问卷填写没有对错之分，请您依据真实感受填写。感谢您的支持与配合！

Q1 您是否有通过跨境电商平台购买商品的经历？

□没有　　　　□1～3 次　　　　□4～6 次　　　　□7～9 次　　　　□10 次及以上

Q2 您常用的跨境电商平台有哪些(多选)？

A. 天猫国际　　　B. 网易考拉　　　C. 唯品国际　　　D. 亚马逊海外购

E. 京东全球购　　F 苏宁海外购　　G. 小红书　　　　H. 聚美极速免税店

I. 蜜芽宝贝　　　J. 国美海外购　　K. 其他(若您选择此项，请注明具体信息)

Q3 您在跨境电商平台网购时，主要购买商品的品类是(多选)？

A. 数码家电　　　B. 美容彩妆　　　C. 服饰鞋靴　　　D. 箱包配饰

E. 母婴用品　　　F. 家居个护　　　G. 营养保健　　　H. 环球美食

I. 其他(若您选择此项，请注明具体类别信息)

Q4 您在跨境电商平台网购时，平均每次购买商品的金额在什么范围？

A. 100 元及以内　B. 101～300 元　　　C. 301～500 元

D. 501～1000 元　E. 1000 元以上

您最近打算海淘一双运动鞋，于是您便到某跨境电商购物网站进行挑选。这时您发现了一款运动鞋，该产品介绍页面显示如下。

【保税备货】

潮流新款 男女 情侣款 运动跑步鞋

售价 **¥539.00** 5.4折　参考价 ¥999.00

税费　预估 ¥64.14，实际税费请以提交订单时为准

运费　满 88 包邮▼

服务　本商品由 国内保税仓 发货

配送　国际采购-保税仓入库-用户下单-海关清关-国内配送

服务　36　37　38　39　40　41　42　43　44　查看尺码表

颜色

数量　— 1 ＋　库存充足

立即购买　　加入购物车

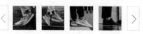

请根据图片中的信息，回答以下问题。

Q5 该产品由哪里发货？

A. 国内保税仓　　　　　B. 海外直邮仓　　　　　C. 产品介绍中并未提及

Q6 该产品的进口税预计是？

A. 44 元　　　　　　　　B. 64.14 元

C. 539 元　　　　　　　 D. 产品介绍中并未提及

Q7 根据此产品的价格及运费收取规则，该产品是否需要交运费？

A. 是　　　　　　　　　B. 否　　　　　　　　　C. 产品介绍中并未提及

为进一步了解产品信息，您点击产品详情进入产品细节信息页面，显示如下。

郑重承诺 ——本产品含有国家统一规定的进口商品溯源二维码，通过扫码可以查询产品品牌、进口商、通关口岸、报关单号等溯源信息。

0000012289672

扫码查询 刮开验正

扫码查询

商品名称：

原产国（地）：德国

进口商/代理商：evios代理商

进口口岸：宁波

启运地：德国

报检日期：2017年12月12日

报检单号：380020114012

报关日期：2017年12月13日

报关单号：3800201140122313

您好，您在20XX年X月X号通过手机网页查询本款商品，经系统核对，本款商品通过正规渠道进口，请按标签所示保质期限使用。1752500755554，该防伪码共被查询1次，查询有效

产品信息

品牌：	型号：BY3572，BY3574
颜色：灰黑，米灰	适用对象：女，男，中性
适用场景：跑道，公路，小道	功能：透气，轻便
运动鞋科技：气垫，其他	帮面材质：其他
外底材料：橡胶	闭合方式：系带，前系带
上市时间：2017秋季	适用季节：四季

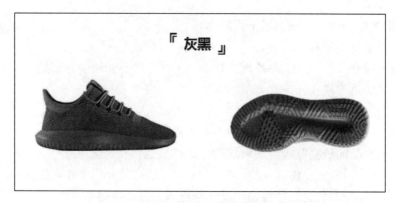

『 灰黑 』

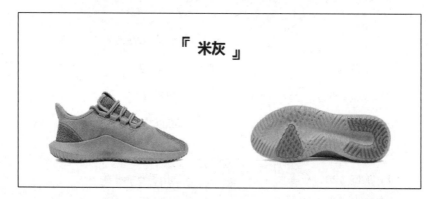

『 米灰 』

请根据图片中的信息，回答以下问题：

Q8 该产品有几种色号？

A. 一种 B. 两种 C. 三种 D. 产品信息中并未提及

Q9 通过扫描可以查询产品品牌、进口商、通关口岸等信息的是？

A. 进口商品溯源二维码 B. 商品条形码 C. 产品信息中并未提及

Q10 该产品的适用对象为？

A. 男性 B. 女性 C. 男女通用 D. 产品信息中并未提及

在浏览产品时，您注意到了这样一句话："在购买之前请先阅读我们的退货政策"。

产品的退货政策如下：

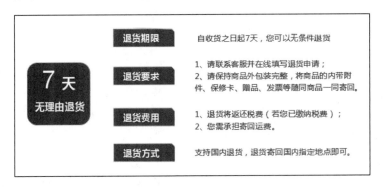

请根据图片中的信息，回答以下问题。

Q11 若产品不存在质量缺陷，退货运费由谁承担？

A. 消费者 B. 商家 C. 退货政策中并未提及

Q12 若产品不存在质量缺陷，消费者已缴纳的税费是否退还？

A. 是　　　　　B. 否　　　　　C. 退货政策中并未提及

Q13 该产品的退货期限是？

A. 30 天　　　　B. 7 天　　　　C. 15 天　　　　　　D. 退货政策中并未提及

根据上述情境，请您回答下列问题。在相应的数字上打"√"即可(数字越大表示您越认同该说法)。

题项	问题描述	1～7 为从非常不同意到非常同意						
1	与国内其他跨境电商平台的退货政策相比，该退货政策非常宽松	1	2	3	4	5	6	7
2	与国内其他跨境电商平台的退货政策相比，该退货政策限制非常少	1	2	3	4	5	6	7
3	该退货政策的退货时限很长	1	2	3	4	5	6	7
4	该退货政策让我觉得退货非常方便	1	2	3	4	5	6	7
5	该退货政策收取了合理的退货费用	1	2	3	4	5	6	7
6	我觉得该产品是值得信赖的	1	2	3	4	5	6	7
7	我觉得该产品的做工很好	1	2	3	4	5	6	7
8	我觉得该产品在同等价位中可能是高质量的	1	2	3	4	5	6	7
9	我觉得该产品是持久耐用的	1	2	3	4	5	6	7
10	我觉得该产品的性能很好	1	2	3	4	5	6	7
11	考虑到产品性能可能存在问题，我认为购买该产品存在很大的风险	1	2	3	4	5	6	7
12	我对产品的性能毫无把握	1	2	3	4	5	6	7
13	我不能确信产品和预期的一样	1	2	3	4	5	6	7
14	考虑到潜在的财务费用，我认为购买该产品存在很大的风险	1	2	3	4	5	6	7
15	我认为选择该产品在经济上是有风险的	1	2	3	4	5	6	7
16	我非常愿意在该网站购买产品	1	2	3	4	5	6	7
17	我非常可能会在该网站购买产品	1	2	3	4	5	6	7
18	我在该网站购买产品的概率非常高	1	2	3	4	5	6	7

非常感谢您的填写，请留下您的相关信息。

Q14 您的性别:

A. 男　　　　　　　B. 女

Q15 您的年龄:

A. 20 岁及以下　　　B. 21～25 岁　　　C. 26～30 岁

D. 31～35 岁　　　　E. 36 岁及以上

Q16 您的学历:

A. 高中及以下　　　B. 本科　　　　　C. 硕士　　　　　D. 博士及以上

感谢您对我们工作的支持!

实验组2：国外发货、不提供溯源码、严格的退货政策

亲爱的女士(先生)：您好！

感谢您参与我们的调查，这份问卷将花去您 5 分钟左右的时间。该问卷主要为调查中国网络购物消费者的跨境电商平台使用情况。您提供的问卷结果仅作我们的研究之用，相关信息不会外泄。问卷填写没有对错之分，请您依据真实感受填写，感谢您的支持与配合！

Q1 您是否有通过跨境电商平台购买商品的经历？

□没有　　　　□1～3 次　　　　□4～6 次　　　　□7～9 次　　　　□10 次及以上

Q2 您常用的跨境电商平台有哪些(多选)？

A. 天猫国际　　　B. 网易考拉　　　C. 唯品国际　　　D. 亚马逊海外购

E. 京东全球购　　F. 苏宁海外购　　G. 小红书　　　　H. 聚美极速免税店

I. 蜜芽宝贝　　　J. 国美海外购　　K. 其他(若您选择此项，请注明具体信息)

Q3 您在跨境电商平台网购时，主要购买商品的品类是(多选)？

A. 数码家电　　　B. 美容彩妆　　　C. 服饰鞋靴　　　D. 箱包配饰

E. 母婴用品　　　F. 家居个护　　　G. 营养保健　　　H. 环球美食

I 其他(若您选择此项，请注明具体类别信息)

Q4 您在跨境电商平台网购时，平均每次购买商品的金额在什么范围？

A. 100 元及以内　　B. 101～300 元　　　C 301～500 元

D. 501～1000 元　　E 1000 元以上

请仔细阅读下面一段话并将自己融入下列情境中：

您最近打算海淘一双运动鞋，于是您便到某跨境电商平台进行挑选。这时您发现了一款运动鞋，该产品介绍页面显示如下。

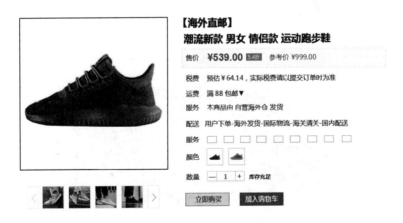

请根据图片中的信息，回答以下问题。

Q5 该产品由哪里发货？

A. 国内保税仓　　　　B. 海外直邮仓　　　　C. 产品介绍中并未提及

Q6 该产品的进口税预计是？

A. 44 元　　　　　　B. 64.14 元

C. 539 元   D. 产品介绍中并未提及

Q7 根据此产品的价格及运费收取规则，该产品是否需要交运费？

A. 是   B. 否   C. 产品介绍中并未提及

为进一步了解产品信息，您点击产品详情进入产品细节信息页面，显示如下：

（产品信息）

品牌：	型号：BY3572，BY3574
颜色：灰黑，米灰	适用对象：女，男，中性
适用场景：跑道，公路，小道	功能：透气，轻便
运动鞋科技：气垫，其他	帮面材质：其他
外底材料：橡胶	闭合方式：系带，前系带
上市时间：2017秋季	适用季节：四季

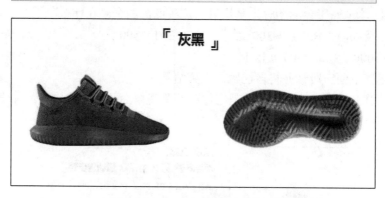

『灰黑』

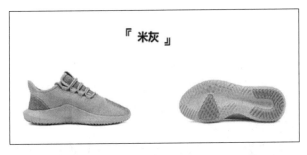

请根据图片中的信息，回答以下问题。

Q8 该产品有几种色号？

A. 一种　　　　　B. 两种　　　　　C. 三种　　　　　D. 产品信息中并未提及

Q9 通过扫描可以查询产品品牌、进口商、通关口岸等信息的是？

A. 进口商品溯源二维码　　　　　B. 商品条形码

C. 产品信息中并未提及

Q10 该产品的适用对象为？

A. 男性　　　　　B. 女性　　　　　C. 男女通用　　　　　D. 产品信息中并未提及

在浏览产品时，您注意到了这样一句话："在购买之前请先阅读我们的退货政策"。产品的退货政策如下。

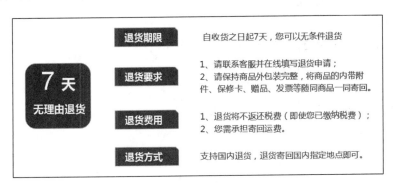

请根据图片中的信息，回答以下问题。

Q11 若产品不存在质量缺陷，退货运费由谁承担？

A. 消费者　　　　　B. 商家　　　　　C. 退货政策中并未提及

Q12 若产品不存在质量缺陷，消费者已缴纳的税费是否退还？

A. 是　　　　　　　B. 否　　　　　　C. 退货政策中并未提及

Q13 该产品的退货期限是？

A. 30 天　　　　　B. 7 天　　　　　C. 15 天　　　　　　　　D 退货政策中并未提及

根据上述情境，请您回答下列问题，在相应的数字上打"√"即可。

题项	问题描述	1～7 非常不同意到非常同意						
1	与国内其他跨境电商平台的退货政策相比，该退货政策非常宽松	1	2	3	4	5	6	7
2	与国内其他跨境电商平台的退货政策相比，该退货政策限制非常少	1	2	3	4	5	6	7
3	该退货政策的退货时限很长	1	2	3	4	5	6	7
4	该退货政策让我觉得退货非常方便	1	2	3	4	5	6	7
5	该退货政策收取了合理的退货费用	1	2	3	4	5	6	7
6	我觉得该产品是值得信赖的	1	2	3	4	5	6	7
7	我觉得该产品的做工很好	1	2	3	4	5	6	7
8	我觉得该产品在同等价位中可能是高质量的	1	2	3	4	5	6	7
9	我觉得该产品是持久耐用的	1	2	3	4	5	6	7
10	我觉得该产品的性能很好	1	2	3	4	5	6	7
11	考虑到产品性能可能存在问题，我认为购买该产品存在很大的风险	1	2	3	4	5	6	7
12	我对产品的性能毫无把握	1	2	3	4	5	6	7
13	我不能确信产品和预期的一样	1	2	3	4	5	6	7
14	考虑到潜在的财务费用，我认为购买该产品存在很大的风险	1	2	3	4	5	6	7
15	我认为选择该产品在经济上是有风险的	1	2	3	4	5	6	7
16	我非常愿意在该网站购买产品	1	2	3	4	5	6	7
17	我非常可能会在该网站购买产品	1	2	3	4	5	6	7
18	我在该网站购买产品的概率非常高	1	2	3	4	5	6	7

非常感谢您的填写，请留下您的相关信息。

Q14 您的性别：

A. 男　　　　　　　B. 女

Q15 您的年龄：

A. 20 岁及以下　　　B. 21～25 岁　　　C. 26～30 岁

D. 31～35 岁　　　　E. 36 岁及以上

Q16 您的学历：

A. 高中及以下　　　B. 本科　　　　　C. 硕士　　　　　　D. 博士及以上

附录四：社交网购中无缺陷退货政策对消费者购买意愿影响问卷

A. 调查问卷

亲爱的女士(先生)：您好！

感谢您百忙之中参加我们的问卷调查，这份问卷将花去您 5 分钟左右的时间。此项调查的目的是了解中国网络购物消费者对网络零售商退货政策的看法。您提供的数据资料仅作我们的研究之用，问卷中的信息不会外泄。问卷中的回答无对错之分，请您根据您的真实感受和想法进行填写。

感谢您的参与！感谢您对我们工作的支持！

请仔细阅读下面一段话并将自己融入下列情境中(四个情境随机发放)。

情境一

您最近打算健身，准备网购一双运动鞋，于是您便到某社交化购物网站进行挑选。这时您发现了一款运动鞋，网站页面显示如下。

当您点击图片进入商品页面时，您注意到了这样一句话："在购买之前请先阅读我们的退货政策"。网页页面显示如下。

退货期限：
自收货之日起7天

退货要求：
1）请联系客服或登录退货系统，填写您的退货原因及联系方式，否则无法为您办理退货。
2）保持鞋底干净，鞋面无折痕。
3）退货时，请务必填写退货登记卡，并将商品内带附件、赠品、发票等随同商品一起寄回。

邮费：
非质量问题退货，需由消费者承担商品发出与退回费用。

情境二

您最近打算健身，准备网购一双运动鞋，于是您便到某社交化购物网站进行挑选。这时您发现了一款运动鞋，网站页面显示如下。

当您点击图片进入商品页面时，您注意到了这样一句话："在购买之前请先阅读我们的退货政策"。网页页面显示如下。

退货政策：
自收货之日起30天
退货要求：
1）如果您对所购买的商品有任何不满意，无须联系客服，可以在线直接办理无条件退货。
2）商品无论是否有明显穿着痕迹，都可以办理无条件退货。
3）退货时，尽量将商品的内带附件、赠品、保修卡、说明书、发票等随同商品一起退回。
邮费：
我们将承担商品发出与返回的运费。

情境三

您最近打算健身，准备网购一双运动鞋，于是您便到某社交化购物网站进行挑选。这时您发现了一款运动鞋，网站页面显示如下。

当您点击图片进入商品页面时，您注意到了这样一句话："在购买之前请先阅读我们的退货政策"。网页页面显示如下。

退货期限：
自收货之日起7天
退货要求：
1）请联系客服或登录退货系统，填写您的退货原因及联系方式，否则无法为您办理退货。
2）保持鞋底**干净**，鞋面**无折痕**。
3）退货时，请务必填写退货登记卡，并将商品内带附件、赠品、发票等随同商品一起寄回。
邮费：
非质量问题退货，需由消费者承担商品发出与退回费用。

情境四

您最近打算健身，准备网购一双运动鞋，于是您便到某社交化购物网站进行挑选。这时您发现了一款运动鞋，网站页面显示如下。

当您点击图片进入商品页面时，您注意到了这样一句话："在购买之前请先阅读我们的退货政策"。网页页面显示如下。

退货政策：
自收货之日起30天
退货要求：
1）如果您对所购买的商品有任何不满意，无须联系客服，可以在线直接办理无条件退货。
2）商品无论是否有明显穿着痕迹，都可以办理无条件退货。
3）退货时，尽量将商品的内带附件、赠品、保修卡、说明书、发票等随同商品一起退回。
邮费：
我们将承担商品发出与返回的运费。

根据上述情境，并结合个人经验与看法回答以下问题。请根据您的认同程度在相应的数字上打"√"或做其他任意标记便可（数字越大表示您越认同该说法）。

题项	问题描述	1~7 为非常不认同到非常认同						
1	与其他零售商的退货政策相比，该退货政策非常宽松	1	2	3	4	5	6	7
2	与其他零售商的退货政策相比，该退货政策限制非常少	1	2	3	4	5	6	7
3	该退货政策的退货时限非常长	1	2	3	4	5	6	7
4	该退货政策让我觉得退货非常方便	1	2	3	4	5	6	7
5	我觉得该产品是值得信赖的	1	2	3	4	5	6	7
6	我觉得该产品在同等价位中可能是高质量的	1	2	3	4	5	6	7
7	我觉得该产品的性能很好	1	2	3	4	5	6	7
8	我觉得该产品是持久耐用的	1	2	3	4	5	6	7
9	我觉得该退货政策非常公平	1	2	3	4	5	6	7
10	我完全可以接受该退货政策的相关规定	1	2	3	4	5	6	7
11	该退货政策让我觉得非常满意	1	2	3	4	5	6	7
12	我非常愿意在网上购买该产品	1	2	3	4	5	6	7
13	我非常可能会在网上购买该产品	1	2	3	4	5	6	7
14	我在网上购买该产品的概率非常高	1	2	3	4	5	6	7
15	我愿意在该购物网站对购买的产品进行评价	1	2	3	4	5	6	7
16	我有可能对我所购买的产品进行在线评价	1	2	3	4	5	6	7
17	我非常愿意在该网站对我所买的产品做出评价	1	2	3	4	5	6	7

非常感谢您的填写，请留下您的相关信息。

1. 您的性别：

☐男　　　　　　　☐女

2. 您的年龄：

☐20 岁及以下　　☐21~25 岁　　☐26~30 岁

☐31~35 岁　　　☐36 岁及以上

3. 您的学历：

☐高中及以下　　☐本科　　　　☐硕士　　　　☐博士及以上

4. 过去半年内，您通过网络购买商品的次数：

☐没有　　　　　☐1~3 次　　　☐4~6 次

☐7~9 次　　　　☐10 次及以上

5. 在过去半年内，您在购物网站上购买产品后参与在线评论的情况：

☐每次购后都评论　　　　☐多数情况下购后评论

☐很少评论　　　　　　　☐从不评论

附录五：网络零售商无缺陷退货政策对消费者退货可能性影响问卷

A. 调查问卷

亲爱的女士(先生)：您好！

感谢您百忙之中参加我们的问卷调查，这份问卷将花去您 5 分钟左右的时间。此项调查的目的是了解中国网络购物消费者对网络零售商退货政策的看法。您提供的数据资料仅作我们的研究之用，问卷中的信息不会外泄。问卷中的回答无对错之分，请您根据您的真实感受和想法进行填写。

感谢您的参与！感谢您对我们工作的支持！

请仔细阅读下面一段话并将自己融入下列情境中(八个情境随机发放)：

......

此处以实验组一为例。

请仔细阅读下面一段话并将自己融入下列情景中：

你最近准备网购一双运动鞋，于是你便到某购物网站进行挑选。看到一款运动鞋后，你觉得该运动鞋的款式、颜色、性能都比较符合你的要求，价格也在你所能接受的范围内，你现在要决定是否购买该款运动鞋。商品信息如下。

超轻 透气 耐磨 防滑　　超轻 透气 耐磨 防滑

在你决定购买之前请先阅读下面的退货政策：

➢ 商品签收后 30 天内，在不影响二次销售的情况下，不满意可办理退货；

➢ 退货时，买家可直接在线申请退货，无须填写退货登记卡，我们承诺只要商品无损坏均可退货，拆封后可退，标签损坏可退，赠品丢失可退；

➢ 收到退货商品后，商家将全额退款，并承担商品发出与返回的运费。

根据上述情景，并结合个人经验与看法回答以下问题。请根据您的同意程度选择相应的选项。

题项	问题描述	1~7 为从非常不认同到非常认同						
1	与其他零售商的退货政策相比，该退货政策非常宽松	1	2	3	4	5	6	7
2	与其他零售商的退货政策相比，该退货政策的退货时限非常长	1	2	3	4	5	6	7

题项	问题描述	1～7 为从非常不认同到非常认同						
3	与其他零售商的退货政策相比，该退货政策让我觉得退货非常方便	1	2	3	4	5	6	7
4	与其他零售商的退货政策相比，该退货政策限制非常少	1	2	3	4	5	6	7
5	我觉得该退货政策截止时间	1	2	3	4	5	6	7
6	我觉得该退货政策退货要求	1	2	3	4	5	6	7
7	我觉得该退货政策费用返还策略	1	2	3	4	5	6	7
8	我觉得该退货政策是非常可信的	1	2	3	4	5	6	7
9	我觉得该退货政策是非常可靠的	1	2	3	4	5	6	7
10	我觉得该购物网站是一定会履行该退货政策的	1	2	3	4	5	6	7
11	我觉得该产品是值得信赖的	1	2	3	4	5	6	7
12	我觉得该产品在同等价位中可能是高质量的	1	2	3	4	5	6	7
13	我觉得该产品的性能很好	1	2	3	4	5	6	7
14	我觉得该产品是持久耐用的	1	2	3	4	5	6	7
15	我非常愿意购买此产品	1	2	3	4	5	6	7
16	我非常可能会购买此产品	1	2	3	4	5	6	7
17	我购买此产品的概率非常高	1	2	3	4	5	6	7
18	购买该商品后，我非常想退货	1	2	3	4	5	6	7
19	购买该商品后，我非常可能会退货	1	2	3	4	5	6	7
20	购买该商品后，我退货的概率非常高	1	2	3	4	5	6	7

非常感谢您的填写，请留下您的相关信息。

1. 您的性别：

□男　　　　　　　　□女

2. 您的年龄：

□18 岁及以下　　　□18～25 岁　　　□26～30 岁

□31～40 岁　　　　□41 岁及以上

3. 您的学历：

□高中及以下　　　□本科　　　　　□硕士　　　　　　□博士及以上

4. 过去半年内，您通过网络购买商品的次数：

□0 次　　　　　　□1～3 次　　　　□4～6 次

□7～9 次　　　　　□10 次及以上

5. 您每次网络购物大概花费（人民币）：

□100 元及以下　　□101～200 元　　□201～300 元

□301～400 元　　　□400 元以上

6. 您在以前的网购过程中，有没有退货经历？

□有　　　　　　　　□没有

7. 假如您获得一份奖励，有两种选择，A：100%的可能性获得 1000 元；B：抛硬币，如果正面朝上，获得 2000 元，否则获得 0 元。您会选择哪一种？

□A　　　　　　　　□B